영단기
TOEFL

START　SPEAKING

커넥츠 영단기

영단기 **TOEFL START SPEAKING**

저자	수리
기획 총괄	고영관 공정아
기획·편집	김혜민 정유상
마케팅·영업	양광열 손지한 김정현 양윤화 김보경 김은지
표지 디자인	김보라
내지 디자인	주민혜 박호주
펴낸날	초판 1쇄 2015년 12월 10일
	2판 1쇄 2020년 3월 20일
펴낸이	윤성혁
펴낸곳	㈜에스티유니타스
등록번호	제2015-000186호
홈페이지	eng.conects.com
고객센터	카카오톡 플러스 친구 [영단기] / 커넥츠 영단기 1:1 게시판
주소	서울시 강남구 영동대로 417 오토웨이타워 2층
ISBN	979-11-6371-891-8 13740

잘못 만들어진 책은 구입처에서 바꿔 드립니다.
가격은 뒤표지에 있습니다.
이 책에 실린 모든 글과 사진, 일러스트를 포함한 디자인 및 편집 형태, 배포에 대한 권리는
㈜에스티유니타스에 있으므로 무단으로 전재하거나 복제, 배포할 수 없습니다.

저자의 한마디

어느 시험이든지 Speaking은 어려운 과목입니다. 제가 그 동안 강의를 하면서 가장 많이 받아 온 질문은 '과연 단기간에 원하는 Speaking 점수가 나오는가'입니다. 한마디로 말씀 드리자면, Speaking은 정직한 과목이기 때문에 학습자가 말하기 연습을 하는 데 시간을 투자하는 만큼 점수가 보답을 합니다. 따라서 집중력을 갖고 꾸준히 연습을 해야 하는 과목입니다. 그리고 좋은 문제와 함께 정확하고 쉬운 전략을 담은 교재가 필요할 것입니다. 저는 이 '영단기 TOEFL START Speaking' 교재가 TOEFL Speaking을 시작하며 막막하기만 했던 학생들, 전략과 방법을 몰라서 헤매고 있는 학생들에게 확실한 길잡이가 되리라 생각합니다.

'영단기 TOEFL START Speaking'은 그 동안의 제 강의 경력을 바탕으로 TOEFL 시험을 준비하는 학생들이 Speaking과 관련해 흔히 겪는 어려움과 궁금증을 빠르게 해결할 수 있도록 학습자의 눈높이에 맞춰 쓰여진 책입니다. 따라서 여러분들은 Speaking이라는 과목에 대한 목표를 명확히 세우고 '영단기 TOEFL START Speaking' 교재와 함께 자신과의 약속을 하루하루 이행해 나가기만 하면 됩니다. 공부를 할 때는 목표와 방법이 분명해야 하고, 학습 내용을 이해하려는 의지와 책임감을 갖고 있으면 원하는 학습 목표를 이룰 수 있다는 점을 꼭 기억하시기 바랍니다.

Speaking 학습을 할 때 자신의 목소리를 스스로 들어보는 것보다 좋은 방법은 없습니다. 항상 녹음기를 이용해 자신의 목소리를 녹음해서 들어보고 실수를 찾아 보완해서 다시 한 번 녹음해 보는 노력을 해 보시기 바랍니다. 그리고 항상 자신을 칭찬하십시오. 스스로를 대견해 하고 기특해 하면서 긍정적인 마인드를 갖고 꾸준히 지속하다 보면 놀라운 결과를 얻게 될 것입니다.

TOEFL은 여러분 앞에 펼쳐질 다이내믹한 미래로 가는 하나의 계단일 뿐입니다. 어렵다고만 생각하지 말고 외국에서의 대학 생활, 그곳에서 경험하게 될 흥미진진한 일들을 상상하며 즐겁게 연습하시기 바랍니다.

제가 이 책을 위해 바친 시간과 정성이 여러분들의 귀한 노력에 더욱 큰 힘을 실어줄 수 있기를, 그리고 그 노력이 각자의 목표를 달성하는 데 밑거름이 될 수 있기를 간절히 바랍니다.

마지막으로 이 책이 나오기까지 수고해 주신 분들과 가족들께 깊은 감사 드립니다.

2015년 11월
저자 Sue Lee

목차

PART 1 스피킹 기초 학습

TOEFL Speaking 고득점을 위한 4대 point

01 발음(**Pronunciation**) — 020
02 강세(**Stress**) — 024
03 억양(**Intonation**) — 026
04 **Pause** 넣어 말하기 — 028

TOEFL Speaking 기본 문장 말하기

01 주어(주체)와 동사를 늘 함께! — 030
02 동사 다음에는 동작의 대상(목적어) — 032
03 중간중간 부사로 문장을 풍성하게 — 034
04 동사를 도와주는 조동사 — 036
05 문장을 길게 말하고 싶다면 – 디테일은 뒤로 보내기 — 038
06 관사 제대로 사용해 말하기 — 040
07 하나와 하나 이상을 구별하자 – 수 일치 — 046

TOEFL Speaking 실전에서 유용한 문장 말하기

01 언제 일인지 정확히 말해줄래 – 시제 — 050
02 문장이 길어지면? – 『단문 + 단문』으로 만들어 말하기 — 054
03 문장이 더 길어지면? – 연결어 사용해 말하기 — 056
04 할 수 있는 게 너무 많아!! – **can** 사용하지 않기 — 058
05 부연 설명 문장이 떠오르지 않으면 어떻게 하지? – **So-and-Why** 법칙 — 060

PART 2 Task 유형별 학습

Task 1 Paired Choice

Overview	66
Template	72
Drills	84
Practice	90

Task 2 Campus Situations

Overview	102
Template	108
Drills	122
Practice	130

Task 3 Academic Lecture

Overview	144
Template	150
Drills	164
Practice	172

Task 4 Lecture Summary

Overview	182
Template	188
Drills	200
Practice	208

Actual Test 1   216
Actual Test 2   222
Actual Test 3   228

[책 속의 책] 모범답안 / 스크립트 / 해석

이 책의 구성과 학습법

PART 1 스피킹 기초 학습

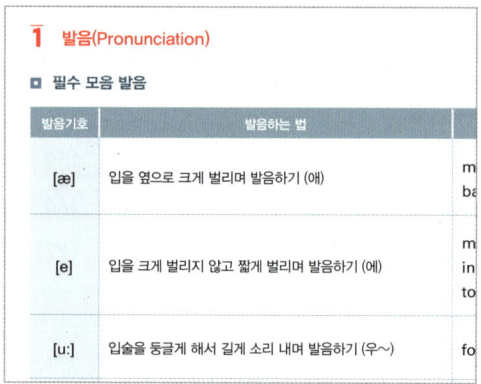

Speaking 기본 요소
영어 말하기의 초석이 되는 발음과 강세, 억양 및 Pause 넣는 법을 익힐 수 있습니다.

- 영어로 말을 하기 위한 가장 중요한 밑바탕이 되는 부분들만을 정리해 학습할 수 있도록 해 두었습니다.

Speaking 기초 다지기 필수 예문
각 학습 코너에 제시된 예문들을 통해 TOEFL Speaking의 기초를 다지는 데 꼭 필요한 필수 문장들을 학습할 수 있습니다.

- Task별 Speaking 학습을 하기에 앞서 기초를 다지는 데 필요한 표현 및 구조로 된 문장들을 익힐 수 있습니다.

Check-up
학습한 내용에 대해 단계적으로 Speaking 연습을 해 볼 수 있는 코너입니다.

- 2단계로 구성된 연습 문제 코너로서, 학습자가 직접 말하기 연습을 한 후, 원어민이 말하는 녹음을 통해 확인 및 반복 학습이 가능합니다.

PART 2 Task 유형별 학습

독립형 Speaking 필수 표현

다음은 독립형 Task에서 활용할 수 있는 주요 표현들이므로 반드시 미리 익혀

01 **relieve stress** 스트레스를 해소하다
I can relieve stress when I get together with my friends
저는 친구들과 만나서 이야기를 할 때 스트레스를 해소할 수 있습니다.

02 **widen one's perspectives** 시각[견해]을 넓히다
Travelling whenever I have spare time helps me to wide
여가 시간이 있을 때마다 여행을 하는 것은 저의 견해를 넓힐 수 있게 도와줍니다.

03 **economical[cost-effective]** 경제적인[비용 효율적인]
The best transportation in my country is the subway be

Speaking 필수 표현

각 Task마다 필요한 Speaking 필수 표현들을 선별해 제시합니다.

▶ 실제 Speaking을 하는 데 필요한 중요 표현들을 학습하고 바로 이어지는 연습 문제를 통해 직접 말해 볼 수 있습니다.

| 서론 말하는 방법 |

① 모니터에 보이는 문제 활용하기
 – 실수를 최대한 줄일 수 있고, 서론으로 말할 문장을 만드는 데 큰 도움이 됩

② 모니터에 보이는 문장 paraphrase 하기
 – paraphrase는 같은 의미를 나타내기 위해 다른 말로 바꾸는 것을 의미하
  도록 주의해야 합니다.

| 서론 필수 표현 |

① 저는 ~라고 생각합니다. (I think ~)
I think the most memorable gift that I have received is my

서론/본론/결론 말하는 방법

Task마다 필요한 서론과 본론, 그리고 결론을 말하는 방법과 Template 표현을 예문과 함께 제시합니다.

▶ 각 Task별로 서론과 본론, 그리고 결론의 특성과 말하기 원칙을 집중적으로 학습하여 활용할 수 있게 해 줍니다.

》 Check-up Brainstorming한 내용을 바탕으로 서론을 말해 보세요.

When you feel homesick, what would you do to reduce it? Use specific examples and details to support your explanation. 당신이 향수병에 걸릴 경우, 그것을 줄이기 위해서 무엇을 하겠습니까? 당신의 설명을 뒷받침할 구체적인 예시들과 세부 사항들을 활용하세요.

Brainstorming

나의 의견	watching a movie with my friends	
이유	relieve stress	economical
뒷받침	refresh recharge energy	student – x much money go to the movies early, save $

♧ 서론 말하기

서론	I think _____. I have two reasons for this.

모범 답안은 다음 페이지에

Check-up

학습한 내용을 단계적으로 Speaking에 적용할 수 있는 연습 문제입니다.

▶ 하나의 문제에 대해 서론과 본론, 그리고 결론을 차례로 말하는 연습을 통해 부분적인 말하기 학습과 전체적인 Template 학습을 한 번에 할 수 있습니다.

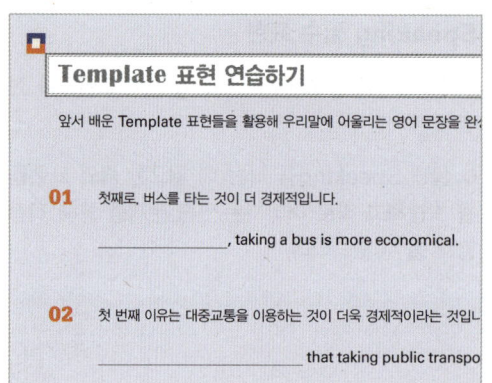

Template 표현 연습

서론과 본론, 그리고 결론을 말하는 데 꼭 필요한 Template 표현만을 모아 연습하는 코너입니다.

◐ 연습 문제로 넘어 가기 전에 각 Task마다 필요한 Template 표현을 한 번에 확인 학습할 수 있습니다.

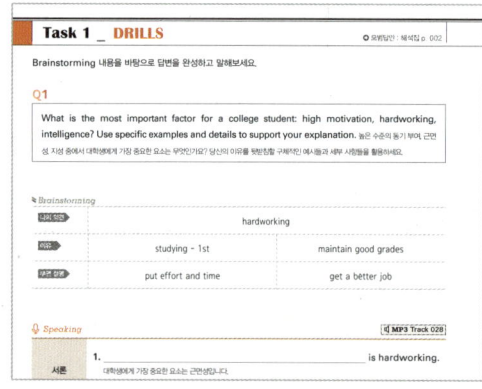

Drills

미리 제시된 표현과 아이디어를 활용해 Template에 맞춰 직접 말해보는 연습 문제입니다.

◐ 우리말에 어울리도록 주어진 정보와 아이디어 등을 활용해 빈칸에 알맞은 영어 문장을 구성하고 이를 말해 볼 수 있습니다.

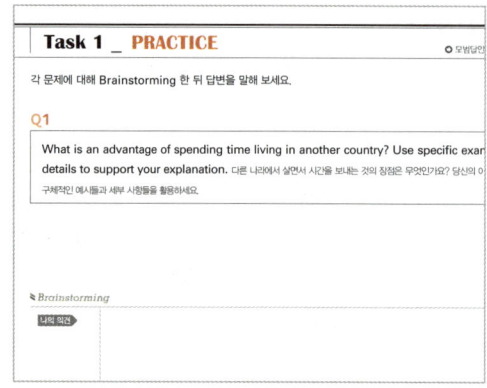

Practice

각 Task별 학습을 통해 익힌 Speaking 방법 및 표현을 활용해 모든 과정을 학습자가 직접 해 보고 말하는 연습 문제입니다.

◐ 아이디어를 내거나 Note-taking을 하는 등 각 Task별로 필요한 모든 풀이 과정을 학습자가 직접 해 보고 말해 보는 연습을 할 수 있습니다.

Actual Test

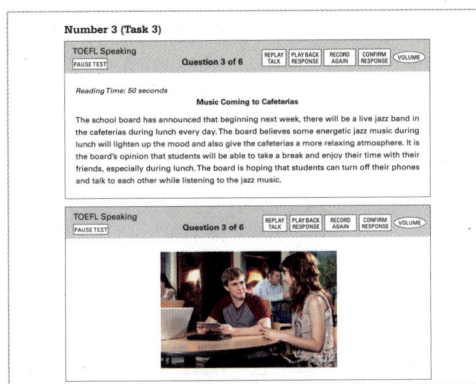

Actual Test 3회분

앞서 학습한 내용을 실전에 적용하는 연습을 해 볼 수 있도록 Actual Test 3회분을 수록하였습니다.

◉ 실제 시험에 응시하는 것처럼 타이머를 맞추어 놓고 문제를 풉니다.

모범답안 / 스크립트 / 해석

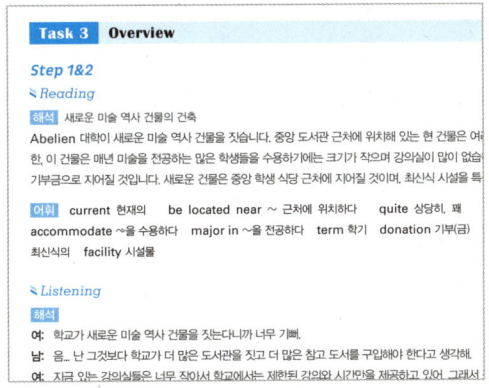

각 연습 문제에 대한 Speaking 모범 답안과 녹음 스크립트, 그리고 우리말 해석 및 어휘를 확인할 수 있도록 수록하였습니다.

이 책의 특장점

1 **Speaking에 꼭 필요한 문장 학습**

TOEFL Speaking에 필요한 문장과 표현들만을 담아 연습할 수 있도록 구성했습니다. Speaking의 기초가 되는 문장에서부터 TOEFL Speaking의 각 Task에 필요한 주요 표현과 문장에 이르기까지 반드시 알아두고 활용해야 하는 문장만을 수록했습니다.

2 **Speaking의 단순화**

복잡하고 불필요한 문장을 말하는 연습을 하기보다는 TOEFL Speaking 유형별로 가장 단순하면서도 명확한 문장을 학습할 수 있도록 하였습니다. 특히 Speaking은 학습자가 직접 말하는 연습을 해 보는 것이 가장 중요한데, 실제 Speaking에 활용할 수 있는 문장 패턴과 표현들을 빠르게 학습하고 말해 보는 연습을 할 수 있습니다.

3 **Speaking의 패턴화**

독립형과 통합형 각 Task별로 맞춤 활용할 수 있는 Template을 제시하였으며, 이 Template들을 활용해 누구나 쉽게 Task별 답안 내용을 구성할 수 있도록 하였습니다.

4 TOEFL Speaking 입문자를 위한 체계적인 말하기 학습

스피킹 기초 학습에서는 학습자들의 입을 트이게 해 줄 기초적인 말하기 방법과 표현, 그리고 문장들을 연습해 봄으로써 말하기 기본기를 다질 수 있습니다. 또한 Task 유형별 학습에서는 각 Task별로 꼭 필요한 표현과 주의 사항들을 제시하고 이를 단계적으로 적용해 볼 수 있도록 함으로써 실제 TOEFL Speaking 문제를 스스로 풀어갈 수 있는 능력을 키울 수 있도록 하였습니다.

5 다양한 연습 문제를 통한 Speaking 훈련

TOEFL Speaking에 자주 등장하는 주제에 대한 문장과 각 Task별 Template 핵심 표현에 대한 연습 문제들뿐만 아니라 미리 제시된 정보를 바탕으로 말하는 연습 문제와 최종 마무리를 할 수 있는 Actual Test에 이르기까지, 다양한 방식의 연습 문제를 통해 Speaking의 기초를 다지고 능력을 극대화할 수 있습니다.

iBT TOEFL 소개

iBT TOEFL 이란?

iBT(Internet-based Test) TOEFL(Test of English as a Foreign Language)은 인터넷을 기반으로 한 시험으로, 수험자의 영어 능력을 미국 대학 수업 수준을 기준으로 평가하는 시험입니다. TOEFL은 Listening, Reading, Speaking, Writing의 총 네 가지 영역으로 구성되며, 모두 Note-taking이 허용됩니다.

iBT TOEFL의 구성

Section	문항 수	시험 소요시간	배점 점수 범위	배점 수준
Reading	3-5개 지문 각 지문당 10 문항	54 ~ 72분	0-30	상 22-30 중 15-21 하 0-14
Listening	Lecture : 3-4개 강의 　　　　　각 강의당 6문항 Conversation : 2-3개 대화 　　　　　각 대화당 5문항	41 ~ 57분	0-30	상 22-30 중 15-21 하 0-14
Break : 10분					
Speaking	Integrated: 3문항 Independent: 1문항	17분	0-30	우수 26-30 양호 18-25 부족 10-17 취약 0-9
Writing	Integrated: 1문항 Independent: 1문항	50분	0-30	우수 24-30 양호 17-23 부족 1-16
		총 소요시간 3시간 30여 분	총점 0-120	

iBT TOEFL 응시 정보

STEP 1 시험 전! – 시험 접수

접수 방법	www.ets.org 또는 www.toeflkorea.or.kr에서 온라인 등록
시험 응시료	US $200 (2019년 9월 기준)
정규 등록 마감일	시험 응시일 7일 전 (시험 응시일이 8월 13일이면 8월 6일까지 등록)
추가 등록 마감일	시험 응시일 3일 전 (시험 응시일이 8월 13일이면 마지막 등록 기회는 8월 10일까지) 수수료 US $40 발생
시험 일정 조정 마감일	시험 응시일 3일 전. 수수료 US $60 발생
응시료 지불 방식	• 신용/직불카드 • 미국 또는 미국령 내에 본인의 은행 계좌가 있는 경우 PayPal 계좌 또는 전자수표 (e-check) 가능

STEP 2 시험 당일! – 시험 응시

준비물	공인된 신분증(여권, 주민등록증, 운전면허증 중 택 1), 등록 번호
입실	시험 시작 30분 전까지 시험장에 도착하도록 합니다. 늦으면 시험에 응시할 수 없습니다.
입실 절차	• 체크인: 신분 확인 후 기밀 서약서 작성, 해당 고사실 입실 전 사진 촬영 및 신분 확인 • 노트 필기를 위한 용지와 필기구 제공. 시험 종료 후 반환 • 시험 관리자가 지정해 주는 자리에 착석
응시료 지불 방식	신분증만 가지고 들어갈 수 있습니다. 휴대 전화와 기타 전자 기기는 허용되지 않습니다. 따로 물품 보관 장소가 없는 시험장의 경우는 각 수험생의 의자 아래에 준비된 비닐 가방에 개인용품을 보관할 수 있습니다.

STEP 3 시험 이후! 시험 결과 확인

성적 확인	시험 응시일로부터 대략 10일 후에 온라인상에서 확인 가능
성적표 수령	• 우편 수령: 등록 시에 성적표 수령지를 선택하면 우편으로 성적표를 받아볼 수 있습니다. 시험 응시일 전에 선택한 최대 4개 기관으로 무료로 발송됩니다. • 성적표 다운로드: 시험 응시일로부터 대략 13일 후에는 수험생의 계정에서 PDF 성적표를 다운로드 할 수 있습니다.
성적 유효 기간	시험 응시일로부터 2년간 유효

iBT TOEFL Speaking 소개

Speaking 영역은 대략 17분 동안 4개의 문제가 출제됩니다. TOEFL iBT Speaking은 크게 독립형 문제(Independent Task)와 통합형 문제(Integrated Task)의 두 가지 유형으로 이루어져 있습니다. 독립형은 자신의 아이디어나 의견 및 경험에 대해 말해야 하며, 통합형은 대학 생활이나 강의와 관련하여 읽고 들은 내용을 바탕으로 말해야 합니다.

iBT TOEFL Speaking 문제 유형

문제 유형		진행 방식	답안 작성
Independent Task (독립형)	1. 나의 선택 말하기	준비하기 [15초] 말하기 [45초]	• 주어진 두 가지 선택 사항이나 특정 진술에 대한 동의 또는 반대 여부를 수험자가 선택하고 이에 대한 설명 제시
Integrated Task (통합형)	2. 읽고 들은 내용에 근거하여 말하기: 대학 생활	읽기 [45~50초] 듣기 [60~80초] 준비하기 [30초] 말하기 [60초]	• 읽기: 대학 생활과 관련된 공지문이나 제안서 [75~100단어] • 듣기: 읽기 지문 내용을 주제로 한 두 사람의 대화 • 말하기: 질문에서 지정한 한 사람의 의견을 요약하여 제시
	3. 읽고 들은 내용에 근거하여 말하기: 강의	읽기 [45~50초] 듣기 [60~90초] 준비하기 [30초] 말하기 [60초]	• 읽기: 대학 수업과 관련된 전공 분야에 대한 지문 [75~100단어] • 듣기: 읽기 지문과 관련된 교수의 강의 • 말하기: 주제의 전반적인 개념을 서술한 후, 그 주제에 해당하는 구체적 예를 설명
	4. 강의 내용 요약하기	듣기 [90~120초] 준비하기 [20초] 말하기 [60초]	• 듣기: 학문 분야 관련 강의 • 말하기: 강의의 주제와 세부 내용 및 예시를 요약 설명

점수 환산

Speaking 평균 점수	4.00	3.75	3.5	3.25	3	2.75	2.5	2.25	2	1.75	1.5	1.25	1	0.75	0.5	0.25	0
환산된 점수	30	29	27	25	23	21	19	17	15	14	12	10	8	6	4	2	0

점수 계산법

(예) 각 문제의 점수를 4, 4, 2, 3을 받았을 경우
- 평균 점수: (4 + 4 + 2 + 3) / 4 = 3.25
- 실제 점수: 25점 (환산표 이용)

※ 환산 점수는 ETS에서 정하는 난이도에 따라 ±1점씩 차이가 날 수 있습니다.

iBT TOEFL Speaking 점수 평가

채점 방법 및 기준

녹음된 답변은 ETS 채점 네트워크로 보내져 발음, 억양, 톤과 같은 전달력의 경우 ETS에서 자체 개발한 인공지능 프로그램이, 논리와 문법 등의 문장력의 경우 1명의 인증된 채점자가 채점하게 됩니다. 채점은 0~4점의 체계로 총체적으로 채점을 하며, 4개의 과제에 대한 평균 점수가 0~30의 환산 점수로 전환됩니다.

채점자는 수험자의 답변이 완벽할 것이라고 기대하지 않으며, 높은 점수를 받은 답변에서도 가끔 오류가 있을 수 있습니다. 수험자의 발음이 영어 원어민과 같을 필요는 없고, 채점자는 의사 소통의 유효성과 주어진 과제에 대한 성취도를 중점적으로 평가합니다.

말하기 평가 기준

점수	General Description	Delivery	Language Use	Topic Development
4	대체적으로 주의를 기울이지 않아도 응답이 알아듣기 쉽다. 약간의 실수가 발견되나 의미를 이해하는 데 영향을 주지 않는다.	발음/억양/강세 등이 적절하고, 적당한 속도로 유창하게 응답한다. 응답할 때 약간 더듬거리고 발음이나 억양에 약간의 문제가 있으나 의미 전달에 방해되지 않는다.	정확한 어휘와 문법을 사용하며 구조가 복잡한 문장도 상당히 자연스럽게 말한다.	주제가 잘 전개되고 일관성 있게 발전된다. 아이디어 간의 관계가 분명하다.
3	문제가 요구하는 바가 응답에 적절하게 나타나 있으나, 주제가 충분히 전개되고 있지 않다.	응답이 전체적으로 분명하고 어느 정도의 유창함을 보인다. 그러나 발음/억양/강세/속도에 문제가 있어 이해하는 데 어려움이 있다.	가끔씩 적합하지 못한 어휘나 문법 구조가 나타난다. 복잡한 문장 구조를 사용하는 데는 이따금씩 어려움을 보인다.	응답이 비교적 일관성 있게 전개된다. 자세한 설명이 부족하여 주제가 충분히 전개되지 못한 느낌을 준다. 이따금씩 아이디어 간의 관계가 불분명하다.
2	문제가 요구하는 바가 어느 정도는 응답에 나타나 있으나, 주제가 제한적이다.	알아듣기 쉬운 부분도 있으나 발음/억양/강세/속도의 문제로 인해 주의를 기울여야만 이해할 수 있다. 응답이 일정한 속도를 유지하지 못하고 있어 이해하는 데 어려움이 있다.	문법과 어휘의 사용이 불완전하여 가끔 수험자의 생각이 제한적으로 표현된다. 대부분 짧고 간단한 문장 구조가 사용되며, 문장 사이의 연결이 어색하다.	응답이 주어진 문제와 관련되어 있기는 하지만 주제의 전개가 미흡하다. 아이디어가 자세한 설명 없이 제시되고, 아이디어 간의 관계가 모호하고 논리적이지 못하다.
1	응답의 내용에 일관성이 없고 매우 불완전하다. 응답한 내용이 주어진 문제와 관련성이 거의 없고 이해하기 힘들다.	지속적인 발음/억양/강세/속도의 문제로 응답을 이해하는 데 상당한 어려움이 있다. 문장이 완벽하지 않아 의미의 전달이 잘 되지 않는다. 말하는 도중 자주 멈추고 머뭇거림이 많다.	문법이나 어휘의 사용이 부정확하여 생각이 자연스럽게 표현되지 못하고 대부분의 응답이 단순 암기한 문장으로 이루어져있다. 생각을 표현하는 데 있어 짧은 발성이나 고립된 단어에만 의존한다.	응답이 매우 제한적으로 전개된다. 응답을 마무리하지 못하고 문제만 계속해서 반복하여 말한다.

iBT TOEFL Speaking 화면 구성

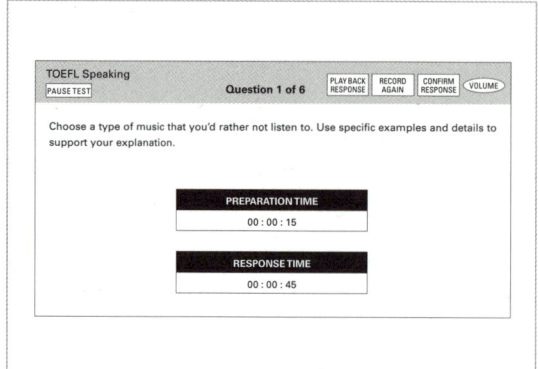

독립형 문제 화면

화면 중간에 문제가 제시되고, 준비 시간 및 답변 시간을 확인할 수 있습니다.

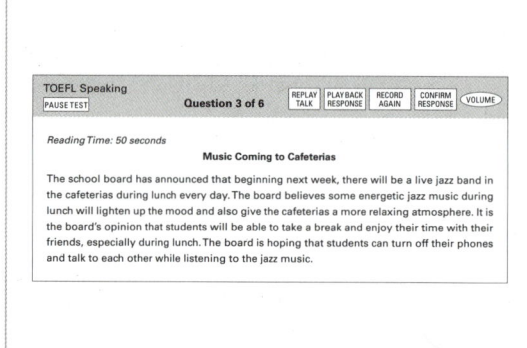

통합형 읽기 화면

제목과 함께 읽기 지문이 제시됩니다. 일정 시간이 지난 후에 듣기 화면으로 넘어갑니다.

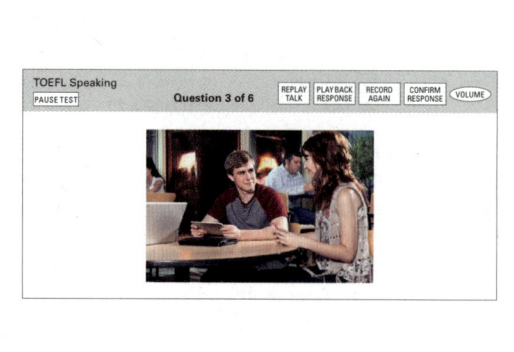

통합형 듣기 화면

통합형 듣기 화면에서는 두 사람이 대화를 나누는 모습을 담은 사진 또는 교수가 강의를 하는 사진만 제시됩니다.

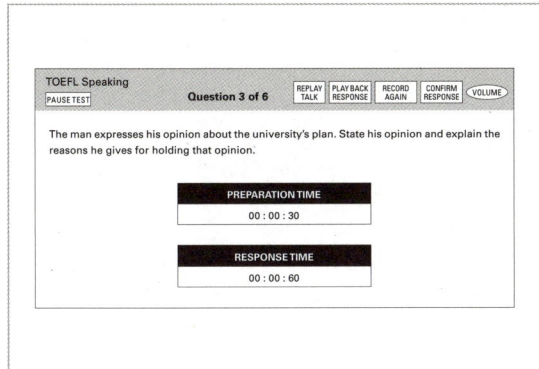

통합형 듣기 화면

독립형과 마찬가지로, 화면 중간 부분에 문제가 제시되고, 준비 시간 및 답변 시간을 확인할 수 있습니다.

화면 상단 버튼 안내

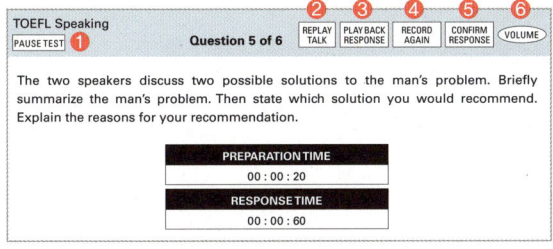

❶ 테스트를 잠시 멈출 수 있습니다.

❷ 대화나 강의를 다시 들을 수 있습니다.

❸ 답변으로 말한 내용을 재생할 수 있습니다.

❹ 답변을 다시 녹음할 수 있습니다.

❺ 답변으로 녹음한 내용을 제출할 수 있습니다.

❻ 버튼을 누르면 나타나는 아이콘을 움직여 음량을 조절할 수 있습니다.

학습 계획표

2주 완성 » 영어 말하기의 기본을 확실히 다지기를 원하는 학습자

Day 1	Day 2	Day 3	Day 4	Day 5
Part 1 4대 point 01 / 02	Part 1 4대 point 03 / 04	Part 1 기본 말하기 01 / 02	Part 1 기본 말하기 03 / 04 / 05	Part 1 기본 말하기 06 / 07

Day 6	Day 7	Day 8	Day 9	Day 10
Part 1 실전 말하기 01 / 02 / 03	Part 1 실전 말하기 04 / 05	Part 2 Task 1	Part 2 Task 2	Part 2 Task 3

Day 11	Day 12	Day 13	Day 14
Part 2 Task 4	Actual Test 1	Actual Test 2	Actual Test 3

1주 완성 » 단기간에 시험에 최적화된 문제를 효과적으로 연습하기를 원하는 학습자

Day 1	Day 2	Day 3	Day 4	Day 5
Part 1 4대 point 01~04	Part 1 기본 말하기 05~07	Part 2 Task 1	Part 2 Task 3	**Actual Test 1**
Part 1 기본 말하기 01~04	Part 1 실전 말하기 01~05	Part 2 Task 2	Part 2 Task 4	

Day 6	Day 7
Actual Test 2	**Actual Test 3**

* 토플 대표 강사 온라인 강의(유료)는 영단기 Web site에서!

eng.conects.com

PART 1
스피킹 기초 학습

1 TOEFL Speaking 고득점을 위한 4대 point
2 TOEFL Speaking 기본 문장 말하기
3 TOEFL Speaking 실전에서 유용한 문장 말하기

TOEFL Speaking 고득점을 위한 4대 Point

1 발음(Pronunciation)

◻ 필수 모음 발음

발음기호	발음하는 법	예시 단어
[æ]	입을 옆으로 크게 벌리며 발음하기 (애)	man, had, ask, past, ban, background, aspect, gather
[e]	입을 크게 벌리지 않고 짧게 벌리며 발음하기 (에)	men, spend, next, stress, interest, perspective, help, together, effort, network
[u:]	입술을 둥글게 해서 길게 소리 내며 발음하기 (우~)	food, school, move, soup, fruit
[i:]	입을 옆으로 크게 벌려서 길게 소리 내어 발음하기 (이~)	beat, meet, seat, ease, feel
[i]	입술을 거의 움직이지 않고 발음하기 (이)	his, will, fit, is, sit, with, interest, different
[ou]	입술을 둥글게 말아서 발음하기 (오우)	know, close, go, both, most, flow
[ɔ:]	'오'와 '어'의 중간 소리로 발음한다는 생각으로 턱을 살짝 아래로 내리면서 발음하기	walk, saw, also, cost, thought, long, fall, indoor

Tip ① 장모음 [i:]는 '이~'로 길게 발음하고, 단모음 [i]는 입술을 거의 떼지 않고 아주 짧게 발음해야 합니다.
② 이중모음 [ou]는 장모음 [ɔ:]와 다르게 입술을 더 둥글게 말아 '오우'로 발음합니다. [ɔ:]는 턱을 살짝 아래로 내리면서 '오'와 '어'의 중간 소리를 낸다는 생각으로 발음하면 훨씬 수월하게 발음할 수 있습니다.

» Check-up

STEP 1 녹음을 들어본 후 각 단어의 모음에 유의해 발음해 보세요. 🔊 **MP3 Track 001**

1. peach vs. pitch
2. reach vs. rich
3. cheap vs. chip
4. wheel vs. will
5. deal vs. dill

STEP 2 녹음을 들어본 후 각 단어의 모음에 유의해 발음해 보세요. 🔊 **MP3 Track 002**

1. row vs. raw
2. low vs. law
3. hole vs. Paul
4. boat vs. bought
5. Joe vs. jaw

■ 필수 자음 발음

발음기호	발음하는 법	예시 단어
[s]	우리말의 'ㅆ'과 달리 혀끝을 위로 올리고 바람이 새는 소리 내기	space, associate, study, sun, student
[sh]	약하게 '쉬' 소리 내기	she, ship, flash, brush
[w]	입을 살짝 벌려 '우'와 '워'를 한 번에 붙여 소리 낸다는 생각으로 발음하기	would, woman, work, want
[g]	목 깊숙한 곳에서 'ㄱ' 소리 내기	go, good, get, great, begin
[b]	입술을 붙였다가 벌리면서 발음하기 전에 '으' 소리 낸다는 생각하며 발음하기	bus, bet, better, but, beautiful, ban, boost
[d]	우리말 'ㄷ'과 비슷하게 혀끝을 입 천장에 붙였다 떼면서 발음하기(단어 중간에 있을 경우 r처럼 발음되기도 함)	reader, harder, order, rider, louder, diver, dry
[dʒ]	입을 앞으로 모아 짧게 '쥐'하고 발음하기	challenge, passage, college, language, large
[l]	발음하기 전 '을'을 살짝 발음하기	lecture, learn, laptop, live, left, life
[r]	발음하기 전 '우'를 살짝 발음하기	reading, rest, relieve, recharge, refresh, right
[p]	두 입술을 맞댄 후에 바람을 한번에 강하게 '프'하며 내보내며 발음하기	pearl, pet, pig, peach, penny, pence, page
[f]	윗니를 아랫입술에 살짝 댄 후 그 사이로 바람을 길게 내보내며 '프'와 '퓌'의 중간 소리로 발음하기	fire, full, fall, fight, fan, fin, female, fun

Tip ① [l] 발음과 [r] 발음의 가장 큰 차이점은, [l] 발음은 혀가 입 천장과 윗니 사이에 닿은 후에 윗니 뒷부분을 쓸면서 내려오며 소리를 내는 반면, [r] 발음은 혀를 안으로 말아 넣어 소리를 내며 입 천장에 혀가 닿지 않습니다.
② [p] 발음은 [f] 발음과 달리 치아가 보이지 않으며 입술과 아랫입술을 서로 붙였다 떼며 바람 소리를 이용해 발음합니다. [f] 발음은 윗니를 아랫입술 위에 살짝 댄 상태에서 바람을 내보낼 때 나는 소리를 이용해 발음합니다.

» Check-up

STEP 1 녹음을 들어본 후 각 단어의 자음에 유의해 발음해 보세요. 🔊 **MP3** Track 003

> 1 love vs. rove
>
> 2 lice vs. rice
>
> 3 walk vs. work
>
> 4 light vs. right
>
> 5 lead vs. read

STEP 2 녹음을 들어본 후 각 단어의 자음에 유의해 발음해 보세요. 🔊 **MP3** Track 004

> 1 pear vs. fear
>
> 2 pair vs. fare
>
> 3 pork vs. fork
>
> 4 peel vs. feel
>
> 5 push vs. fish

2 강세(Stress)

영어로 말할 때는 힘을 주어 발음해야 하는 부분들이 정해져 있습니다. 단순한 문장일지라도 강세를 정확하게 넣어 말을 하면 훨씬 자연스러워지는데, 이는 TOEFL Speaking에서 높은 점수를 얻는 데 필요한 중요 포인트입니다. 다양한 단어와 문장을 통해 지속적으로 연습해야 자연스럽게 강세를 넣어 말하는 방법을 익힐 수 있습니다.

① 정확한 위치에 강세 넣기

- 1음절에 강세를 넣는 단어: **con**cept, **to**tally, **broa**den, **dif**ferent, **con**centrate 등
- 2음절에 강세를 넣는 단어: af**for**d, per**spec**tive, main**tain**, ef**fi**ciency, per**for**mance, com**mu**nicate 등
- 3음절에 강세를 넣는 단어: uni**ver**sity, eco**no**mical, produc**ti**vity, bene**fi**cial 등

 Tip 학생들은 강세를 넣어 말하는 것을 어려워하는 경향이 있습니다. 우리말과 달리 영어에서는 강세가 굉장히 중요한데, 강세를 주어야 하는 부분에서 목소리를 살짝 높여준다고 생각하면 됩니다. 정확하게 강세를 넣어 말하는 것은 하루 아침에 달성할 수 있는 것이 아니므로 평소에 단어 학습을 할 때 강세 위치를 함께 확인하고 발음해 보는 연습을 해 둬야 합니다.

② 강세를 넣지 않는 단어 (조동사, be 동사, 관사, 접속사, 대명사 등 문법적 기능을 하는 단어)

- 대명사: it, she, they, he 등
- 관사: a, an, the
- 조동사: should, would, can, could, do, does 등
- 전치사: in, on, for 등
- be 동사: am, is, were, was, are 등

 Tip 많은 학생들이 관사 the에 강세를 약간 주면서 끝에 살짝 r을 발음하는 실수(더~얼)를 자주 합니다. the, to, of 등은 그 다음에 나오는 단어와 하나라고 생각하고 강세를 주지 않고 발음하는 연습을 해야 합니다.

» Check-up

STEP 1 녹음을 들어본 후 각 단어의 강세에 유의해 발음해 보세요. 🔊 **MP3 Track 005**

1. Everything is operated by computers these days.
   요즘에 모든 것은 컴퓨터로 운영됩니다.

2. I get stressed out from a lot of studying.
   저는 많은 공부 양으로 인해 스트레스를 받습니다.

3. This helps me to widen my perspectives.
   이것은 제 관점들을 넓힐 수 있게 도와줍니다.

4. I will be able to broaden my social network.
   저는 제 인맥을 넓힐 수 있을 것입니다.

5. They can get good grades.
   그들은 좋은 점수를 받을 수 있습니다.

STEP 2 녹음을 들어본 후 각 단어의 강세에 유의해 발음해 보세요. 🔊 **MP3 Track 006**

1. It will make their résumés look better and help them get a better job later.
   그것은 그들의 이력서를 더 좋아 보이게 만들 것이며, 그들이 나중에 더 좋은 직업을 얻도록 도와줄 것입니다.

2. It was a totally different experience from learning with books in my class.
   그것은 수업에서 책으로 배우는 것과 완전히 다른 경험이었습니다.

3. It was beneficial because it taught me how to manage my life.
   그것은 유익했는데, 왜냐하면 그것이 삶을 이끌어 가는 법을 제게 가르쳐주었기 때문입니다.

4. I need time to refresh myself, recharge energy, and relieve stress.
   저는 기분 전환을 하고 에너지를 재충전하고 스트레스를 해소할 시간이 필요합니다.

5. Using a computer and the Internet improves productivity and work efficiency.
   컴퓨터와 인터넷을 사용하는 것은 생산성과 업무 효율성을 향상시켜줍니다.

3 억양(Intonation)

억양이란 말을 할 때 음의 높낮이가 변하는 패턴을 가리킵니다. 억양 역시 우리말에서는 잘 사용하지 않지만 영어로 말할 때는 필수적인 요소이므로 평소에 꾸준히 연습을 해 둬야 실제 말하기를 할 때 자연스럽게 적용할 수 있습니다. 억양을 넣어 말할 때 주의할 점으로는 높고 낮음의 폭이 너무 크지 않아야 한다는 것입니다. 또한 낮은 목소리보다는 조금은 높은 톤의 밝고 명랑한 목소리가 또렷하게 들리기 때문에 기본적으로 자신의 목소리보다 조금 높게 소리 낸다는 마음으로 억양 연습을 하는 것이 좋습니다.

① 문장을 구성하는 단어의 강세 파악하기

한 문장을 구성하는 단어에 강세를 정확하게 주면 자연스럽게 억양을 만들 수 있습니다. 강세를 주어야 하는 부분에서 음을 상승시키고 강세가 없는 부분에서 음을 하강시키면서 자연스럽게 문장 전체적으로 굴곡을 만드는 연습을 해야 합니다.

- This **buil**ding stood **em**pty for years. 이 건물은 몇 년 동안 텅 빈 채로 서 있었습니다.
- She teaches **En**glish to uni**ver**sity **stu**dents. 그녀는 대학교 학생들에게 영어를 가르칩니다.

② 억양의 높낮이 정하기

단어나 구, 또는 절이 연결된 지점에서는 억양을 올려서 문장이 아직 끝나지 않았다는 것을 나타내야 합니다. 단, 문장 맨 끝에서는 무조건 내려야 합니다. 문장 끝에서 억양을 올리면 의문문처럼 들릴 수도 있다는 사실을 꼭 명심하세요!

- My **sis**ter ↘ got a low grade ↗ although she **stu**died a lot ↗ for her math test ↘.
  제 여동생은 수학 시험을 위해 열심히 공부했음에도 불구하고 낮은 성적을 받았습니다.

- This **def**initely ↗ helps me ↘ to save **a lot of** time ↗ and **mo**ney ↘.
  이것은 명백하게 제가 많은 시간과 돈을 절약할 수 있게 도와줍니다.

- This helps me ↘ to **stu**dy harder ↗ and **con**centrate **bet**ter ↗ on my **stu**dying ↘.
  이것은 제가 더 열심히 공부할 수 있게 해 주며, 공부에 더 집중할 수 있게 도와줍니다.

> **Tip** Speaking은 써서 보여주는 시험이 아니기 때문에 억양으로 많은 것을 표현해야 합니다. 따라서 억양의 바탕이 되는 강세와 함께 정확한 억양으로 말할 수 있도록 직접 입으로 말하며 연습해야 합니다.

» Check-up

STEP 1 녹음을 들어본 후 각 문장의 억양에 유의해 소리 내어 말해 보세요. 🔊 MP3 Track 007

1. We have easy access to the Internet regardless of space and time.
   우리는 장소와 시간에 상관없이 인터넷에 쉽게 접근할 수 있습니다.

2. It is a good way to learn how to be a part of society.
   이것은 사회의 일부가 되는 법을 배울 수 있는 하나의 좋은 방법입니다.

3. I can meet people with different backgrounds and interests.
   저는 다른 배경과 관심사를 가지고 있는 사람들을 만날 수 있습니다.

4. I will be able to live together in harmony.
   저는 조화롭게 함께 살 수 있을 것입니다.

5. Students should put all their effort and time into studying.
   학생들은 자신의 모든 노력과 시간을 공부에 쏟아 부어야 합니다.

STEP 2 녹음을 들어본 후 각 문장의 억양에 유의해 소리 내어 말해 보세요. 🔊 MP3 Track 008

1. The book that I do not enjoy reading is science fiction because reading science fiction is stressful.
   제가 즐겨 읽지 않는 책은 공상 과학 소설인데, 공상 과학 소설을 읽는 것은 스트레스를 주기 때문입니다.

2. I need time to refresh myself, recharge energy, and relieve stress by reading the books I like.
   제가 좋아하는 책을 읽음으로써, 저는 기분 전환을 하고, 에너지를 재충전하고, 스트레스를 해소할 시간이 필요합니다.

3. The first reason is that, from my experience, reading novels was beneficial because it taught me how to manage my life.
   첫 번째 이유로는, 제 경험으로 볼 때, 소설을 읽는 것은 유익했는데, 그것이 인생을 이끌어 가는 법을 제게 가르쳐주었기 때문입니다.

4. It was a totally different experience because I was able to learn a lot from the program that I signed up for last semester.
   그것은 완전히 다른 경험이었는데, 지난 학기에 제가 등록했던 프로그램으로부터 많은 것을 배울 수 있었기 때문입니다.

5. These are the reasons why I don't like reading science fiction when I have spare time after school.
   이것들이 바로 제가 방과 후에 여유 시간이 있을 때 공상 과학 소설을 읽는 것을 좋아하지 않는 이유입니다.

4 Pause 넣어 말하기

말을 할 때 전달력을 향상시키고 싶다면 적절한 곳에서 Pause를 넣어 말하는 연습을 해 둬야 합니다. 단어를 하나씩 끊어 말하거나, 긴 문장을 쉬지 않고 쭉 연결해 말하거나, 미리 외운 것을 읽듯이 말한다면 의사 전달이 제대로 되지 않기 때문에 좋은 점수를 받을 수 없습니다. Pause를 넣어 말하는 몇 가지 기본적인 방법을 알아 두세요.

① 주어가 길어질 때 동사 앞에 Pause 넣기

- Travelling with my friend **(pause)** is stress-relieving.
  친구와 여행을 가는 것은 스트레스를 해소해줍니다.
- Using a computer and the Internet **(pause)** improves productivity.
  컴퓨터와 인터넷을 사용하는 것은 생산성을 향상시켜줍니다.

② 긴 목적어 앞에 Pause 넣기

- The writer suggests **(pause)** that the school should pay for it.
  글쓴이는 학교가 그것을 지불해야 한다고 제안합니다.
- The school announces **(pause)** that the main library will be renovated before the new semester begins.
  학교는 새로운 학기가 시작되기 전에 중앙 도서관이 수리될 것이라고 발표합니다.

③ to 부정사 앞에 Pause 넣기

- It is a good way **(pause)** to challenge myself. 이것은 제 자신에게 도전할 수 있는 하나의 좋은 방법입니다.
- This helps me **(pause)** to widen my perspectives. 이것은 제 견해를 넓힐 수 있게 도와줍니다.

> **Tip** to 부정사 앞에서는 반드시 끊어 읽어야 하는 것은 아니지만 많은 학생들이 to를 '투우~'와 같이 길게 발음하는 실수를 자주 합니다. 영어에서 to 부정사에는 절대로 강세를 주지 않습니다. 그러므로 to 부정사는 동사와 한 단어인 것처럼 인식하고 발음해야 합니다.

④ 구와 절 단위를 구분해 Pause 넣기

- By associating with them, **(pause)** I will be able to broaden social network.
  그들과 어울림으로써, 저는 인맥을 넓힐 수 있을 것입니다.
- As long as I have my computer, **(pause)** I can communicate anytime anywhere.
  제가 제 컴퓨터를 가지고 있는 한, 저는 언제 어디에서나 의사소통할 수 있습니다.

> **Tip** 원어민이 말하는 것처럼 Pause를 넣기 위해서는 문장의 의미 단위를 찾는 것이 중요합니다. 아무 곳에서나 Pause를 넣는 것이 아니라 의미 단위를 찾아 문장을 인식하고 그 단위대로 Pause를 넣는 것이 좋습니다.

» Check-up

STEP 1 녹음을 들어본 후 각 문장의 Pause에 유의해 소리 내어 말해 보세요. 🔊 MP3 Track 009

1 I have two reasons for this.
   저는 이것에 대해 두 가지 이유가 있습니다.

2 The first reason is that studying is the top priority for students.
   첫 번째 이유는 학생들에게 공부가 가장 우선 순위라는 것입니다.

3 So, he has to put all his effort and time into it.
   따라서, 그는 자신의 모든 노력과 시간을 그것에 쏟아 부어야 합니다.

4 It can make his résumé look better and help him get a better job.
   이것은 그의 이력서를 더 좋아 보이게 하고 더 좋은 직업을 얻도록 도울 수 있습니다.

5 That is because he can experience various aspects of life.
   왜냐하면 그는 삶의 다양한 측면들을 경험할 수 있기 때문입니다.

STEP 2 녹음을 들어본 후 각 문장의 Pause에 유의해 소리 내어 말해 보세요. 🔊 MP3 Track 010

1 That way, he will be able to maintain outstanding academic performances.
   그렇게 함으로써, 그는 뛰어난 학업 성취도를 유지할 수 있을 것입니다.

2 The advice I would give to my friend who wants to do better in his class is joining a study group.
   수업에서 더 잘하고 싶어하는 제 친구에게 해줄 조언은 스터디 그룹에 가입하라는 것입니다.

3 From my experience, it was beneficial because it taught me how to manage my schoolwork.
   제 경험으로 볼 때, 그것은 유익했는데, 학업 관리를 하는 법을 제게 가르쳐주었기 때문입니다.

4 It was a totally different experience because it was really helpful to widen my perspectives.
   그것은 완전히 다른 경험이었는데, 제 관점들을 넓히는 데 정말로 도움이 되었기 때문입니다.

5 For these reasons, joining a movie club is the advice I would give to my friend.
   이러한 이유들로 인해, 영화 동아리에 가입하는 것이 제가 제 친구에게 해주려는 조언입니다.

TOEFL Speaking 기본 문장 말하기

1 주어(주체)와 동사는 늘 함께!

기본적으로 영어 말하기에서는 반드시 『주어 + 동사』의 구조를 갖춰 말해야 합니다. 가장 기본이 되는 『주어 + 동사』 구조에서 다양하게 쓰일 수 있는 주어의 형태를 연습해 보겠습니다. 이 구조를 바탕으로 필요에 따라서 수식어들을 덧붙여 더 긴 문장으로 만들어 말할 수 있습니다.

① 대명사 (I, you, they, she, he, we, it) + 동사

- 저는 친구들을 만나는 것을 선호합니다. → I prefer to meet my friends.
- 그는 그 결정에 반대합니다. → He disagrees with the decision.

② 일반명사 (school, students, writer, man, woman etc.) + 동사

- 여자는 그 대학교에 대해 말합니다. → The woman talks about the university.
- 학생들은 공부할 공간을 갖고 있습니다. → The students have a place to study.

③ 동명사 + 동사

- 새로운 강의실을 추가하는 것이 더 낫습니다. → Adding new classrooms is better.
- 창의력을 이용하는 것이 필수입니다. → Using creativity is a must.

④ It is ~ to 동사

- 아이들을 가르치는 것은 어렵습니다. → It is difficult to teach children.
- 동아리에 가입하는 것은 중요합니다. → It is important to join a club.

> **Tip** 『It is ~ to 동사』는 '어렵다(difficult)', '중요하다(important)', '도움이 된다(helpful)' 등의 의미를 나타내는 문장을 말할 때 잘 쓰입니다.

» *Check-up*

STEP 1 주어진 단어나 표현을 활용해 우리말 뜻에 어울리게 소리 내어 말해 보세요.

1 저는 야외 활동을 하는 것을 선호합니다. [prefer, outdoor activities]
　_____.

2 그들은 교수의 생각에 동의합니다. [agree with, professor]
　_____.

3 학생들은 운동할 공간을 갖고 있습니다. [a place to exercise]
　_____.

4 영화를 보는 것은 재미 있습니다. [watch, fun]
　_____.

5 스터디 그룹에 가입하는 것은 도움이 됩니다. [helpful, join, study group]
　_____.

STEP 2 녹음을 듣고 강세와 Pause 표기(/)를 따라 위 문제의 예시 답안을 다시 말해 보세요.
　🔊 **MP3** Track 011

1 I **prefer** / to do **outdoor activities**.

2 They **agree** / with the **professor's idea**.

3 The **students** / have a **place to exercise**.

4 **Watching movies** / is **fun**.

5 It is **helpful** / to **join** a **study group**.

스피킹 기초 학습　031

2 동사 다음에는 동작의 대상(목적어)

동사 뒤에 쓰여 '~을, ~를'이라고 해석하는 목적어를 넣는 문장 구조는 영어 문장에서 가장 많이 사용하는 형식입니다. 특히 스피킹에서는 문장을 길게 만드는 것보다 간단하고 명료한 문장을 만들어야 하는데, 이때 가장 필요한 구조이므로 목적어를 활용한 문장 형태를 알아두는 것이 좋습니다.

① 주어 + 동사 + 일반명사

- 학생들은 햄버거를 좋아합니다. → Students love hamburgers.
- 우리는 숙제를 합니다. → We do homework.

② 주어 + 동사 + 동명사

- Mary는 독서를 좋아합니다. → Mary loves reading.
- 학교는 도서관 증축을 고려하고 있습니다. → The school is considering expanding the library.

③ 주어 + 동사 + to 동사

- 그녀는 발표하는 것을 계획합니다. → She plans to give a presentation.
- 학생들은 좋은 성적을 받기를 원합니다. → The students want to get a good grade.

Tip 동사 하나에 여러 개의 목적어를 사용할 수도 있는데, and나 or 등으로 이 목적어들을 연결해 사용할 수 있습니다.
I met my boss **and** coworkers. 저는 제 상사와 동료직원들을 만났습니다.

» Check-up

STEP 1 주어진 단어나 표현을 활용해 우리말 뜻에 어울리게 소리 내어 말해 보세요.

1 저는 생물학 수업을 수강합니다. [take, biology class]
   _____.

2 저는 그 교수님을 만나고 싶었습니다. [professor]
   _____.

3 그녀는 스터디 그룹 모임에 참석하는 것을 계획했습니다. [attend, study group meeting]
   _____.

4 저는 다양한 문화들을 경험하고 언어들을 배울 수 있습니다. [experience, culture]
   _____.

5 그들은 뛰어난 학업성취도를 유지합니다. [outstanding academic performances]
   _____.

STEP 2 녹음을 듣고 강세와 Pause 표기(/)를 따라 위 문제의 예시 답안을 다시 말해 보세요.
🔊 MP3 Track 012

1 I **take biology** class.

2 I **wanted** / to **meet** the **professor**.

3 She **planned** to **attend** / the **study group meeting**.

4 I can **experience** / **various cultures** / and / **learn languages**.

5 They **maintain** / **outstanding academic performances**.

3 중간중간 부사로 문장을 풍성하게

말하기를 할 때 가장 잘 쓰이는 대표적인 부사들은 아마 really 또는 very일 것입니다. 그 외에도 정말 많은 부사들이 있지만, 부사는 요리를 할 때 사용하는 양념과 같은 존재라고 생각할 수 있습니다. 따라서 자신의 입맛에 어울리는 양념처럼 말하기를 할 때 활용하기에 적합한 것을 정해 반복적으로 연습하는 것도 좋은 방법입니다.

① 정말로, 진짜로 (really)

- 제가 정말 좋아하는 영화 종류는 로맨틱 코미디입니다.
  → The type of movie I really like is romantic comedies.

② 놀랍게도 (amazingly, surprisingly)

- 놀랍게도, 학생들은 학교의 계획에 동의했습니다.
  → Amazingly, students agreed with the school's plan.

③ 확실히, 완전히 (absolutely)

- 그는 확실히 훌륭한 선생님입니다. → He is an absolutely excellent teacher.

④ 꽤, 상당히 (pretty)

- 학교에서 제공하는 정보는 꽤 유용합니다. → The information that the school offers is pretty useful.

⑤ 분명, 틀림없이 (definitely)

- 그것은 제가 좋은 성적을 받는 데 분명 도움이 됩니다. → It definitely helps me to get a good grade.

> **Tip** 부사는 동사나 형용사 앞에, 또는 문장 맨 앞에 사용할 수 있으므로 이렇게 다양한 위치에 넣어 말하는 연습을 해 두면, 실제 말하기를 할 때 문장의 의미를 더욱 풍성하고 자연스럽게 만들 수 있습니다.

» Check-up

STEP 1 주어진 단어나 표현을 활용해 우리말 뜻에 어울리게 소리 내어 말해 보세요.

1. 놀랍게도, 모든 학생들이 쪽지 시험에서 좋은 점수를 받았습니다. [quiz, a good grade]
   _____, _____.

2. 그는 열이 있었을 때 정말로 병원에 가야 했습니다. [had to go, fever]
   _____.

3. 테니스를 치는 것은 확실히 스트레스를 풀어주는 일입니다. [stress-relieving]
   _____.

4. 그것은 확실히 제가 공부에 더 잘 집중할 수 있게 도와줍니다. [concentrate better on]
   _____.

5. 그 학생의 과제물은 꽤 흥미롭습니다. [paper, interesting]
   _____.

STEP 2 녹음을 듣고 강세와 Pause 표기(/)를 따라 위 문제의 예시 답안을 다시 말해 보세요.
🔊 MP3 Track 013

1. **Amazingly,** / all **students got** a **good grade** / on the **quiz**.

2. He **really had to go** / to the **hospital** / when he **had** a **fever**.

3. **Playing tennis** is / **absolutely stress-relieving**.

4. It **absolutely helps** me / to **concentrate better** / on my **studying**.

5. The **student's paper** is / **pretty interesting**.

4 동사를 도와주는 조동사

TOEFL Speaking에서 가장 자주 사용할 수 있는 조동사들은 should(해야 하는 일), can(할 수 있는 일), would(할 의향이 있는 일), might(가능할 수도 있는 일) 등이 있습니다. 이 조동사들을 넣어 말하는 연습을 먼저 해 보는 것이 중요한데, 실제 말하기를 할 때는 이 조동사에는 강하게 강세를 주지 않는다는 것을 꼭 기억하세요.

① ~해야 한다 (should)

- 당신은 노숙자들을 돕기 위해 무언가를 해야 합니다.
  → You should do something to help homeless people.

② ~할 수 있다 (can)

- 저는 4개의 다른 언어를 말할 수 있습니다. → I can speak four different languages.

③ ~할 수도 있다 (might)

- 우리는 10분 더 기다려야 할 수도 있습니다. → We might have to wait 10 more minutes.

④ ~하겠다 (would)

- 그녀는 교수님으로부터 그 책을 빌리려 합니다.
  → She would borrow the book from her professor.

> **Tip** 조동사는 말 그대로 동사를 도와주는 역할을 할 뿐!! 일반적으로 발음 상에서 강조하지 않습니다. 조동사 뒤에 쓰이는 동사는 조동사와 항상 한 단어라고 생각하고 동사에 강세를 두는 방식으로 말합니다.
> I would go → 아으**고우**   she can speak → 쉬끈**스피익**

» Check-up

STEP 1 주어진 단어나 표현을 활용해 우리말 뜻에 어울리게 소리 내어 말해 보세요.

1 내일 아침에 비가 올 수도 있습니다.
   _____.

2 저는 파티에 Jane을 초대하려고 합니다. [invite]
   _____.

3 그는 공부에 모든 노력과 시간을 쏟아 부어야 합니다. [effort]
   _____.

4 학생들은 그것이 무슨 의미인지 이해할 수 있습니다.
   _____.

5 좋은 성적을 받기 위해서 당신은 열심히 공부해야 합니다.
   _____.

STEP 2 녹음을 듣고 강세와 Pause 표기(/)를 따라 위 문제의 예시 답안을 다시 말해 보세요.
🔊 MP3 Track 014

1 It might **rain** / **tomorrow morning**.

2 I would **invite Jane** / to the **party**.

3 He should **put all** his **effort** and **time** / into **studying**.

4 **Students** can **understand** / what it **means**.

5 **You** should **study hard** / to **get** a **better grade**.

5 문장을 길게 말하고 싶다면 – 디테일은 뒤로 보내기

영어 문장을 길게 말하려고 할 때, 디테일은 뒤에 계속해서 추가할 수 있습니다. 다양한 디테일을 덧붙여 긴 문장을 말해야 하는 경우가 있는데, 그렇다고 한 문장 안에 너무 많은 디테일을 넣으려고 욕심 낼 필요는 없습니다. 정확한 문장으로 말하는 것이 더 중요하므로 스스로 감당할 수 있을 만큼만 디테일을 붙여보는 연습을 하고 점차 반복적인 연습을 통해 문장의 길이를 늘려 나가면 됩니다.

① 저는 갑니다.
　→ I go.

② 저는 학교에 갑니다.
　→ I go to school.

③ 저는 친구들과 함께 학교에 갑니다.
　→ I go to school with my friends.

④ 저는 친구들과 함께 버스로 학교에 갑니다.
　→ I go to school with my friends by bus.

⑤ 저는 매일 아침 친구들과 함께 버스로 학교에 갑니다.
　→ I go to school with my friends by bus every morning.

> **Tip** 처음부터 너무 긴 문장을 만들려고 하면 문법이나 억양에서 실수를 하게 됩니다. 따라서 문장의 길이를 단계적으로 늘려 나가는 연습을 하는 것이 좋으며, 이때 호흡을 조절해 문장 중간에 너무 자주 끊어 말하지 않도록 연습하는 것이 좋습니다.

» Check-up

STEP 1 주어진 단어나 표현을 활용해 우리말 뜻에 어울리게 소리 내어 말해 보세요.

1 그녀는 운전해야 합니다.
   _____.

2 그녀는 조심스럽게 운전해야 합니다. [carefully]
   _____.

3 그녀는 현장 학습을 갈 때 조심스럽게 운전해야 합니다. [go on a field trip]
   _____.

4 그녀는 박물관으로 현장 학습을 갈 때 조심스럽게 운전해야 합니다.
   _____.

5 그녀는 자신의 학생들과 함께 박물관으로 현장 학습을 갈 때 조심스럽게 운전해야 합니다.
   _____.

STEP 2 녹음을 듣고 강세와 Pause 표기(/)를 따라 위 문제의 예시 답안을 다시 말해 보세요.
🔊 MP3 Track 015

1 She should **drive**.

2 She should **drive carefully**.

3 She should **drive carefully** / when she **goes** on a **field trip**.

4 She should **drive carefully** / when she **goes** on a **field trip** / to the **museum**.

5 She should **drive carefully** / when she **goes** on a **field trip** / to the **museum** / with **her students**.

6 관사 제대로 사용해 말하기

우리말에는 '관사'라는 개념이 없기 때문에 영어로 말하기를 할 때 관사와 관련된 실수를 많이 하게 됩니다. 따라서 관사의 쓰임새를 명확히 알고 평소에 반복적인 말하기 연습을 통해 실수를 줄여야 합니다.

◘ a[an] 사용해 말하기

① a[an]의 의미

- 하나, 한 개 (한 개의 셀 수 있는 명사가 처음 등장할 때 반드시 사용)
    - 제 남동생은 작가가 되고 싶어 합니다. → My brother wants to be a writer.
    - 저는 오렌지 3개와 사과 1개를 샀습니다. → I bought three oranges and an apple.

- 어떤
    - 어떤 남자가 Mary를 보고 싶어 합니다. → A man wants to see Mary.

- ~마다
    - 저는 일주일마다 두 번 수영장에 갑니다. → I go to a swimming pool two times a week.

> Tip my, his, her, our와 같은 소유격은 a나 an과 함께 사용하지 않습니다.
> Matt is **a her** boyfriend. (X) → Matt is **her** boyfriend. (O) Matt는 그녀의 남자친구입니다.

② a + 자음 발음 / an + 모음 발음

- a + 자음 발음
    - My sister is a dentist. 제 여동생은 치과 의사입니다.
    - My sister is a university student. 제 여동생은 대학생입니다.

- an + 모음 발음
    - I squeezed juice from an orange. 저는 오렌지에서 과즙을 짜냈습니다.
    - I have to arrive there in an hour. 저는 거기에 한 시간 내에 도착해야 합니다.

> Tip 철자가 아닌 발음에 따라 a와 an을 구별해 사용합니다. 따라서 명사의 첫 음절이 자음 발음이면 a를, 모음 발음이면 an을 사용합니다.

모음 철자지만 a를 사용하는 경우	자음 철자이지만 an을 사용하는 경우
a uniform **a** university **a** year	**an** hour **an** honor **an** SUV

» Check-up

STEP 1 a와 an 중에서 각 문장에 알맞은 것을 골라 문장을 완성하고 소리 내어 말해 보세요.

1 학교는 좋은 해결책을 찾고 있는 중입니다.
   The school is looking for (a / an) good solution.

2 곤충들을 죽이는 벌레잡이 식물은 식물의 일종입니다.
   A carnivorous plant that kills insects is (a / X) type of plant.

3 환풍기는 실내에서 공기를 순환시키는 데 사용되는 기구입니다.
   (A / An) fan is a device used to circulate air within the house.

4 많은 학생들이 더 좋은 직업을 얻기 위해 영어를 배웁니다.
   Many students learn English to get (a / an) better job.

5 저는 한 번에 하나씩만 나를 수 있습니다.
   I can only carry one at (a / X) time.

STEP 2 녹음을 듣고 강세와 Pause 표기(/)를 따라 위 문제의 예시 답안을 다시 말해 보세요.
🔊 MP3 Track 016

1 The **school is** / **looking for** a good **solution**.

2 A **carnivorous plant** / that **kills insects** is / a **type** of **plant**.

3 A **fan** is a **device** / used to **circulate air** / within the **house**.

4 **Many students learn English** / to **get** a **better job**.

5 I can **only carry one** / at a time.

◘ **the 사용해 말하기**

① 특정 명사를 지칭하는 경우 (이미 서로 알고 있거나 언급된 명사)
- 저는 그 수업을 전혀 이해할 수 없었습니다. → I could not understand the class at all.

② 하나뿐인 자연물을 말할 때
- 지구는 자전하고 있습니다. → The Earth is rotating.

③ 최상급을 말할 때
- 그는 반에서 가장 튼튼한 학생입니다. → He is the strongest student in the class.

④ 서수나 연대를 말할 때
- 저는 첫 번째 것을 선호합니다. → I prefer the first one.

⑤ 형용사와 함께 복수 명사의 의미를 나타낼 때
- 시에서 가난한 사람들을 위한 쉼터를 짓고 있습니다. → The city is building a shelter for the poor.

Tip the는 셀 수 있는 명사와 셀 수 없는 명사에 상관없이 사용할 수 있습니다.
She gave **some books** to me and **the books** were all light novels.
　　　　　　셀 수 있는 명사
그녀는 나에게 몇 권의 책을 주었고 그 책들은 모두 가벼운 소설들이었다.

I found **Kimchi stew** but **the Kimchi stew** was covered with mold.
　　　　셀 수 없는 명사
나는 김치찌개를 찾았지만 그 김치찌개는 곰팡이로 덮여 있었다.

» *Check-up*

STEP 1 괄호 안의 관사들 중에서 각 문장에 알맞은 것을 골라 문장을 완성하고 소리 내어 말해 보세요.

1 저는 그 펜을 갖고 있습니다.
   I have (a / the) pen.

2 저는 저에게 다가온 그 남자를 보았습니다.
   I saw (a / the) man who came up to me.

3 그녀는 내일 한국으로 돌아갈 것입니다.
   She will go back to (the / X) Korea tomorrow.

4 Matt는 제가 본 남자 중 가장 잘생긴 남자입니다.
   Matt is (a / the) most handsome man I have ever seen.

5 그 빌딩은 1990년대에 지어졌습니다.
   The building was constructed in (X / the) 1990's.

STEP 2 녹음을 듣고 강세와 Pause 표기(/)를 따라 위 문제의 예시 답안을 다시 말해 보세요.
🔊 **MP3 Track 017**

1 I **have** the **pen**.

2 I **saw** the **man** / who **came up** to me.

3 She will **go back** / to **Korea tomorrow**.

4 **Matt** is the **most handsome** man / I have **ever seen**.

5 The **building** was **constructed** / in the **1990's**.

◘ **a[an]나 the 사용하지 않고 말하기**

① 셀 수 없는 명사이고 이미 언급된 것도 아닐 때

- 커피는 학생들에게 좋지 않습니다. → Coffee is bad for students.

② 운동, 식사, 과목, 질병

- the basketball (X) → basketball (O)
- the dinner (X) → dinner (O)
- the cancer (X) → cancer (O)
- the biology (X) → biology (O)

Tip 질병 앞에는 관사를 붙이면 안되지만 '아픔'을 나타내는 -ache가 붙은 명사 앞에는 관사 a를 붙입니다.
She has **a stomachache**. 그녀는 복통을 앓고 있습니다.

③ 나라 이름

- 저는 이번 여름방학 동안에 일본을 여행할 것입니다.
→ I will travel to Japan during this summer vacation.

Tip the United States of America나 the United Kingdom과 같이 the가 필요한 나라 이름은 그 숫자가 적으므로 따로 기억하는 것이 좋습니다.

④ 교통, 통신 수단

- 그는 지하철을 타고 출근합니다. → He goes to work by subway.
- 그 연구원은 학생들과 전화로 의사소통합니다.
→ The researcher communicates with his students by phone.

» **Check-up**

STEP 1 각 문장에서 어색한 부분을 찾아 수정하고 소리 내어 말해 보세요.

1 저는 취미로 동전을 모으곤 했었습니다.
   I used to collect the coins as a hobby.

2 그는 내년에 중국을 방문할 계획입니다.
   He is planning to visit the China next year.

3 때때로, 저는 심한 치통을 앓습니다.
   Sometimes, I have terrible toothache.

4 저는 프랑스 문학에 굉장히 흥미가 있습니다.
   I am very interested in a French literature.

5 우리는 비행기로 어디든지 갈 수 있습니다.
   We can go anywhere by an airplane.

STEP 2 녹음을 듣고 강세와 Pause 표기(/)를 따라 위 문제의 예시 답안을 다시 말해 보세요.
🔊 MP3 Track 018

1 I used to **collect coins** / as a **hobby**.

2 He is **planning** to **visit China** / **next year**.

3 **Sometimes**, / I **have a terrible toothache**.

4 I am **very interested** / in **French literature**.

5 We can **go anywhere** / by **airplane**.

7 하나와 하나 이상을 구별하자 – 수 일치

우리말에서는 문장의 주어가 단수인지 복수인지에 상관없이 같은 형태의 동사를 사용하지만 영어에서는 주어의 특성에 따라 동사의 형태가 달라지므로 이에 주의하여 말해야 합니다.

◻ is[was]를 사용하거나 -s[-es]를 붙이자!

① 단수 주어 + is

- 그녀는 고등학생입니다. → She is a high school student.
- 그것은 Kathy의 노트북입니다. → It is Kathy's laptop.
- 영어를 공부하는 것은 매우 쉽습니다. → Studying English is very easy.
- 삶에서 가장 중요한 것은 건강입니다. → The most important thing in life is health.
- 돈은 삶에서 최우선 순위가 아닙니다. → Money is not a top priority in life.
- 사과 한 개는 아침으로 좋습니다. → An apple is good for breakfast.
- 모든 사람들은 착합니다. → Everyone is kind.

② 시간/돈/무게 + is

- 저는 2년이 긴 시간이라고 생각하지 않습니다. → I don't think two years is a long time.
- 그 치마에 50달러는 너무 많습니다. → Fifty dollars is too much for that skirt.
- 그는 10kg이 달성 가능하다고 생각합니다. → He thinks that 10kg is achievable.

③ 3인칭 주어 + 현재 시제 동사(동사 + -s 또는 동사 + -es)

- 그 남자는 학생들과 이야기합니다. → The man talks to his students.
- 조깅은 제가 건강을 유지하는 데 도움이 됩니다. → Jogging helps me to stay healthy.
- 그녀는 저에게 돈을 줍니다. → She gives me money.

Tip 말하기를 할 때 가장 흔히 하는 문법 실수는 동사 변형입니다. 모든 셀 수 있는 명사는 반드시 관사에 유의해 말해야 하며, 이때 단수 명사가 주어일 때 동사도 단수형으로 말해야 합니다. 특히 현재 시제 동사를 말할 때 주어가 3인칭 단수일 경우에 동사에 s를 붙여 말하는 것에 주의해야 하는데, 하루 아침에 가능한 것이 아니므로 평소에 반복적으로 연습해 둬야 합니다.

» *Check-up*

STEP 1 각 문장의 괄호 안에 알맞은 단어를 고르고 소리 내어 말해 보세요.

1 저에게 3년은 너무 깁니다.
   Three years (is / are) too long for me.

2 좋은 점수를 받는 것이 제 이력서를 더 좋아 보이게 만듭니다.
   Getting good grades (make / makes) my résumé look better.

3 기숙사 사무실은 학생들에게 신청서를 제출하도록 요구합니다.
   The housing office (require / requires) students to submit an application.

4 제가 교수님으로부터 빌린 책은 오래된 것입니다.
   The book I borrowed from my professor (is / are) old.

5 그녀는 매주 토요일마다 친구들과 외출합니다.
   She (go / goes) out with her friends every Saturday.

STEP 2 녹음을 듣고 강세와 Pause 표기(/)를 따라 위 문제의 예시 답안을 다시 말해 보세요.
MP3 Track 019

1 **Three** years is **too long** / for me.

2 **Getting good grades** / makes my **résumé look better**.

3 The **housing office requires students** / to **submit** an **application**.

4 The **book I borrowed** from my **professor** / is **old**.

5 **She goes out** with her **friends** / every **Saturday**.

◘ **are[were]를 사용하거나 동사원형으로!**

① **복수 주어 + are**

- 우리는 가장 친한 친구입니다. → We are best friends.
- 몇몇의 사람들이 그 극장 안에 앉아 있습니다. → A few people are sitting in the theater.
- 많은 연인들이 바닷가에 있습니다. → A lot of couples are at the beach.

② **복수 주어 + 동사원형**

- 그 책들은 개당 겨우 1달러에 팔립니다. → The books sell for just 1 dollar each.
- 내 친구들과 나는 학창시절로 돌아가고 싶습니다.
  → My friends and I want to go back to our school days.
- 그들은 영어 교육을 전공합니다. → They major in English Education.

③ **Here[There] is + 단수 명사, Here[There] are + 복수 명사**

- 이것에 대한 두 가지 이유가 있습니다. → There are two reasons for this.
- 여기 그 개념에 대한 한 예시가 있습니다. → Here is an example of the concept.

> Tip '~가 있습니다'라는 의미를 나타내기 위해 Here 또는 There로 시작하는 문장에서는 뒤에 나오는 명사에 따라 동사의 형태가 달라집니다. 따라서 이와 같은 문장을 말할 때는 반드시 명사가 단수 명사인지 복수 명사인지를 생각하며 동사를 말해야 합니다.

» Check-up

STEP 1 각 문장의 괄호 안에 알맞은 단어를 고르고 소리 내어 말해 보세요.

1 우리 엄마와 아빠는 항상 저를 이해해줍니다.
My mother and father always (understand / understands) me.

2 그 남자와 여자는 둘 다 매우 매력적입니다.
Both the man and the woman (are / is) very attractive.

3 병원들은 병실들을 청결하게 유지하기 위해 강한 약품들을 사용합니다.
Hospitals (uses / use) strong chemicals to keep sickrooms clean.

4 제 의견을 뒷받침해 줄 몇몇 이유들이 있습니다.
There (is / are) several (reason / reasons) to support my opinion.

5 많은 학교들이 학생들을 장려하기 위해 장학금을 수여합니다.
A lot of schools (offer / offers) scholarships to encourage students.

STEP 2 녹음을 듣고 강세와 Pause 표기(/)를 따라 위 문제의 예시 답안을 다시 말해 보세요.
🔊 MP3 Track 020

1 My **mother** and **father** / **always understand** me.

2 **Both** the **man** and the **woman** / are **very attractive**.

3 **Hospitals** use **strong chemicals** / to **keep sickrooms clean**.

4 There are **several reasons** / to **support** my **opinion**.

5 **A lot of schools** offer **scholarships** / to **encourage students**.

TOEFL Speaking 실전에서 유용한 문장 말하기

1 언제 일인지 정확히 말해줘 – 시제

동사의 시제를 이용해 시점과 관련된 다양한 의미를 전달할 수 있습니다. 잘못된 시제를 사용하면 전혀 다른 뜻이 되므로 항상 주의해야 합니다. 예를 들어, '나는 어제 치킨을 먹었어.'라는 말은 과거 시제인 ate을 사용해 'I ate chicken yesterday.'와 같이 말해야 합니다. 실수로 현재 시제 eat을 사용하면 '나는 치킨을 늘 먹는다.'와 같이 습관적인 행동을 의미하게 됩니다. 영어의 시제들 중에서 TOEFL Speaking에서 가장 많이 사용하는 시제는 현재, 현재 진행, 현재 완료, 과거 그리고 미래 시제입니다.

■ 매일 계속되는 일, 변하지 않는 일 – 현재 시제

① 일반적 사실

- 저에게는 한 명의 남동생과 두 명의 언니가 있습니다.
  → I have one younger brother and two older sisters.

② 불변하는 진리 (특히 과학적 진술)

- 지구는 자전합니다. → The Earth rotates.

③ 규칙적 습관

- 저는 보통 9시에 운동을 하러 갑니다. → I usually go to exercise at 9 o'clock.

④ 현재를 나타내는 표현(today, these days, nowadays 등)과 함께 쓰일 때

- 그는 요즘 중국에서 가장 뛰어난 작가들 중의 한 사람입니다.
  → He is one of the greatest writers in China these days.

■ 지금도 계속되고 있는 일 – 현재 진행 시제(be + -ing)

① 계속하여 진행되는 동작이나 상황

- 많은 학생들이 그 수업을 듣고 있는 중입니다. → Many students are taking the class.

② 지금 일어나고 있는 일

- 저는 지금 제 친구를 기다리고 있는 중입니다. → I am waiting for my friend now.

> **Tip** 현재 진행 시제는 가까운 미래에 반드시 일어날 일에 대해서도 사용할 수 있습니다.
> I am meeting Kathy tomorrow. 저는 내일 Kathy를 만날 것입니다.

» Check-up

STEP 1 각 문장의 괄호 안에 알맞은 단어를 고르고 소리 내어 말해 보세요.

1. 저는 매주 금요일에 스터디 멤버들을 만납니다.
   I (am meeting / meet) my study members every Friday.

2. 그 남자는 지금 자신의 강아지들과 수영장에서 수영을 하고 있습니다.
   The man (swims / is swimming) in the pool with his dogs now.

3. 저는 주말에 친구들과 영화 보는 것을 즐깁니다.
   I (enjoyed / enjoy) watching movies on weekends with my friends.

4. 그들은 다음 달에 홍콩으로 여행을 가려고 계획 중입니다.
   They (are planning / planned) to travel to Hong Kong next month.

5. 그 강의는 동물들이 혹독한 환경에서 어떻게 협동하는지에 대해 주로 이야기합니다.
   The lecture mainly (have talked / talks) about how animals cooperate in a severe condition.

STEP 2 녹음을 듣고 강세와 Pause 표기(/)를 따라 위 문제의 예시 답안을 다시 말해 보세요.
🔊 MP3 Track 021

1. I **meet** my **study members** / **every Friday**.

2. The **man** is **swimming** / in the **pool** with his **dogs now**.

3. I **enjoy watching movies** / on **weekends** with my **friends**.

4. They are **planning** to **travel** / to **Hong Kong next month**.

5. The **lecture mainly talks** about / how **animals cooperate** / in a **severe condition**.

◘ 현재와 연결된 과거 또는 경험 – 현재 완료 시제(**have[has] + p.p.**)

① 과거에 발생하여 현재까지 계속되거나, 현재까지 영향을 미치거나, 방금 완료되었음을 나타낼 때

- 남북한은 1953년 이후로 휴전 상태입니다.
  → South and North Korea have been in a truce since 1953.
- 그 도시는 최근에 많은 공원들을 건설해오고 있습니다.
  → The city has recently constructed many parks.
- 저는 이미 그녀를 만났습니다. → I have met her already.

② 과거의 경험

- 제가 지금까지 했었던 가장 기억에 남는 여행은 부산으로의 여행이었습니다.
  → The most memorable trip that I have ever taken was my trip to Busan.

Tip 현재 완료 시제는 영어에서 가장 많이 사용되는 시제로, 주로 특정 과거 시점 없이 말할 경우에 사용됩니다. 현재 완료 시제를 정확하게 이해하고 사용한다면 Speaking에서 고득점을 할 수 있습니다.

◘ 과거에 이미 끝난 일 – 과거 시제(**was[were]** 또는 **동사 + -d/-ed**)

- 저는 영어로 말하는 것을 잘하지 못했습니다. → I was not good at speaking in English.
- 저는 TOEFL에서 좋은 점수를 얻었습니다. → I obtained good scores in TOEFL.

Tip 과거 시제가 필요한 곳에 현재 시제를 사용할 경우 과거에 한 번 있었던 행동이 습관적 행동으로 바뀔 수 있으므로 주의해야 합니다. 또한 불규칙 동사의 경우 정확한 과거 형태를 사용해야 합니다. 예를 들어, spend의 과거는 spended가 아니라 spent입니다.

◘ 앞으로 생길 일 – 미래 시제(**will + 동사**)

- Naomi는 역에서 자신의 엄마를 만날 것입니다. → Naomi will meet her mother at the station.
- 그 학생은 그 모임의 리더가 될 것입니다. → The student will be the leader of the group.

» Check-up

STEP 1 각 문장의 괄호 안에 알맞은 단어를 고르고 소리 내어 말해 보세요.

1 마감일은 7월 20일이 될 것입니다.
   The deadline (is / will be) the 20th of July.

2 그녀는 교수님이 내준 과제를 하는 것을 지금 막 끝냈습니다.
   She (finished / has just finished) doing her homework that the professor (assigned / assigns).

3 그녀가 18살이 된 이후로 밤에 별을 관찰하는 것은 그녀의 삶의 일부분이 되었습니다.
   Observing stars at night (is / has been) a part of her life since she (becomes / became) 18.

4 그들은 뛰어난 학업 성취도를 유지할 수 있을 것입니다.
   They (will be able to maintain / maintain) outstanding academic performances.

5 그것은 저의 인생을 어떻게 다스리는지 가르쳐주었습니다.
   It (teaches / taught) me how to manage my life.

STEP 2 녹음을 듣고 강세와 Pause 표기(/)를 따라 위 문제의 예시 답안을 다시 말해 보세요.
🔊 MP3 Track 022

1 The **deadline** will be / the **20th of July**.

2 She has **just finished** / doing her **homework** / that the **professor assigned**.

3 **Observing stars** at night / has been a **part** of her **life** / since she became **18**.

4 They will be able to **maintain** / **outstanding academic performances**.

5 It **taught** me / how to **manage** my **life**.

2 문장이 길어지면? – 『단문 + 단문』으로 만들어 말하기

문장이 길어지면 말하기를 할 때 실수를 할 가능성이 커집니다. 문법과 관련된 실수를 하거나 문장 중간에 불필요한 pause를 넣게 되는 경우가 생깁니다. 따라서 문장은 가능한 한 짧게 만들어 말하고, 긴 문장이 필요할 경우에는 간단한 단문과 단문을 연결해 만듭니다. 이때 두 단문 사이에 and (then), but, so, even though, because 등을 사용해 연결합니다. 이 표현들을 사용하기 바로 전에 잠깐 pause를 넣어 말하고 맨 마지막에는 억양을 꼭 내려줍니다.

① 그는 낮잠을 자지 않고 학교로 갔습니다.
   → He didn't take a nap, **(pause)** and went to school. ↘

② 수업이 아직 끝나지 않았지만 학생들은 점심을 먹으러 갔습니다.
   → The class hasn't finished yet, **(pause)** but students went to eat lunch. ↘

③ 그녀는 교생 실습에 참여했으므로 이번 학기에 졸업할 수 있습니다.
   → She attended the student-teaching program, **(pause)** so she can graduate this semester. ↘

④ 학생들이 그 계획에 반대하고 있음에도 불구하고 학교가 교내에서 자동판매기를 없앨 계획을 세웠습니다.
   → The school planned to remove vending machines on campus **(pause)** even though students are against the plan. ↘

⑤ 그는 학교의 계획을 좋아하지 않는데, 왜냐하면 그것이 많은 돈이 들기 때문입니다.
   → He doesn't like the school's plan **(pause)** because it costs a lot of money. ↘

» Check-up

STEP 1 주어진 단어나 표현을 활용해 우리말 뜻에 어울리게 소리 내어 말해 보세요.

1 저는 운동하는 것을 좋아하지만, 매일 조깅을 하지는 않습니다.
   _____, but _____.

2 그는 시간이 많지 않아서 택시를 타고 학교에 가야 합니다. [take a taxi]
   _____, so _____.

3 비쌌음에도 불구하고 저는 그 프로그램에 등록을 했습니다. [sign up for]
   _____ even though _____.

4 저는 과제를 마치고 나서 수업에 갔습니다.
   _____ and then _____.

5 그는 학교에 결석을 했는데, 왜냐하면 감기에 걸렸기 때문입니다. [catch a cold]
   _____ because _____.

STEP 2 녹음을 듣고 강세와 Pause 표기(/)를 따라 위 문제의 예시 답안을 다시 말해 보세요.
   🔊 MP3 Track 023

1 I **love exercising**, / but I **don't jog every day**.

2 He doesn't **have enough time**, / so he **has to take** a **taxi** to **school**.

3 I **signed up** for the **program** / even though it was **expensive**.

4 I **finished** my **homework** / and then **went** to **class**.

5 He was **absent** from **school** / because he **caught** a **cold**.

3 문장이 더 길어지면? – 연결어 사용해 말하기

문장이 너무 길어진다 생각되면 한 문장을 말한 다음에 연결어를 사용할 수 있습니다. 이 연결어들은 말하기를 할 때 앞뒤 문장의 의미를 자연스럽게 연결해 주는 역할을 하며, 자주 사용되는 것으로는 Then, That way, This is because, It's because, By doing so, To do so 등이 있습니다. 각 연결어들의 의미를 명확하게 익히고 반복 연습을 통해 자연스럽게 활용할 수 있어야 합니다.

① 다음 주에 신제품이 출시될 것입니다. 그러면, 회사는 TV 광고를 만들 것입니다.
→ New products will be released next week. Then, the company will make TV commercials.

② 그의 팀은 수준 높은 세미나를 조직해야 합니다. 그렇게 하기 위해서, 그들은 유명 연사를 초청해야 합니다.
→ His team has to organize a high-quality seminar. To do so, they have to invite famous guest speakers.

③ 그 회사는 여성 의류를 1층에 배치합니다. 왜냐하면 그들은 매출을 증가시키길 원하기 때문입니다.
→ The company places women's clothing on the first floor. That's because they want to increase the sales.

④ 그 선생님은 학생들에게 그림을 보여주었습니다. 그렇게 함으로써, 학생들이 그 개념을 이해하도록 도와주었습니다.
→ The teacher showed his students pictures. That way, he helped them understand the concept.

⑤ 학교는 보육 서비스를 폐지하려고 계획 중입니다. 그렇게 해서, 비용을 절약하기를 원합니다.
→ The school is planning to eliminate the child care services. By doing so, they want to save money.

» Check-up

STEP 1 주어진 단어나 표현을 활용해 우리말 뜻에 어울리게 소리 내어 말해 보세요.

1 어린이들은 쉽게 감기에 걸립니다. 그러면, 그들은 휴식을 취해야 합니다. [catch a cold]
   _____. Then, _____.

2 학생들은 공부에 시간을 쏟아 붓습니다. 그렇게 함으로써, 좋은 성적을 유지합니다. [maintain]
   _____. That way, _____.

3 그의 가족들이 중국으로 여행을 갈 것입니다. 그렇게 하기 위해서, 그는 일주일 휴가를 내야 합니다.
   [take a week off]
   _____. To do so, _____.

4 Susan은 매주 새로운 책을 한 권씩 읽습니다. 그렇게 함으로써, 그녀는 스스로 기분 좋게 만듭니다.
   _____. By doing so, _____.

5 휴대전화를 사용하는 것은 편리합니다. 왜냐하면 저는 휴대전화로 이메일을 확인하기 때문입니다.
   _____. It's because _____.

STEP 2 녹음을 듣고 강세와 Pause 표기(/)를 따라 위 문제의 예시 답안을 다시 말해 보세요.
🔊 **MP3 Track 024**

1 **Children catch a cold** easily. / **Then,** / they **need** to **take a rest**.

2 **Students put time** into **studying**. / **That way,** / they **maintain good grades**.

3 **His family** is **going** on a **trip** to **China**. / **To do so,** / he **has** to **take a week** off.

4 **Susan reads** a **new book** every week. / **By doing so,** / she **makes** herself **feel better**.

5 **Using** a **cell phone** is **convenient**. / **It's because** / I **check e-mails** on my **cell phone**.

4 할 수 있는 게 너무 많아!! – can 사용하지 않기

TOEFL Speaking에서 동사 표현과 관련해 가장 많이 사용되는 의미는 '~할 수 있다'입니다. 특히 말하기를 하기 전에 우리말로 먼저 생각하고 이를 영어로 바꿔 말하기 쉽기 때문에 흔히 can을 많이 사용하게 됩니다. 하지만 같은 어휘나 표현이 계속 반복되는 것은 좋지 않습니다. 따라서 can과 동일한 의미를 나타내는 표현들을 미리 연습해 두는 것이 좋습니다.

① 매일 연습을 하는 것은 말하기 실력을 향상시킬 수 있는 좋은 방법입니다.
→ Practicing every day is a good way to improve speaking skills.

② 동아리에 가입하는 것은 많은 사람들을 만나고 인맥을 넓히는 데 있어 제게 도움이 됩니다.
→ Joining a club helps me to meet many people and broaden social network.
(= I can meet many people and broaden social network by joining a social club.)

③ 동아리에 가입하면 저는 많은 사람을 만날 수 있을 것입니다.
→ I will be able to meet many people by joining a club.
(= I can meet many people by joining a club.)

④ 학생들은 충분히 잠을 자면 더 잘 집중할 수 있습니다.
→ It is possible to concentrate better if students have enough sleep.
(= Students can concentrate better after sleeping enough.)

⑤ 충분히 잠을 자는 것은 학생들이 공부에 더 잘 집중할 수 있게 해 줍니다.
→ Having enough sleep allows students to concentrate better on their studying.
(Students can concentrate better if they have enough sleep.)

Tip 'I can improve my speaking skills ~'처럼 can을 사용하는 것이 가장 쉬울 수 있습니다. 하지만 너무 자주 반복하는 것은 좋지 않습니다. can을 대신할 수 있는 표현들 중에서, 자신이 가장 편하게 말할 수 있는 것을 따로 정해 놓고 평소에 반복 연습을 통해 다양한 표현을 활용할 수 있게 해 두는 것이 좋습니다.

» *Check-up*

STEP 1 주어진 단어나 표현을 활용해 우리말 뜻에 어울리게 소리 내어 말해 보세요.

1 휴대전화를 사용하는 것은 제가 시간을 절약하도록 도와줍니다.
   _____.

2 아르바이트를 하는 것은 제 스스로를 지원할 수 있는 좋은 방법입니다. [support]
   _____.

3 외국 여행을 함으로써 저는 제 시야를 넓힐 수 있을 것입니다. [widen]
   _____.

4 그룹으로 작업하면 프로젝트에서 좋은 점수를 받을 수 있습니다. [do a group work]
   _____.

5 등산을 하는 것은 제가 스트레스를 풀 수 있게 해 줍니다.
   _____.

STEP 2 녹음을 듣고 강세와 Pause 표기(/)를 따라 위 문제의 예시 답안을 다시 말해 보세요.
   MP3 Track 025

1 **Using** a **cell phone** / **helps** me to **save** my **time**.

2 **Having** a **part-time job** / is a **good way** / to **support myself**.

3 I **will be able** to **widen** my **perspectives** / by **travelling abroad**.

4 It is **possible** / to **get** a **good grade** on the **project** / if I **do a group work**.

5 **Mountain climbing allows** me / to **relieve stress**.

5 부연 설명 문장이 떠오르지 않으면 어떻게 하지? – So-and-Why 법칙

머릿속에 아무리 좋은 아이디어가 있더라도 이를 명확하게 정리하지 못한다면 제대로 된 말하기를 할 수 없습니다. TOEFL Speaking에서는 자신만의 아이디어를 정리해 말하기를 해야 하는 Task들이 있는데, 짧은 시간 안에 적절한 내용들을 생각해 내고 이를 정리해 말하는 것이 쉽지 않습니다. 따라서 이에 대비할 수 있는 'So-and-Why 법칙'에 대해 알아보겠습니다.

① So 활용하기

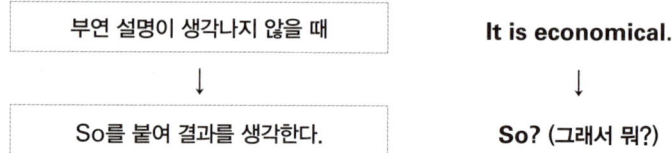

- 그것은 경제적입니다. 그래서 저는 많은 돈을 절약할 수 있습니다.
  → It is economical. So, I can save a lot of money.

② Why 활용하기

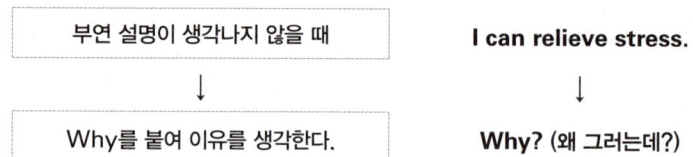

- 저는 스트레스를 풀어야 합니다. 왜냐하면 저는 공부로 인해 많은 스트레스를 받기 때문입니다.
  I need to relieve stress. That's because I get a lot of stress from studying.

» Check-up

STEP 1 So-and-Why 법칙을 활용해 우리말 뜻에 어울리게 소리 내어 말해 보세요.

1. 그것은 시간을 절약해 줍니다. → 그래서 저는 공부에 더 많은 시간을 투자할 수 있습니다.
   It is time-saving. → _____.

2. 학생들은 숙제를 기한 내에 제출해야 합니다. → 왜냐하면 학생들은 좋은 점수를 받아야 하기 때문입니다.
   Students should hand in homework on time.
   → _____.

3. 여행은 스트레스를 완화시켜 줍니다. → 그래서 저는 공부에 더 잘 집중할 수 있습니다.
   Travelling is stress-relieving.
   → _____.

4. 컴퓨터를 사용하는 것은 생산성을 향상시켜 줍니다. → 그래서 저는 시간과 돈을 절약할 수 있습니다.
   Using a computer improves productivity.
   → _____.

5. 대학에 진학하는 것은 스스로에게 도전할 수 있는 좋은 방법입니다. → 왜냐하면 저는 삶의 여러 가지 측면을 경험할 수 있기 때문입니다.
   Going to college is a good way to challenge myself.
   → _____.

STEP 2 녹음을 듣고 강세와 Pause 표기(/)를 따라 위 문제의 예시 답안을 다시 말해 보세요.
🔊 MP3 Track 026

1. It is **time-saving**. / So, / I can **put more time** / into **studying**.

2. **Students** should **hand in homework** on **time**. / That's because / they should **get a good grade**.

3. **Travelling** is **stress-relieving**. / So, / I can **concentrate better** / on my **studying**.

4. **Using** a **computer** improves **productivity**. / So, / I can **save money** and **time**.

5. **Going** to **college** is a **good way** / to **challenge myself**. / That's because / I can **experience various aspects** of **life**.

스피킹 기초 학습 061

PART 2

Task 유형별 학습

Task 01　Paired Choice
Task 02　Campus Situations
Task 03　Academic Lecture
Task 04　Lecture Summary

Task 01

Paired Choice

Task 01

반드시 기억하세요!

1 문제의 핵심을 정확히 파악해 답변하세요.
질문 내용뿐만 아니라 듣기와 읽기 내용의 핵심에 대해 답변을 구상하세요.

2 간단하고 명확한 문장을 천천히 또박또박 말하세요.
말할 문장을 간단하면서도 명확하게 만들어 자연스럽게 말하는 것이 좋습니다.

3 단어의 강세와 발음, 문장의 억양에 신경 쓰세요.
정확한 강세와 발음, 그리고 억양을 활용해 말할 수 있도록 노력하세요.

4 자신 있게 말하세요.
실수는 누구나 합니다. 실수에 당황하지 말고 자신 있게 말하세요.

Task 1 Overview

1 Task 1 INTRO

iBT TOEFL Speaking Task 1의 질문에서는 특정 주제에 관한 '나의 생각을 묻는 질문'이 등장합니다. 주로 두 가지 선택사항을 제시하고 그 중 하나를 골라 자신의 의견을 말하는 문제입니다. Task 1에서는 미리 나만의 답안들을 준비하여 다양한 주제에 적용하여 말하는 연습을 해야 합니다.

시험 진행 화면 *Sample*

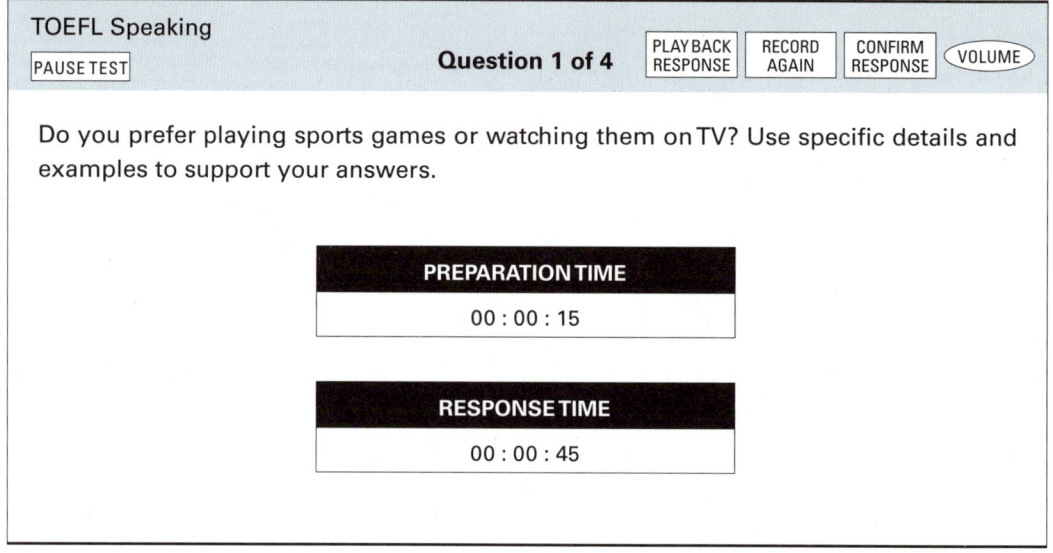

■ 시험 진행 순서

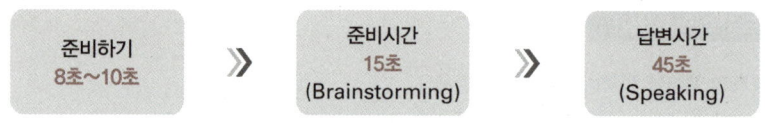

Task 1 질문의 종류

유형별 질문 종류

- 두 가지 사항 중 하나를 선택하는 'preference' 문제
  Do you prefer to work with technology such as computers or to work at where technology is not required?
  당신은 컴퓨터와 같은 기술 장비를 가지고 일하는 것을 선호합니까, 아니면 기술력이 요구되어지지 않는 곳에서 일하는 것을 선호합니까?

- 한 가지 사항에 대해 찬반 의견을 묻는 'agree or disagree' 문제
  Do you agree with the following statement? Newspaper is a better source to find out about current events.
  당신은 다음 내용에 동의합니까? 신문은 시사에 관해 알아볼 때 더 나은 자료입니다.

주제별 질문 종류

- 실외 vs. 실내
  eat out vs. cook at home
  외식을 하는 것 vs. 집에서 요리하는 것

- 함께하기 vs. 혼자 하기
  team sports vs. individual sports
  팀 스포츠 vs. 개인 스포츠

- 규모나 수량의 많음 vs. 규모나 수량의 적음
  work in a large company vs. work in a small company
  큰 회사에서 일하는 것 vs. 작은 회사에서 일하는 것

- 새로운 것[어려운 것] vs. 익숙한 것[쉬운 것]
  attend university abroad vs. study in your home country
  해외에서 대학교를 다니는 것 vs. 자신의 국가에서 공부하는 것

- 과외 활동 vs. 학업 집중
  gain work experience vs. focus only on academic courses
  근무 경력 쌓기 vs. 학습에만 집중하기

- 인터넷/컴퓨터
  Young people obtain information more easily on the Internet. Do you agree or disagree with the statement?
  젊은 사람들은 인터넷에서 정보를 더 쉽게 얻습니다. 당신은 이 내용에 동의합니까, 또는 동의하지 않습니까?

2 Brainstorming & Speaking TEMPLATE

STEP 1 **Brainstorming** (준비 시간 → 15초)

Brainstorming은 말하기를 할 때 필요한 아이디어를 생각해 정리하는 과정을 말합니다. 자신의 의견과 이유, 그리고 이유를 뒷받침할 부연 설명 내용을 생각해 키워드(Keyword)를 적어 두는 방법으로 Brainstorming을 할 수 있습니다.

> Do you prefer to eat out or cook at home? Use specific details and examples to support your answers.
> 당신은 외식을 하는 것을 선호하나요, 아니면 집에서 요리하는 것을 선호하나요? 당신의 이유를 뒷받침할 구체적인 예시들과 세부 사항들을 활용하세요.

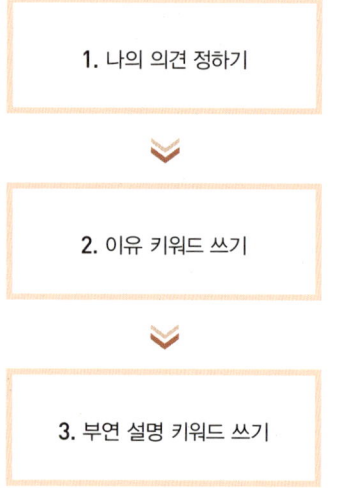

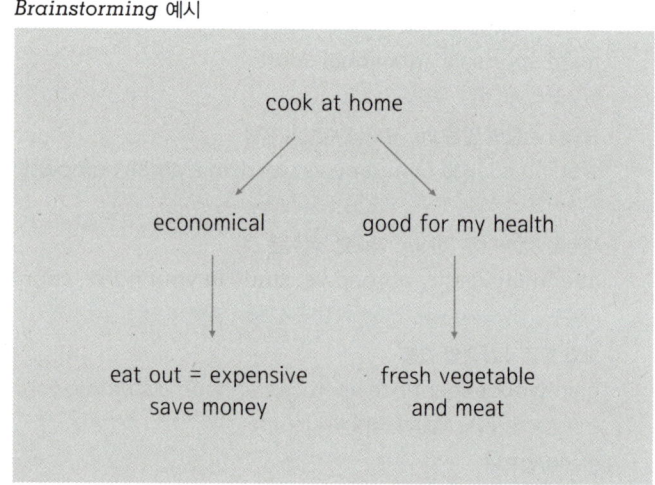

| **Brainstorming Template** 활용하기 |

Brainstorming을 하면서 적어 둔 키워드를 바탕으로 주어나 동사, 또는 수식어구를 더해 문장의 형태를 갖춰 말해야 합니다.

나의 의견	cook at home	
이유	economical	good for my health
부연 설명	eat out = expensive save money	fresh vegetable and meat

◘ Brainstorming 키워드 활용 예시

cook at home	▶ For me, I prefer to **cook at home**. 제 경우에는, 집에서 요리하는 것을 선호합니다.
economical	▶ Cooking is more **economical**. 요리하는 것이 더 경제적입니다.
good for my health	▶ It is **good for my health**. 그것이 제 건강에 좋습니다.
eat out = expensive, save money	▶ Since eating out is **expensive**, I can **save a lot of money** by cooking at home. 외식을 하는 것은 비싸기 때문에, 집에서 요리를 함으로써 저는 많은 돈을 절약할 수 있습니다.
fresh vegetable and meat	▶ I can cook with **fresh vegetable and meat**. 저는 신선한 채소들과 고기로 요리를 할 수 있습니다.

STEP 2 Speaking (말하기 시간 → 45초)

Task 1은 문제에 제시된 두 가지 중에서 하나를 선택한 것을 말하는 유형이므로 서론과 결론 부분에 이를 강조하는 표현을 활용해야 합니다.

Speaking Template

서론	1. For me, I prefer~ 2. I have two reasons for this.	▶ 1, 2. 나의 의견 제시 문제에 제시된 문장을 활용해 나의 의견을 제시하고, 이유로 연결하기 위한 문장을 말합니다.
본론 1	3. The first reason is that ~	▶ 3. 첫 번째 이유 Brainstorming에서 적어둔 첫 번째 이유를 말합니다.
	4. 부연 설명	▶ 4. 부연 설명 첫 번째 이유를 뒷받침할 설명을 말합니다.
본론 2	5. The second reason is that ~	▶ 5. 두 번째 이유 Brainstorming에서 적어둔 두 번째 이유를 말합니다.
	6. 부연 설명	▶ 6. 부연 설명 두 번째 이유를 뒷받침할 설명을 말합니다.
결론	7. For these reasons, ~ is much better.	▶ 7. 의견 정리 서론에 사용한 문장을 paraphrase해 마무리합니다.

| Speaking Template 활용하기 |

Task 1에서는 **45초** 안에 자신의 의견을 전달해야 합니다. 따라서 쉬운 문장을 만들어 말해야 하고, 각 문장이 하나의 이야기로 자연스럽게 연결될 수 있도록 해야 합니다.

✎ Brainstorming

나의 의견	cook at home	
이유	economical	good for my health
부연 설명	eat out = expensive save money	fresh vegetable and meat

🎤 Speaking

서론	나의 의견	**For me, I prefer** to cook at home. 제 경우에는, 집에서 요리하는 것을 선호합니다. **I have two reasons for this.** 저는 이에 대한 두 가지 이유가 있습니다.
본론 1	이유 1	**The first reason is that** cooking is more economical. 첫 번째 이유는 요리하는 것이 더 경제적이라는 점입니다.
	부연 설명	**To be specific,** since eating out is expensive, I can save a lot of money by cooking at home. 구체적으로, 외식을 하는 것은 비싸기 때문에, 집에서 요리를 함으로써 저는 많은 돈을 절약할 수 있습니다.
본론 2	이유 2	**The second reason is that** it is good for my health. 두 번째 이유는 그것이 제 건강에 좋다는 것입니다.
	부연 설명	**This is because** I can cook with fresh vegetable and meat. 이는 제가 신선한 채소들과 고기로 요리를 할 수 있기 때문입니다.
결론		**For these reasons,** I think cooking at home **is much better.** 이러한 이유들로 인해, 저는 집에서 요리를 하는 것이 훨씬 더 좋다고 생각합니다.

Task 1 Template

1 Brainstorming 하기

| **Brainstorming 하는 방법** |

① **나의 의견 정하기**
 – 제시된 두 가지 선택 사항들을 파악한 후에 자신이 말하고자 하는 것을 정합니다.

② **이유 키워드 쓰기**
 – 선택한 사항과 관련해, 그것을 선택한 이유 두 가지를 정해 키워드로 적어 둡니다.

③ **부연 설명 키워드 쓰기**
 – 두 가지 이유에 대해 각각 부연 설명할 내용을 생각해 키워드로 적어 둡니다.

| **Brainstorming에 활용할 수 있는 대표적인 이유들** |

① **경제적인** (economical)
 Eating at the school cafeteria is economical.
 학교 구내 식당에서 식사하는 것이 경제적입니다.

② **인맥을 넓히다** (broaden social network)
 Meeting many people helps me to broaden social network.
 사람들을 많이 만나는 것이 인맥을 넓히는 데 있어 제게 도움이 됩니다.

③ **내 스스로에게 도전하다** (challenge myself)
 Mountain climbing is a good way to challenge myself.
 등산은 스스로에게 도전하는 좋은 방법입니다.

③ **더 많은 것을 배우다** (learn more)
 I can learn more about it by using the Internet.
 저는 인터넷을 사용해 그것에 관해 더 많은 것을 배울 수 있습니다.

» **Check-up** 주어진 문제와 관련해 **Brainstorming** 하고 키워드를 써 보세요.

> When you face a problem, do you prefer to deal with it on your own or ask someone for help? Use specific examples and details to support your explanation. 당신이 문제에 직면할 때, 당신은 혼자서 그 문제를 처리하는 것을 선호하나요, 아니면 누군가에게 도움을 요청하는 것을 선호하나요? 당신의 설명을 뒷받침할 구체적인 예시들과 세부 사항들을 활용하세요.

Brainstorming

나의 의견	
이유	
부연 설명	

모범 답안은 다음 페이지에

Tip 'So-and-Why 법칙'을 잊지 마세요. 짧은 시간 안에 말하기 준비를 하면서 이유에 대한 부연 설명 내용을 정할 때 순간적으로 생각나지 않는 경우가 자주 발생합니다. 이럴 때는 이유에 so를 붙여 본다거나 why 질문에 대해 대답한다는 생각으로 자신이 말할 내용을 준비하는 것이 좋습니다.

2 서론 말하기

| 서론 말하는 방법 |

① 모니터에 보이는 문제 활용하기
- Task 1 서론 문장은 모니터에 보이는 문제를 최대한 활용하여 답변하는 것이 좋습니다.

② 모니터에 보이는 문장 paraphrase 하기
- Task 1에서는 두 가지 선택 사항들 중에서 반드시 하나를 골라 paraphrase 해야 합니다.

| 서론 필수 표현 |

① 저는 ~하는 것을 선호합니다. (I prefer -ing 또는 I prefer to V)
I prefer eating at the school cafeteria to buying food at an off-campus restaurant.
저는 학교 밖 레스토랑에서 음식을 사먹는 것보다 학교 구내 식당에서 먹는 것을 선호합니다.

I prefer to communicate face-to-face.
저는 직접 만나서 의사소통하는 것을 선호합니다.

② 제 경우에는 (For me)
For me, I prefer communicating online to face-to-face communication.
제 경우에는, 저는 대면하는 의사소통보다 온라인으로 의사소통 하는 것을 선호합니다.

③ 저는 ~라는 내용에 동의[반대]합니다. (I agree[disagree] with the statement that ~)
I agree with the statement that children should learn art such as drawing or painting.
저는 아이들이 소묘나 회화 같은 미술을 배워야 한다는 내용에 동의합니다.

I disagree with the statement that using a cell phone in public places should be prohibited.
저는 공공장소에서 휴대전화를 사용하는 것을 금지해야 한다는 내용에 반대합니다.

Tip 문제에 제시되는 두 가지 선택 사항이 모두 좋다거나, 둘 다 마음에 들지 않는다는 식으로 답변하지 말아야 합니다. 어느 것을 선택하는지는 점수에 영향을 주지 않으므로 선택 과정에서 시간을 허비하지 말고 빠르게 하나를 선택해 서론을 만들어야 합니다.

» Check-up Brainstorming한 내용을 바탕으로 서론을 말해 보세요.

When you face a problem, do you prefer to deal with it on your own or ask someone for help? Use specific examples and details to support your explanation. 당신이 문제에 직면할 때, 당신은 혼자서 그 문제를 처리하는 것을 선호하나요, 아니면 누군가에게 도움을 요청하는 것을 선호하나요? 당신의 설명을 뒷받침할 구체적인 예시들과 세부 사항들을 활용하세요.

Brainstorming

나의 의견	on my own	
이유	learn more	work harder
부연 설명	research	independent

서론 말하기

서론	I prefer _____. I have two reasons for this.

모범 답안은 다음 페이지에

3 본론 말하기

| 이유 말하는 방법 |

① 두 개의 아이디어 떠올리기
  - Task 1은 기본적으로 두 개의 아이디어를 생각해 이유를 말해야 합니다.

② 자신의 의견을 뒷받침하는 내용 말하기
  - Task 1에서는 첫 번째 이유로 내가 선택한 것에 대한 장점을, 두 번째 이유로는 내가 선택하지 않은 것에 대한 단점을 말하는 방식으로 말해도 됩니다.

③ 두 개의 아이디어가 떠오르지 않는 경우
  - 시간이 부족하거나 아이디어가 하나만 떠오르는 경우, 자연스럽게 부연 설명 및 결론으로 이어질 수 있도록 해야 합니다.

| 이유 필수 표현 |

① 첫 번째[두 번째] 이유는 ~라는 점입니다. (The first[second] reason is that ~)
The first reason is that buying books online is much more economical.
첫 번째 이유는 온라인으로 책을 사는 것이 훨씬 더 경제적이라는 점입니다.

The second reason is that I can study more effectively by studying with my friends.
두 번째 이유는 친구들과 함께 공부함으로써 더욱 효과적으로 공부할 수 있다는 것입니다.

② 우선, 가장 먼저 (First of all), 또한 (Also)
First of all, children can relieve stress by painting.
첫째로, 아이들은 그림을 그리면서 스트레스를 해소할 수 있습니다.

Also, I prefer to study in the morning.
또한, 저는 오전에 공부하는 것을 선호합니다.

» Check-up 나의 의견에 대한 두 가지 이유를 말해 보세요.

When you face a problem, do you prefer to deal with it on your own or ask someone for help? Use specific examples and details to support your explanation. 당신이 문제에 직면할 때, 당신은 혼자서 그 문제를 처리하는 것을 선호하나요, 아니면 누군가에게 도움을 요청하는 것을 선호하나요? 당신의 설명을 뒷받침할 구체적인 예시들과 세부 사항들을 활용하세요.

Brainstorming

나의 의견	on my own	
이유	learn more	work harder
부연 설명	research	independent

이유 말하기

서론	I prefer **to deal with it on my own when I face a problem**. 저는 문제에 직면할 때, 혼자서 해결하는 것을 선호합니다. **I have two reasons for this.** 저는 이에 대한 두 가지 이유가 있습니다.
본론 1	The first reason is that _____.
본론 2	The second reason is that _____.

모범 답안은 다음 페이지에

| 부연 설명 말하는 방법 |

① 두 가지 이유에 대한 구체적인 설명 제시
　－ Task 1은 자신의 의견에 대한 두 가지 이유를 각각 뒷받침하기 위한 구체적인 예시를 말해야 합니다.

② 적절한 연결어 사용하기
　－ For example, To be specific, That's because, So, That way 등의 연결어를 적절하게 사용해 문장의 흐름을 자연스럽게 만듭니다.

| 부연 설명 필수 표현 |

① 따라서, 그렇기 때문에 (So)
　So, when students learn art, they can develop their creativity.
　따라서, 학생들이 미술을 배울 때, 그들은 창의력을 기를 수 있습니다.

② 그렇게 하면, 그런 식으로 (That way)
　That way, I can meet many people and share ideas with them.
　그렇게 하면, 저는 많은 사람들을 만날 수 있고 그들과 생각을 공유할 수 있습니다.

③ 이는[그것은] ~이기 때문입니다. (This[That] is because)
　That's because people have different points of view and I can learn a lot from them.
　그것은 사람들이 다른 관점들을 가지고 있고 저는 그들로부터 많은 것을 배울 수 있기 때문입니다.

Tip Task 1에서는 각 이유를 뒷받침할 수 있는 상세한 예시와 함께 얼마나 자연스럽게 연결해 말하느냐가 점수를 좌우한다는 점을 잊지 마세요.

» Check-up   나의 의견에 대한 이유를 부연 설명하는 문장을 말해 보세요.

> When you face a problem, do you prefer to deal with it on your own or ask someone for help? Use specific examples and details to support your explanation. 당신이 문제에 직면할 때, 당신은 혼자서 그 문제를 처리하는 것을 선호하나요, 아니면 누군가에게 도움을 요청하는 것을 선호하나요? 당신의 설명을 뒷받침할 구체적인 예시들과 세부 사항들을 활용하세요.

❧ Brainstorming

나의 의견	on my own	
이유	learn more	work harder
부연 설명	research	independent

🎤 부연 설명 말하기

서론	I prefer **to deal with it on my own when I face a problem**. 저는 문제에 직면할 때, 혼자 해결하는 것을 선호합니다. **I have two reasons for this.** 저는 이에 대한 두 가지 이유가 있습니다.
본론 1	The first reason is that **it gives me a chance to learn a lot more**. 첫 번째 이유는 그것이 저에게 더 많이 배울 수 있는 기회를 준다는 것입니다. For example, _____.
본론 2	The second reason is that **when I try to deal with my problem, I work harder**. 두 번째 이유는 제가 저의 문제를 해결하려고 노력할 때, 더 열심히 일한다는 것입니다. So, _____.

모범 답안은 다음 페이지에

Task 01   079

4 결론 말하기

| 결론 말하는 방법 |

① **서론에서 말한 문장 활용하기**
— Task 1은 서론 문장을 활용해 말하되, 서론 문장을 그대로 반복하지 말아야 합니다. 단순 반복은 피하는 것이 고득점에 도움이 됩니다.

② **만약을 위해 준비하기**
— 결론은 시간이 남을 때를 대비하여 간단히 준비하면 됩니다. 본론을 말하다가 시간이 부족하다고 생각되면 생략해도 됩니다.

| 결론 필수 표현 |

① **이러한 이유로 (For these reasons)**
For these reasons, joining a study group is much better for students.
이러한 이유로, 스터디 그룹에 가입하는 것이 학생들에게 훨씬 좋습니다.

② **이것들이 ~한 이유입니다. (These are the reasons why ~)**
These are the reasons why schools should teach practical skills.
이것들이 학교가 실용적 기술을 가르쳐야 하는 이유들입니다.

③ **~이 저에게 훨씬 더 좋습니다. (~ is much better for me)**
Playing sports **is much better for me**.
운동을 하는 것이 저에게 훨씬 더 좋습니다.

Tip 결론을 말하기 위한 표현에서 가장 많이 실수 하는 부분은 수 일치와 관사입니다. 위의 표현들 중에서 reasons를 복수로 말하는 것, These 다음에 복수 동사 are를 사용하는 것, 그리고 the reasons why와 같이 the를 사용해야 한다는 것에 꼭 주의해야 합니다.

» Check-up 나의 의견에 대한 이유와 부연 설명을 정리해 결론을 말해 보세요.

> When you face a problem, do you prefer to deal with it on your own or ask someone for help? Use specific examples and details to support your explanation. 당신이 문제에 직면할 때, 당신은 혼자서 그 문제를 처리하는 것을 선호하나요, 아니면 누군가에게 도움을 요청하는 것을 선호하나요? 당신의 설명을 뒷받침할 구체적인 예시들과 세부 사항들을 활용하세요.

Brainstorming

나의 의견	on my own	
이유	learn more	work harder
부연 설명	research	independent

결론 말하기 🔊 MP3 Task 1_01

서론	I prefer **to deal with it on my own when I face a problem.** 저는 문제에 직면할 때, 혼자 해결하는 것을 선호합니다. **I have two reasons for this.** 저는 이에 대한 두 가지 이유가 있습니다.
본론 1	The first reason is that **it gives me a chance to learn a lot more.** 첫 번째 이유는 그것이 저에게 더 많이 배울 수 있는 기회를 준다는 것입니다. For example, **if I have a problem when I work on my homework, I surf the Internet for research.** 예를 들어, 제가 숙제를 할 때 문제가 있으면, 저는 조사를 위해 인터넷을 검색합니다.
본론 2	The second reason is that **when I try to deal with my problem, I work harder.** 두 번째 이유는 제가 저의 문제를 해결하려고 노력할 때, 더 열심히 일한다는 것입니다. So, **I gain a sense of achievement and become more independent.** 따라서, 저는 성취감을 얻고 더 독립적으로 됩니다.
결론	For these reasons, _____.

★ For these reasons, dealing with a problem on my own is much better for me. 이러한 이유로, 스스로 문제를 해결하는 것이 저에게 훨씬 더 좋습니다.

Template 표현 연습하기

모범답안 : 해석집 p. 002

앞서 배운 Template 표현들을 활용해 우리말에 어울리는 영어 문장을 완성하고 말해 보세요.

01 저는 친구들과 캠퍼스 내에서 사는 것을 선호합니다.
_____ with my friends.

02 저는 1학년 학생들이 기숙사에서 살아야 한다는 서술에 동의합니다.
_____ first-year students should live in the dormitory.

03 첫 번째 이유는 친구들과 함께 공부함으로써 더욱 효과적으로 공부할 수 있다는 것입니다.
_____ that I can study _____.

04 두 번째 이유는 캠퍼스 내에서 사는 것이 아파트를 임대하는 것보다 더 비용 효율적이라는 점입니다.
_____ that living on campus is more _____.
* rent: 임대하다

05 이러한 이유로, 교환학생 프로그램에 지원하는 것이 훨씬 낫습니다.
_____, applying to _____.
* 교환학생 프로그램: student exchange program

06 이것들이 제가 학생들이 파트 타임 일을 가져야 한다고 생각하는 이유입니다.
_____ why I think that _____.

07 저는 운전을 하는 것보다 대중교통을 타는 것을 선호합니다.
_____ to driving.

08 제 경우에는 집에서 공부하는 것보다 도서관에서 공부하는 것을 더 좋아합니다.
_____ than to study at home.

09 제 의견으로는 큰 마켓에서 쇼핑을 하는 것보다 작은 식료품점에서 쇼핑하는 것이 훨씬 낫습니다.

_____, _____.

*식료품점: a grocery store

10 구체적으로, 저는 TV로 스포츠를 보면서 간식을 먹거나 음료수를 마십니다.

_____, _____.

11 제가 그렇게 생각하는 첫 번째 이유는 영화관에서 영화를 보는 것이 더 신나기 때문입니다.

_____.

12 이러한 이유들로, 모든 사람들이 고등학교 졸업 이후에 대학에 가야 합니다.

_____.

13 과외 활동 시간을 갖는 것은 저 같은 학생들에게 훨씬 낫습니다.

_____.

*과외 활동: extracurricular activities

14 학교 구내식당에서 점심을 먹는 것이 저에게 훨씬 낫습니다.

_____.

15 저는 학생들이 TV를 시청하지 말아야 한다는 서술에 동의하지 않습니다.

_____.

Task 1 _ DRILLS

◎ 모범답안 : 해석집 p. 002

Brainstorming 내용을 바탕으로 답변을 완성하고 말해보세요.

Q1

Do you prefer to work with technology such as computers or to work at where technology is not required? Use specific examples and details to support your explanation. 당신은 컴퓨터와 기술 장비를 갖고 일하는 것을 선호합니까, 아니면 컴퓨터와 기술이 요구되어지지 않는 곳에서 일하는 것을 선호합니까? 당신의 이유를 뒷받침할 구체적인 예시들과 세부 사항들을 활용하세요.

Brainstorming

나의 의견	work with computers and technology	
이유	convenient	productivity ↑
부연 설명	finish work fast save time	get more work done save energy

Speaking

🔊 MP3 Task 1_02

서론	**1. For me,** _____. 제 경우에는, 컴퓨터와 같은 기술 장비를 갖고 일하는 것을 선호합니다. **2. I have two reasons for this.** 저는 이것에 대한 두 가지 이유가 있습니다.
본론 1	**3. The first reason is that** _____. 첫 번째 이유는 컴퓨터와 인터넷을 사용하는 것이 편리하다는 점입니다. **4. So, when I prepare for a presentation, I** _____. 따라서, 제가 발표를 준비할 때, 저는 일을 더 빨리 끝낼 수 있으며 많은 시간을 절약할 수 있습니다.
본론 2	**5. The second reason is that** _____. 두 번째 이유는 다양한 컴퓨터 프로그램들과 같은 기술을 사용하는 것이 제 일의 생산성을 높여준다는 것입니다. **6. This helps me to** _____ **and save my energy.** 이것이 제한된 시간에 더 많은 일을 끝낼 수 있고 저의 에너지를 절약할 수 있게 도와줍니다.
결론	**7. For these reasons,** _____. 이러한 이유들로, 기술 장비를 갖고 일하는 것이 저에게 훨씬 더 낫습니다.

Q2

Do you prefer to take classes during the daytime and work at night or take evening class and work during the day? Use specific examples and details to support your explanation. 당신은 낮에 수업을 듣고 밤에 일을 하는 것을 선호합니까, 아니면 저녁 수업을 듣고 낮에 일하는 것을 선호합니까? 당신의 이유를 뒷받침할 구체적인 예시들과 세부 사항들을 활용하세요.

Brainstorming

나의 의견	take classes during the daytime and work at night	
이유	studying important	maintain outstanding academic performances
부연 설명	put effort and time	résumé look better better job

Speaking

MP3 Task 1_03

서론

1. For me, _____.
제 경우에는, 낮에 수업을 듣고 밤에 일하는 것을 선호합니다.

2. I have two reasons for this. 저는 이것에 대한 두 가지 이유가 있습니다.

본론 1

3. The first reason is that _____.
첫 번째 이유는 공부가 학생들에게 더 중요하다는 것입니다.

4. So, I _____.
따라서, 저는 저의 모든 노력과 시간을 공부에 쏟아 부어야 합니다.

본론 2

5. The second reason is that _____.
두 번째 이유는 이것이 뛰어난 학업 성적을 유지하기 좋은 하나의 방법이라는 것입니다.

6. _____ and help me to _____.
이것이 저의 이력서를 더 좋아 보이게 만들 것이고 졸업 후에 더 좋은 직업을 구할 수 있게 도와줄 것입니다.

결론

7. For these reasons, taking classes during the daytime and working at night is _____.
이러한 이유로, 낮에 수업을 듣고 밤에 일을 하는 것이 저 같은 학생들에게 훨씬 낫습니다.

Q3

Do you agree or disagree with the following statement? Watching television is not a good use of time. Use specific examples and details to support your explanation. 당신은 다음 내용에 동의합니까, 아니면 동의하지 않습니까? 텔레비전을 보는 것은 시간을 잘 사용하는 것이 아닙니다. 당신의 이유를 뒷받침할 구체적인 예시들과 세부 사항들을 활용하세요.

Brainstorming

나의 의견	disagree	
이유	watching TV → stress-reliving	get information easily
부연 설명	recharge energy relieve stress	programs useful info

Speaking

🎧 MP3 Task 1_04

서론

1. I _____.
저는 텔레비전을 보는 것이 시간을 잘 사용하는 것이 아니라는 내용에 반대합니다.

2. I have two reasons for this. 저는 이것에 대한 두 가지 이유가 있습니다.

본론 1

3. _____.
첫 번째 이유는 텔레비전을 보는 것이 완전히 스트레스를 해소해 준다는 것입니다.

4. So, after studying hard for exams, _____.
따라서, 시험을 위해 열심히 공부를 하고 난 후에, 저는 제가 가장 좋아하는 프로그램들을 보면서 에너지를 재충전하고 스트레스를 해소합니다.

본론 2

5. _____.
두 번째 이유는 그것이 정보를 쉽게 얻을 수 있는 좋은 방법 중의 하나라는 것입니다.

6. This is because _____.
왜냐하면 TV는 다큐멘터리나 황금 시간대 뉴스 같이 유용한 정보들을 전달하는 많은 프로그램들을 제공하기 때문입니다.

결론

7. For these reasons, _____.
이러한 이유들로, 텔레비전을 보는 것은 저와 같은 학생들에게 유익합니다.

Q4

Some would like a job that requires frequent communication with others while others prefer to get a job that does not require any communication. Which one do you prefer? Use specific examples and details to support your explanation. 어떤 사람들은 다른 사람들과 잦은 의사소통을 필요로 하는 직업을 좋아하고, 반면에 어떤 사람들은 아무런 의사소통도 필요하지 않은 직업을 선호합니다. 당신은 어떤 것을 선호합니까? 당신의 이유를 뒷받침할 구체적인 예시들과 세부 사항들을 활용하세요.

Brainstorming

나의 의견	a job that requires frequent communication with others	
이유	exciting to meet people	improve communication skills
부연 설명	broaden social network	chances to talk, share

Speaking

🎤 MP3 Task 1_05

서론	1. _____, _____. 제 경우에는, 다른 사람들과 잦은 의사소통을 필요로 하는 직업을 좋아합니다. 2. _____. 저는 이것에 대한 두 가지 이유가 있습니다.
본론 1	3. _____. 첫 번째 이유는 다른 배경과 관심사를 가진 사람들을 만나는 것이 신난다는 것입니다. 4. _____. 그들과 어울림으로써, 저는 저의 사회적 인맥을 넓힐 수 있을 것입니다.
본론 2	5. _____. 두 번째 이유는 제가 의사소통 능력을 향상시킬 수 있다는 점입니다. 6. _____. 이는 그들과 이야기하고 생각들을 공유할 많은 기회들이 있기 때문입니다.
결론	7. _____. 이러한 이유들로, 다른 사람들과 의사소통하는 것을 필요로 하는 직업을 가지는 것이 훨씬 더 낫습니다.

Tip 연습할 때는 문장이 다소 불완전하더라도 키워드에 표현들을 더해 문장의 형태를 만들어 직접 말해보는 습관을 들이는 것이 좋습니다. Speaking은 평소에 얼마나 많이 습관적으로 연습을 했는지가 중요하다는 것을 잊지 마세요.

Q5

If you have a question when you study, do you prefer to ask your professor or discuss it with your friends? Use specific examples and details to support your explanation. 만약 당신이 공부를 하다가 질문이 있으면 교수님께 여쭤보는 것을 선호합니까, 아니면 친구들과 의논하는 것을 선호합니까? 당신의 이유를 뒷받침할 구체적인 예시들과 세부 사항들을 활용하세요.

Brainstorming

나의 의견 ▶	discuss with my friends	
이유 ▶	widen perspectives	better way to study
부연 설명 ▶	learn different views	research learn more

Speaking

MP3 Task 1_06

서론

1. _____.
   저는 만약 공부하다가 질문이 생기면, 친구들과 의논하는 것을 선호합니다.

2. _____. 저는 이것에 대한 두 가지 이유가 있습니다.

본론 1

3. _____.
   첫 번째 이유는 저의 관점을 넓힐 수 있다는 것입니다.

4. _____.
   이는 제가 친구들과 아이디어를 공유하면서 다른 관점을 배우기 때문입니다.

본론 2

5. _____.
   두 번째 이유는 그것이 공부를 더 효과적으로 하는 하나의 좋은 방법이라는 것입니다.

6. _____.
   구체적으로, 저희가 스스로 조사를 하거나 인터넷을 찾아보면서 훨씬 더 많이 배웁니다.

결론

7. _____, _____.
   이러한 이유들로, 질문에 대해 친구들과 논의하는 것이 훨씬 낫습니다.

Q6

While traveling, do you prefer to go to new places or go to the places you have been to? Use specific examples and details to support your explanation. 여행을 할 때, 당신은 새로운 곳에 가는 것을 선호합니까, 아니면 당신이 가본 곳에 가는 것을 선호합니까? 당신의 이유를 뒷받침할 구체적인 예시들과 세부 사항들을 활용하세요.

Brainstorming

나의 의견	new places	
이유	challenge myself	meet many people
부연 설명	exp various aspects learn different cultures	broaden social network

Speaking

MP3 Task 1_07

서론

1. _____.
제 경우에는, 여행할 때 새로운 곳에 가는 것을 선호합니다.

2. _____. 저는 이것에 대한 두 가지 이유가 있습니다.

본론 1

3. _____.
첫 번째 이유는 그것이 제 자신에 도전할 수 있는 하나의 좋은 방법이라는 점입니다.

4. _____.
그것은 삶의 다양한 측면을 경험하고 다른 문화를 배울 수 있기 때문입니다.

본론 2

5. _____.
두 번째 이유는 많은 사람들을 만나는 것이 재미있다는 점입니다.

6. _____.
그 사람들과 의사소통 하면서 저는 사회적 인맥을 넓힐 수 있을 것입니다.

결론

7. _____, _____.
이러한 이유로, 새로운 곳에 가는 것이 훨씬 낫습니다.

Task 1 _ PRACTICE

○ 모범답안 : 해석집 p. 004

각 문제에 대해 **Brainstorming** 한 뒤 답변을 말해 보세요.

Q1

Do you prefer to review your class on a regular basis or wait until the exam to study? Use specific examples and details to support your explanation. 당신은 주기적으로 수업을 복습하는 것을 선호합니까, 아니면 시험 때까지 기다렸다가 공부하는 것을 선호합니까? 당신의 이유를 뒷받침할 구체적인 예시들과 세부 사항들을 활용하세요.

Brainstorming

나의 의견	
이유	
부연 설명	

🎤 *Speaking* 🔊 **MP3** Task 1_08

Q2

Do you agree or disagree with the following statement? Parents should help their children to choose a university. Use specific examples and details to support your explanation. 당신은 다음 내용에 동의합니까, 아니면 동의하지 않습니까? 부모는 자신의 자녀들이 대학교를 선택하는 데 도움을 주어야 한다. 당신의 이유를 뒷받침할 구체적인 예시들과 세부 사항들을 활용하세요.

Brainstorming

나의 의견	
이유	
부연 설명	

🎤 Speaking 🔊 MP3 Task 1_09

Q3

Do you agree or disagree with the following statement? Children should be required to learn practical skills in school, such as cooking or managing personal finance, in addition to academic subjects. Use specific examples and details to support your explanation. 당신은 다음 내용에 동의합니까, 아니면 동의하지 않습니까? 아이들은 학문적인 과목들 외에도 요리나 개인 재무 관리와 같은 실용적인 기술들을 학교에서 배워야만 한다. 당신의 이유를 뒷받침할 구체적인 예시들과 세부 사항들을 활용하세요.

Brainstorming

나의 의견	
이유	
부연 설명	

Speaking MP3 Task 1_10

Q4

Most people have their cell phone at all times. However, some people prefer not to bring their cell phone with them whenever they go out. Which do you prefer? Use specific examples and details to support your explanation. 대부분의 사람들은 휴대 전화를 항상 갖고 다닙니다. 하지만, 어떤 사람들은 밖에 나갈 때마다 전화기를 갖고 가지 않는 것을 선호합니다. 당신은 어떤 것을 선호합니까? 당신의 이유를 뒷받침할 구체적인 예시들과 세부 사항들을 활용하세요.

Brainstorming

나의 의견	
이유	
부연 설명	

🎤 Speaking 🔊 MP3 Task 1_11

Q5

Some people think historic sites should be opened to public and others claim only professional teams should have access to historic sites to preserve them. Which idea do you think is better? Use specific examples and details to support your explanation. 어떤 사람들은 역사적 장소는 대중에게 개방되어야 한다고 생각하는 반면 다른 사람들은 역사적 장소를 보호하기 위해 오직 전문가들에게만 접근이 허용되어야 한다고 생각합니다. 당신은 어떤 것이 더 낫다고 생각합니까? 당신의 이유를 뒷받침할 구체적인 예시들과 세부 사항들을 활용하세요.

Brainstorming

나의 의견	
이유	
부연 설명	

🎤 Speaking 🔊 MP3 Task 1_12

Q6

Explain advantages and disadvantage of using electronic devices to save photos and to organize plans. Use specific examples and details to support your explanation. 사진을 저장하고 계획을 정리하기 위해 전자 기기를 사용하는 것에 대한 장점과 단점을 설명하세요. 당신의 이유를 뒷받침할 구체적인 예시들과 세부 사항들을 활용하세요.

≋ *Brainstorming*

나의 의견	
이유	
부연 설명	

🎤 *Speaking* 🔊 **MP3** Task 1_13

보충 연습문제

01 Do you agree or disagree with the following statement?
Children should learn how to be independent starting at an early age.
당신은 다음 내용에 동의합니까? 아니면 동의하지 않습니까?
아이들은 어릴 때 독립성을 배워야 한다.

02 Do you agree or disagree with the following statement?
Parents should be supportive of their children when they encounter difficulties in competitive fields.
당신은 다음 내용에 동의합니까? 아니면 동의하지 않습니까?
자녀가 경쟁분야에서 어려움을 겪을 때 부모들이 도와주어야 한다.

03 Do you agree or disagree with the following statement?
People should read the newspaper every day to keep up with current events in other countries.
당신은 다음 내용에 동의합니까? 아니면 동의하지 않습니까?
사람들은 다른 나라의 시사를 파악하기 위해 신문을 매일 읽어야 한다.

04 Some people think they can return or re-gift gifts. Others think they should keep the gifts they received from family and friends. Which idea do you think is better?
어떤 사람들은 다른 사람에게서 받은 선물을 교환하거나 다른 사람에게 주어도 된다고 생각합니다. 반면 어떤 사람들은 친구와 가족에게서 받은 선물을 간직해야 한다고 생각합니다. 당신은 어떤 것이 바람직하다고 생각하나요?

05 Do you prefer to attend prestigious schools with high tuition or schools that are less prestigious but with lower tuition?
당신은 학비가 비싸지만 명성이 높은 학교를 선호하나요, 아니면 명성은 낮아도 학비가 싼 학교를 선호하나요?

Memo

Task 02

Campus Situations

Task 02

반드시 기억하세요!

1 문제의 핵심을 정확히 파악해 답변하세요.
질문 내용뿐만 아니라 듣기와 읽기 내용의 핵심에 대해 답변을 구상하세요.

2 간단하고 명확한 문장을 천천히 또박또박 말하세요.
말할 문장을 간단하면서도 명확하게 만들어 자연스럽게 말하는 것이 좋습니다.

3 단어의 강세와 발음, 문장의 억양에 신경 쓰세요.
정확한 강세와 발음, 그리고 억양을 활용해 말할 수 있도록 노력하세요.

4 자신 있게 말하세요.
실수는 누구나 합니다. 실수에 당황하지 말고 자신 있게 말하세요.

통합형 필수 표현 1

통합형 Speaking 필수 표현

다음은 통합형 Task에서 활용할 수 있는 주요 표현들이므로 반드시 미리 익혀 두시기 바랍니다. 녹음기를 준비해 직접 녹음한 후 들어보면 강세와 발음, 억양의 문제점들을 빠르게 파악할 수 있습니다.

01 on campus 교내에서
A lot of students prefer to eat on campus.
많은 학생들이 교내에서 식사하는 것을 선호합니다.

02 upperclassman 상급생
Upperclassmen should help freshmen to get used to new school.
상급생들은 신입생들이 새 학교에 적응할 수 있도록 도와주어야 합니다.

03 have difficulty -ing ~하는 데 어려움을 겪다
If you have difficulty finding a new job, please let me know.
만약 당신이 새 직업을 찾는 데 어려움을 겪는다면 저에게 알려 주세요.

04 be tied up with ~으로 바쁘다
Most students are tied up with heavy reading assignment and exam preparations.
대부분의 학생들이 많은 읽기 과제와 시험 공부로 바쁩니다.

05 be scheduled for the same day 같은 날로 예정되어 있다
My History class is scheduled for the same day when I have a group discussion.
제 역사 수업은 그룹 토론을 하는 같은 날로 예정되어 있습니다.

06 participate in ~에 참여하다
Many students would participate in the film class on Sunday.
많은 학생들이 일요일에 영화 수업에 참여할 것입니다.

07 housing 주택, 주택 공급
The housing office will help you find a place to stay.
기숙사 사무실에서는 당신이 머물 곳을 찾는 데 도움을 줄 것입니다.

08 **submit one's paper** 과제물을 제출하다
He forgot to submit his paper by tomorrow morning.
그는 내일 아침까지 과제물을 제출해야 하는 것을 잊었습니다.

09 **ask A for help** A에게 도움을 요청하다
You should ask your friend for help to fix your computer.
당신은 컴퓨터를 고치기 위해 친구에게 도움을 요청해야 합니다.

10 **drop a class[course]** 수강을 철회하다
My advisor told me not to drop the class.
제 지도 교수님은 수강 철회를 하지 말라고 제게 말했습니다.

11 **sign up for** ~을 신청하다, ~에 등록하다
New students should sign up for a leadership training course.
신입생들은 리더십 교육 수업에 등록해야 합니다.

12 **be on a tight budget** 예산이 빠듯하다
Kathy can't go on a trip because she is on a tight budget.
캐시는 예산이 빠듯하기 때문에 여행을 갈 수가 없습니다.

13 **be responsible for** ~에 대한 책임이 있다
Students are fully responsible for completing homework and submitting it on time.
학생들은 전적으로 숙제를 끝내고 제 시간에 제출할 책임이 있습니다.

14 **organize** (행사 등) ~을 조직하다, 준비하다
Matt organized a big seminar on campus and finished it successfully.
매트는 교내에서 열린 대규모 세미나를 조직했으며 성공적으로 끝냈습니다.

15 **eliminate** ~을 없애다, 폐지하다
The school is planning to eliminate the on-campus childcare center.
학교는 교내 탁아소를 없애는 것을 계획하고 있습니다.

통합형 Speaking 필수 표현 말하기 연습

앞서 배운 필수 표현들을 활용해 우리말에 어울리는 영어 문장을 완성하고 말해 보세요.

01 다음 달에 교내에서 큰 콘서트가 있을 예정입니다.
_____ next month.

02 많은 학생들이 학교 기숙사에서 상급생들과 함께 생활하는 것을 선호합니다.
Many students _____ in the dormitory.

03 Jenny는 화학 시간에 강의를 이해하는 데 어려움이 있습니다.
Jenny _____ in her chemistry class.

04 나는 이번 학기에 너무 많은 일로 인해 항상 바쁩니다.
I _____ this semester.

05 만약 수업이 회의와 같은 시간에 예정되어 있다면, 학생들은 올 수 없습니다.
If the class _____, students cannot come.

06 학교는 학생들에게 지역 봉사에 참여할 것을 요구합니다.
The school _____.

07 만약 그가 교내에 있는 거처를 찾고 있다면 그는 기숙사 관리부에 문의를 해야 할 것입니다.
If he _____, he _____.

08 내 친구는 새로운 아파트로 이사 갈 때, 자신의 부모님께 도움을 요청했습니다.
My friend _____ when he moved into a new apartment.

09 교수님은 우리에게 학기 말까지 열 장짜리 리포트를 제출하라고 말씀하셨습니다.

The professor told us to _____.

＊리포트: paper

10 만약 그가 지금 수강을 취소한다면, 그는 결국 많은 돈을 낭비하게 될 것입니다.

If _____ now, he will _____.

＊결국 ~하게 되다: end up -ing

11 학교는 학생들이 토론 수업을 신청해야 한다고 공지했습니다.

The school announced that _____.

12 일반적으로, 학생들은 빠듯한 예산으로 여행합니다.

Usually, _____.

13 교수들은 열정을 갖고 학생들을 가르쳐야 할 책임이 있습니다.

Professors are _____.

＊열정: enthusiasm

14 나는 교수님의 생신을 축하하기 위한 파티를 조직했습니다.

I _____.

15 Susan은 학교가 해양 생태학 수업을 폐지했기 때문에 생물 수업을 수강해야 합니다.

Susan should _____.

＊해양 생태학: marine ecology

Task 2 Overview

1 Task 2 INTRO

iBT TOEFL Speaking Task 2에서는 특정 주제에 관한 공지 또는 편지를 읽은 후 해당 내용과 관련해 의견을 나누는 두 사람의 대화를 듣고 찬성 또는 반대하는 이유를 요약해 말하는 문제입니다. 특히 Task 2부터는 읽고 듣는 내용을 Note-taking 하는 것이 좋으며, 주요 화자가 말하는 찬성 또는 반대의 의견과 이유를 중심으로 들으며 Note-taking 을 해야 합니다.

시험 진행 화면 *Sample*

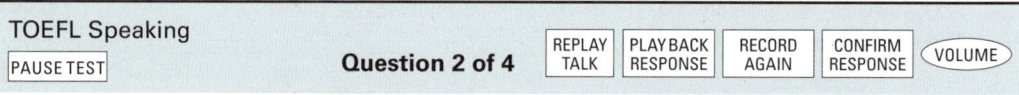

The Construction of a New Art History Building

The Abelien university will construct a new art history building. The current building that is located near the main library is quite old with various structural problems. Additionally, the building is small and has very few classrooms to accommodate the many students who major in art each term. Therefore, a new art history building will be built with donations from alumni. The new building will be located near the main student cafeteria and will feature state-of-the-art facilities.

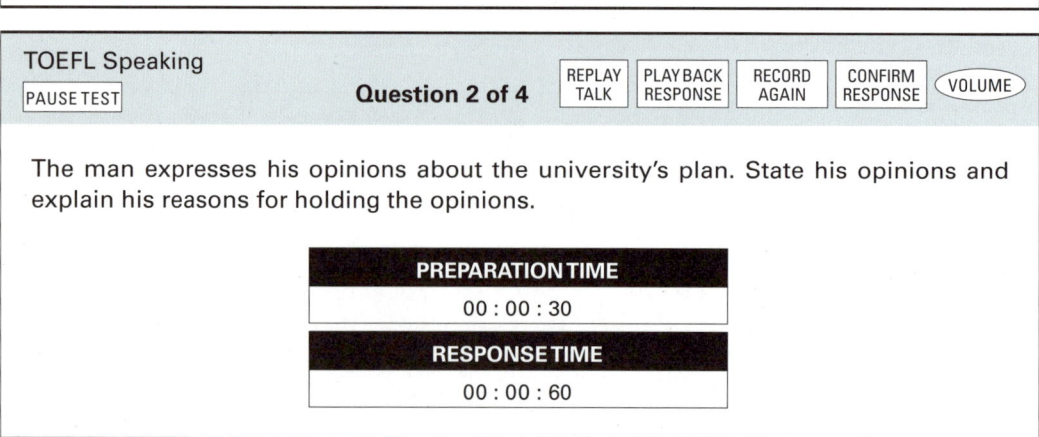

The man expresses his opinions about the university's plan. State his opinions and explain his reasons for holding the opinions.

PREPARATION TIME
00 : 00 : 30
RESPONSE TIME
00 : 00 : 60

◘ 시험 진행 순서

◘ Task 2 질문의 종류

- **공지에 대한 화자의 의견을 묻는 문제**

  The woman expresses her opinions about the school's new policy. State her opinions and explain the reasons for holding the opinions.
  여자는 학교의 새로운 정책에 관해 자신의 의견을 표현하고 있습니다. 여자의 의견을 말하고 그 의견을 갖고 있는 이유들을 설명하세요.

  The man expresses his opinions regarding the announcement. Explain his opinions and the reasons for the opinions.
  남자는 공지에 관해 자신의 의견을 표현하고 있습니다. 남자의 의견 및 그 의견에 대한 이유를 설명하세요.

- **편지에 대한 화자의 의견**

  The woman expresses her opinions about the letter. State her opinions and explain the reasons for holding the opinions.
  여자는 편지에 관한 자신의 의견을 표현하고 있습니다. 여자의 의견을 말하고 그 의견을 갖고 있는 이유들을 설명하시오.

  The man expresses his opinions regarding the letter from the student board. State his opinions and explain reasons for the opinions.
  남자는 학생회로부터 온 편지에 대한 자신의 의견을 표현하고 있습니다. 남자의 의견 및 그 의견에 대한 이유를 설명하세요.

2 Note-taking & Speaking TEMPLATE

STEP 1 지문 읽고 요약하기 (읽고 요약하는 시간 → 45~50초)

가장 먼저 제시되는 Reading Passage를 읽고 핵심 내용을 파악해야 합니다. 이때 지문의 제목을 비롯해 핵심이 되는 부분의 영문을 적어둔 후에 이와 관련된 세부 사항을 확인해 둬야 합니다.

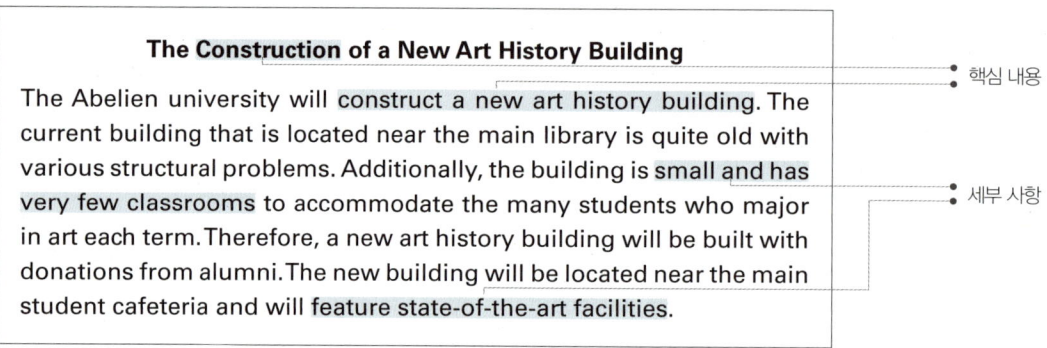

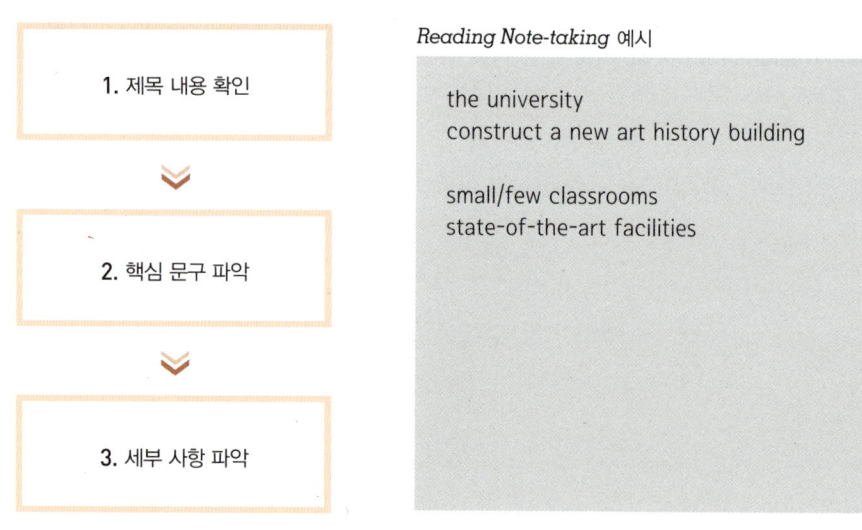

STEP 2 대화 듣고 요약하기 (듣고 요약하는 시간 → 120초)

대화를 들을 때는 두 명의 화자들 중에서 주된 내용을 말하는 화자의 의견을 중심으로 내용을 요약해야 합니다. 읽기 지문 내용에 대한 찬반 여부는 주로 대화의 도입 부분에 먼저 밝히므로 찬반 의견 및 그에 대한 이유를 위주로 요약해야 합니다.

🔊 **MP3** Task 2_01

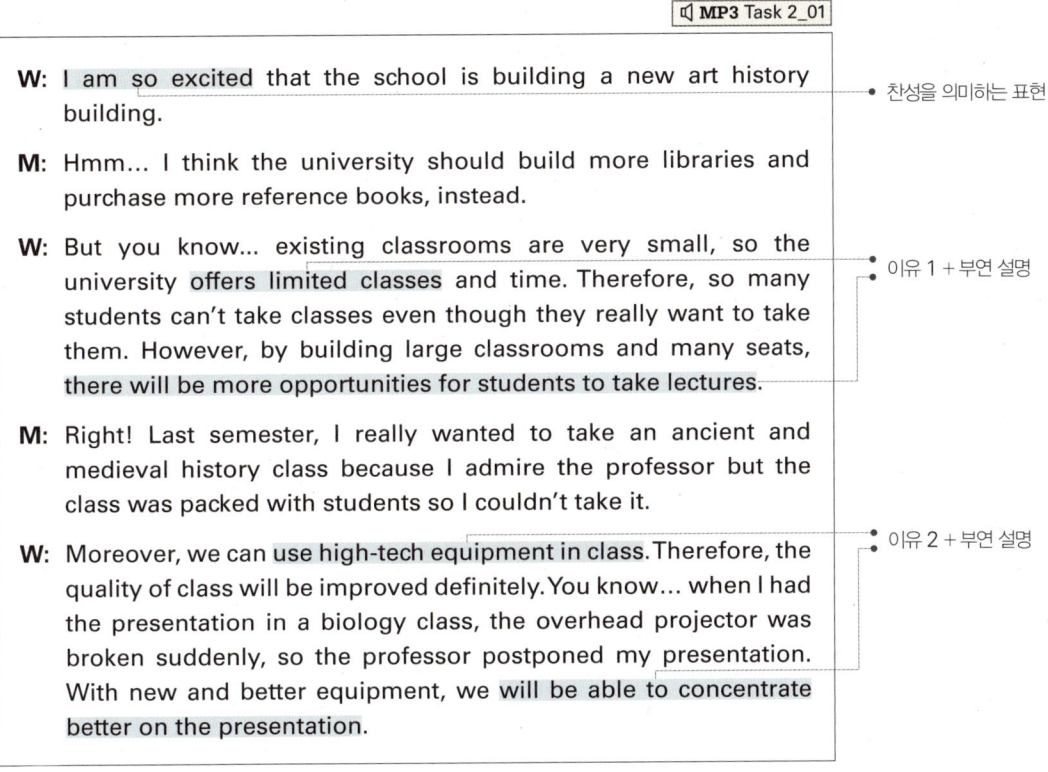

W: I am so excited that the school is building a new art history building. ● 찬성을 의미하는 표현

M: Hmm... I think the university should build more libraries and purchase more reference books, instead.

W: But you know... existing classrooms are very small, so the university offers limited classes and time. Therefore, so many students can't take classes even though they really want to take them. However, by building large classrooms and many seats, there will be more opportunities for students to take lectures. ● 이유 1 + 부연 설명

M: Right! Last semester, I really wanted to take an ancient and medieval history class because I admire the professor but the class was packed with students so I couldn't take it.

W: Moreover, we can use high-tech equipment in class. Therefore, the quality of class will be improved definitely. You know... when I had the presentation in a biology class, the overhead projector was broken suddenly, so the professor postponed my presentation. With new and better equipment, we will be able to concentrate better on the presentation. ● 이유 2 + 부연 설명

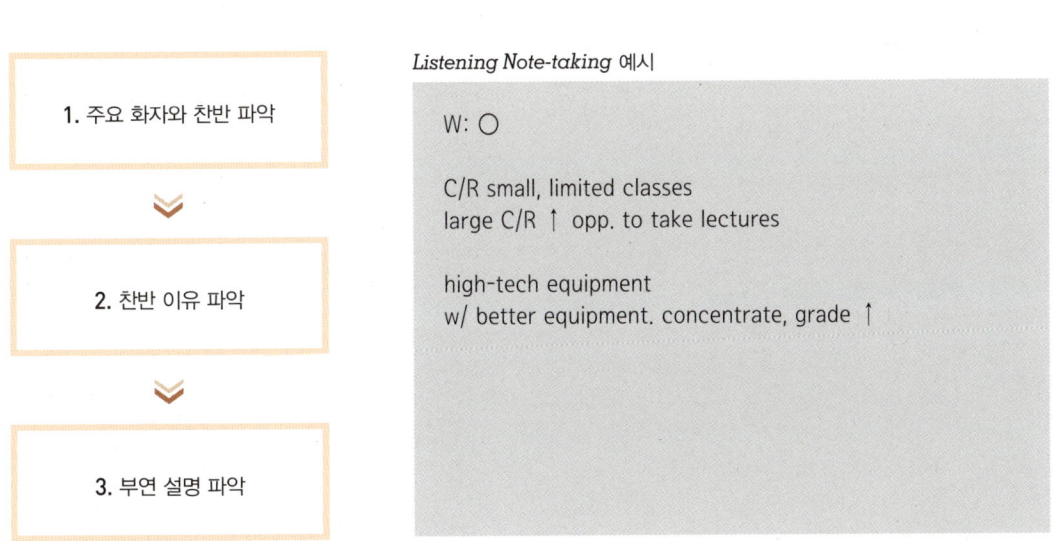

1. 주요 화자와 찬반 파악

⌄

2. 찬반 이유 파악

⌄

3. 부연 설명 파악

Listening Note-taking 예시

W: ◯

C/R small, limited classes
large C/R ↑ opp. to take lectures

high-tech equipment
w/ better equipment. concentrate, grade ↑

● 해석 : 해석집 p. 009

STEP 3 | **Speaking 준비하기** (준비 시간 → 30초)

읽기 및 듣기 내용에 대한 요약을 한 후에는 요약해 둔 내용을 바탕으로 말하기 준비를 해야 합니다. 이때 논리 정연하게 말하기 위해서는 30초 동안 주어지는 준비 시간에 말할 문장과 순서를 정하는 것이 좋습니다.

📱 Speaking Template

서론	1. Reading 핵심 주제 문장 2. Listening 주요 화자의 의견 3. She[He] has two reasons for this.	▶ **1, 2, 3. 요약 내용 말하기** 읽기 및 듣기의 핵심 요약 내용을 말하고, 이유로 연결하기 위한 문장을 말합니다.
본론 1	4. The first reason is that ~	▶ **4. 첫 번째 이유** 듣기를 하는 동안 정리해 둔 첫 번째 이유를 말합니다.
	5. 부연 설명/예시	▶ **5. 부연 설명** 첫 번째 이유를 뒷받침할 설명을 말합니다.
본론 2	6. The second reason is that ~	▶ **6. 두 번째 이유** 듣기를 하는 동안 정리해 둔 두 번째 이유를 말합니다.
	7. 부연 설명/예시	▶ **7. 부연 설명** 두 번째 이유를 뒷받침할 설명을 말합니다.
결론	8. For these reasons, ~	▶ **8. 의견 정리** 서론에 사용했던 핵심 요약 문장을 paraphrase해 마무리합니다.

STEP 4 | Speaking Template 활용하기 (말하기 시간 → 60초)

읽기와 듣기를 하는 동안 요약해 둔 키워드들을 바탕으로 문장의 형태를 갖춰 말해야 합니다. 이때 대화 속 주요 화자가 말하는 찬성 또는 반대 의견에 대한 부연 설명을 말하는 것을 잊지 말아야 합니다.

Reading Note-taking

주제	Construction of a new art history building
세부 사항	the school construct a new art history building

Listening Note-taking

주요 화자의 의견	W: ○	
두 가지 이유	C/R small, limited classes	high-tech equipment
부연 설명	large C/R ↑ opp. to take lectures	w/ better equipment concentrate, grade ↑

Speaking

서론	주제	**According to the reading passage**, the school is planning to construct a new art history building. 읽기 지문에 따르면, 학교는 새 미술사 건물을 세우는 것을 계획하고 있습니다.
	주요 화자의 의견	**The woman in the conversation thinks it is a good idea.** 대화 속의 여자는 그것이 좋은 아이디어라고 생각합니다. **She has two reasons for this.** 그녀는 이에 대한 두 가지 이유를 갖고 있습니다.
본론 1	이유 1	**The first reason is that** the classrooms are too small and **the classes are limited.** 첫 번째 이유는 강의실이 너무 작고 수업이 제한되어 있다는 점입니다.
	부연 설명	So, if there is a new building, students will **have more opportunities to take lectures**. 따라서, 새로운 건물이 있다면 학생들은 강의를 들을 더 많은 기회를 가질 것입니다.
본론 2	이유 2	**The second reason is that** students can use **high-tech equipment.** 두 번째 이유는 학생들이 최신식 장비를 사용할 수 있다는 것입니다.
	부연 설명	**Then,** students will be able to **concentrate better on their presentation** and **get a better grade.** 그렇게 되면, 학생들은 자신들의 발표에 더 집중할 수 있고 더 좋은 점수를 받을 수 있을 것입니다.
결론		**For these reasons,** she likes the school's plan. 이러한 이유들로 인해, 여자는 학교의 계획을 좋아합니다.

Task 2 Template

1 Reading Note-taking 하기

| Reading Note-taking 하는 방법 |

① 제목 내용 확인
 - 제목에 주제가 가장 잘 드러나므로 먼저 확인해 둡니다.

② 핵심 문구 파악
 - 핵심 주제가 잘 드러나는 첫 문장의 정보를 빠르게 적어 둡니다.

③ 세부 사항 파악
 - 주제와 관련된 세부 사항을 확인해 키워드 중심으로 메모합니다.

| Reading 지문 활용하기 |

> 제목을 빠르게 읽어보고 제목의 핵심 단어와 연관 지을 수 있는 동사 또는 명사 키워드가 들어간 부분을 찾아 Note-taking합니다.

The Construction of a New Art History Building

The Abelien university will construct a new art history building. The current building that is located near the main library is quite old with various structural problems. Additionally, the building is small and has very few classrooms to accommodate the many students who major in art each term. Therefore, a new art history building will be built with donations from alumni. The new building will be located near the main student cafeteria and will feature state-of-the-art facilities.

> Additionally, Therefore, Also, However 등의 부사 다음에는 중요한 정보가 등장할 가능성이 큽니다.

> 핵심 문장 다음에는 듣기와 관련된 정보들이 이어지므로 주요 명칭이나 장단점에 관한 어휘를 미리 적어 두어 듣기에 대비합니다.

» **Check-up** 주어진 지문의 핵심 내용을 파악한 후 Note-taking 해 보세요.

New Policy for Library Books

The library has announced that they will soon change the number of books that students can check out. Before this policy change, students were permitted to borrow 30 books per week, but starting next semester, that number will be limited to only 10 books per week. The library has encountered a lot of problems because of the increasing number of unreturned books and students in need of the books that are already borrowed and unavailable.

해석 : 해석집 p. 010

Reading Note-taking

주제	
세부 사항	

모범 답안은 다음 페이지에

2 Listening Note-taking 하기

| Listening Note-taking 하는 방법 |

① 주요 화자와 찬반 파악
- 대화를 이끌어 가는 화자 및 핵심 주제 내용에 대한 찬반 의견을 파악하는 것이 가장 중요합니다.

② 찬반 이유 파악
- 대화를 이끌어 가는 화자를 중심으로 듣기를 하고, 해당 화자가 말하는 찬성 또는 반대에 대한 이유(보통 두 가지)를 파악해 키워드만 적어 둡니다.

③ 부연 설명 파악
- 찬성 또는 반대에 대한 이유를 뒷받침하는 부연 설명 키워드를 적어 둡니다.

| 찬반을 나타내는 대표적인 표현들 |

대화 속 주요 화자가 말하는 찬성 또는 반대 의견을 파악하기 위해 그에 해당하는 표현들을 미리 알아 두는 것이 중요합니다.

① 찬성 표현
I **feel excited** about this announcement. 난 이 공지에 대해 신이 나.
I am **all for it**. 난 그것에 대해 전적으로 찬성이야.
I **am glad** someone thinks the same way I do. 누군가가 나와 같은 생각을 가지고 있어서 기뻐.
I think he **has a point**. 그의 말은 일리가 있어.
I think it is a **good[terrific] idea**. 좋은[멋진] 생각 같아.
I think that is **the way to go**. 그건 바람직한 생각 같아.
I **agree** with this idea. 난 이 아이디어에 찬성해.
I think it's **the right move**. 옳은 결정 같아.

② 반대 표현
I **don't think** it will **work**. 난 그게 잘 될 것 같지 않아.
I **am against** it. 난 반대야.
The announcement is **disappointing**. 그 공지는 실망스러워.
I think it is **horrible[ridiculous]**. 끔찍핸[말도 안 되는] 생각 같아.
I **don't think** this is **the way to go**. 바람직한 생각 같지 않아.
I **don't think it will help** students. 그게 학생들에게 도움이 될 것 같지 않아.

» *Check-up* 주어진 대화 내용을 듣고 핵심 내용을 파악한 후 Note-taking 해 보세요. 🔊 MP3 Task 2_02

스크립트 및 해석 : 해석집 p. 010

≋ Reading Note-taking

주제	change the number of books stu can check out
세부 사항	10 books per week prob / many unreturned books

≋ Listening Note-taking

주요 화자의 의견	
두 가지 이유		
부연 설명		

모범 답안은 다음 페이지에

3 서론 말하기

| 서론 말하는 방법 |

① **Note-taking 내용 포함하기**
  - 서론을 말할 때는 Reading과 Listening 내용을 Note-taking하면서 파악한 핵심 내용이 모두 포함되어야 합니다.

② **주요 화자의 의견 포함하기**
  - 공지나 편지의 핵심 정보뿐만 아니라 그에 대해 주요 화자가 말하는 찬성 또는 반대 의견에 대해 언급해야 합니다.

③ **적절한 대명사 사용하기**
  - Task 1과 달리 주요 화자를 가리키는 대명사를 사용해야 하며, 남자(He)와 여자(She)를 잘 구분해 사용해야 합니다.

| 서론 필수 표현 |

① 읽기 지문에 따르면 (According to the reading passage)
According to the reading passage, the school is planning to build a new cafeteria near the main library.
읽기 지문에 따르면, 학교는 중앙 도서관 근처에 새로운 식당을 지을 계획입니다.

② 대화 속의 여자는 ~라고 생각합니다 (The woman in the conversation thinks ~)
The woman in the conversation thinks it is a good idea.
대화 속의 여자는 그것이 좋은 아이디어라고 생각합니다.

③ 대화 속의 남자는 ~라고 말합니다 (The man in the conversation says ~)
The man in the conversation says he is against it.
대화 속의 남자는 그것에 반대한다고 말합니다.

Tip Task 2에서는 대화 속 주요 화자의 입장에 대해 말해야 합니다. 이때 주의해야 할 점이 대명사와 현재 시제 동사입니다. He thinks ~, The woman says ~, She mentions ~ 등과 같이 대명사 주어와 함께 현재 시제 동사를 사용해야 하므로 반드시 동사에 s를 붙여 말해야 합니다.

» Check-up 읽기와 듣기를 통해 Note-taking 한 내용을 바탕으로 서론을 말해 보세요.

Reading Note-taking

주제	change the number of books stu can check out
세부 사항	10 books per week prob/ many unreturned books

Listening Note-taking

주요 화자의 의견	M: O	
두 가지 이유	hard time finding books	x need to borrow all the books
부연 설명	get books w/o waiting	copy the sections

🎤 서론 말하기

서론	According to the reading passage, _____. _____ in the conversation thinks _____. He has two reasons for this.

모범 답안은 다음 페이지에

4 본론 말하기

| 이유 말하는 방법 |

① **주요 화자의 의견에 대한 이유 포함하기**
- Listening의 주요 화자가 주장하는 찬성 또는 반대에 대한 이유를 말해야 하며, 기본적으로 Task 1과 마찬가지로 두 가지를 말하면 됩니다.

② Task 1과 달리, 나의 의견이 아닌 대화 속 화자의 의견을 요약해 말하는 것이므로 화자들을 가리킬 대명사를 사용해 말해야 합니다.

| 이유 필수 표현 |

① **첫 번째[두 번째] 이유는 ~라는 점입니다. (The first[second] reason is that ~)**
The first reason is that requiring volunteer work is unfair for many students.
첫 번째 이유는 봉사 활동을 요구하는 것이 많은 학생들에게 불공평하다는 것입니다.

The second reason is that not everyone is interested in listening to classical music.
두 번째 이유는 모든 사람들이 고전 음악을 듣는 데 흥미를 느끼는 것이 아니라는 것입니다.

② **우선, 가장 먼저 (First of all)**
First of all, he says that students who study in the café should go to the library.
우선, 카페에서 공부하는 학생들이 도서관으로 가야 한다고 남자는 말합니다.

③ **또한 (Also)**
Also, students are very busy getting used to new classes and making friends in the beginning of the semester.
또한, 학기 초에는 학생들이 새로운 수업에 적응하고 친구들을 사귀느라 매우 바쁩니다.

④ **남자[여자]는 ~라고 언급합니다. (He[She] mentions that ~)**
He mentions that the school should pay for the construction.
남자는 학교가 건축 비용을 지불해야 한다고 언급합니다.

» **Check-up** 읽기와 듣기를 통해 Note-taking 한 내용을 바탕으로 본론의 이유를 말해 보세요.

Reading Note-taking

주제	change the number of books stu can check out
세부 사항	10 books per week prob/ many unreturned books

Listening Note-taking

주요 화자의 의견	M: ○	
두 가지 이유	hard time finding books	x need to borrow all the books
부연 설명	get books w/o waiting	copy the sections

이유 말하기

서론	According to the reading passage, **the school is planning to change the number of books students can check out**. 읽기 지문에 따르면, 학교는 학생들이 대출할 수 있는 책의 수를 변경하는 것을 계획하고 있습니다. **The man** in the conversation thinks **it is a good idea**. 대화 속 남자는 그것이 좋은 아이디어라고 생각합니다. **He has two reasons for this.** 그는 이에 대해 두 가지 이유를 갖고 있습니다.
본론 1	The first reason is that _____.
본론 2	The second reason is that _____.

모범 답안은 다음 페이지에

| 부연 설명 말하는 방법 |

① **두 가지 이유에 대한 구체적인 설명 제시**
  - 대화 속 주요 화자의 의견에 대한 두 가지 이유를 각각 뒷받침하는 구체적인 예시를 말해야 합니다.

② **적절한 연결어 사용하기**
  - For example, To be specific, That's because, So, That way 등의 연결어를 적절하게 사용해 문장의 흐름을 자연스럽게 만듭니다.

| 부연 설명 필수 표현 |

① **예를 들어 (For example)**
  For example, the school is going to require basic course in Biology.
  예를 들어, 학교는 생물학의 기초 수업을 요구할 것입니다.

② **구체적으로 (To be specific)**
  To be specific, there are many empty spaces in the main library.
  구체적으로, 중앙 도서관에는 빈 자리가 많습니다.

③ **그것은[이것은] ~ 이기 때문입니다 (That[This] is because ~)**
  That[This] is because students are busy writing papers and doing research.
  그것은[이것은] 학생들이 리포트를 작성하고 조사를 하느라 바쁘기 때문입니다.

  Tip 부연 설명을 말하는 것은 대화 속 주요 화자의 의견과 두 가지 이유를 말하는 것만큼 중요한 과정이며, 각 이유를 뒷받침하기 위해 화자가 제시하는 부연 설명 내용을 정리하여 얼마나 자연스럽게 연결해 말하느냐가 점수를 좌우합니다.

» Check-up 두 가지 이유를 부연 설명하는 문장을 말해 보세요.

Reading Note-taking

주제	change the number of books stu can check out
세부 사항	10 books per week prob/ many unreturned books

Listening Note-taking

주요 화자의 의견	M: ○	
두 가지 이유	hard time finding books	x need to borrow all the books
부연 설명	get books w/o waiting	copy the sections

부연 설명 말하기

서론	According to the reading passage, the school is planning to change the number of books students can check out. 읽기 지문에 따르면, 학교는 학생들이 대출할 수 있는 책의 수를 변경하는 것을 계획하고 있습니다. The man in the conversation thinks it is a good idea. 대화 속 남자는 그것이 좋은 아이디어라고 생각합니다. He has two reasons for this. 그는 이에 대해 두 가지 이유를 갖고 있습니다.
본론 1	The first reason is that **students have a hard time finding books they need during the exam time**. 첫 번째 이유는 학생들이 시험 기간에 필요한 책을 찾는 데 어려움이 있다는 점입니다. So, with this new policy, _____.
본론 2	The second reason is that **students don't need to borrow all the books**. 두 번째 이유는 학생들이 모든 책을 빌릴 필요가 없다는 것입니다. That's because _____ and students _____ _____.

모범 답안은 다음 페이지에

Task 02 119

5 결론 말하기

| 결론 말하는 방법 |

① **서론에서 말한 문장 활용하기**
 - 서론 문장을 활용해 말하되, 서론 문장을 그대로 반복하지 말아야 합니다. 단순 반복은 피하는 것이 고득점에 도움이 됩니다.

② **만약을 위해 준비하기**
 - 결론은 시간이 남을 때를 대비하여 간단히 준비하면 됩니다. 본론을 말하다가 시간이 부족하다고 생각되면 생략해도 됩니다.

| 필수 표현 |

① **이러한 이유들 때문에 (For these reasons, ~)**
 For these reasons, he likes the school's decision.
 이러한 이유들 때문에, 남자는 학교의 결정을 좋아합니다.

② **이것들이 ~한 이유들입니다. (These are the reasons why ~)**
 These are the reasons why she doesn't like the writer's suggestion.
 이것들이 여자가 글쓴이의 제안을 좋아하지 않는 이유들입니다.

 Tip 항상 수 일치와 관사에 유의해 말하기 바랍니다. reasons의 s와 first 앞에 위치하는 정관사 the를 잊지 않고 말하는 것이 중요합니다.

» Check-up 두 가지 이유와 부연 설명을 정리해 결론을 말해 보세요.

Reading Note-taking

주제	change the number of books stu can check out
세부 사항	10 books per week prob/ many unreturned books

Listening Note-taking

주요 화자의 의견	M: O	
두 가지 이유	hard time finding books	x need to borrow all the books
부연 설명	get books w/o waiting	copy the sections

결론 말하기   MP3 Task 2_03

서론	According to the reading passage, the school is planning to change the number of books students can check out. 읽기 지문에 따르면, 학교는 학생들이 대출할 수 있는 책의 수를 변경하는 것을 계획하고 있습니다. The man in the conversation thinks it is a good idea. 대화 속 남자는 그것이 좋은 아이디어라고 생각합니다. He has two reasons for this. 그는 이에 대해 두 가지 이유를 갖고 있습니다.
본론 1	The first reason is that students have a hard time finding books they need during the exam time. 첫 번째 이유는 학생들이 시험 기간에 필요한 책을 찾는 데 어려움이 있다는 점입니다. So, with this new policy, **they can get books without waiting**. 그래서, 이 새로운 정책으로, 그들은 기다리지 않고 책을 구할 수 있습니다.
본론 2	The second reason is that students don't need to borrow all the books. 두 번째 이유는 학생들은 모든 책을 빌릴 필요가 없다는 것입니다. That's because **the library has a copy machine** and students **can just copy the sections of the books they need**. 이것은 도서관에 복사기가 있고 학생들은 자신들이 필요로 하는 책의 일부를 복사하기만 하면 되기 때문입니다.
결론	For these reasons, _____ .

* For these reasons, he likes the school's new policy. 이러한 이유로 인해, 남자는 학교의 새로운 계획을 좋아 합니다.

Template 표현 연습하기

모범답안 : 해석집 p. 010

앞서 배운 Template 표현들을 활용해 우리말에 어울리는 영어 문장을 완성하고 말해 보세요.

1. 읽기 지문에 따르면, 학교는 구내 식당에서 청량음료를 판매하는 것을 중단할 계획입니다.

   _____, the university is planning to stop selling soda in the cafeteria.

2. 읽기 지문에 따르면, 학교는 저학년 학생들에게 무료 개인 교습 서비스를 제공하기로 결정했습니다.

   _____, the school decided to _____.

   *제공하다: offer, 저학년 학생들: lowerclassmen

3. 첫 번째 이유는 다른 학생들이 공부에 집중할 수가 없다는 것입니다.

   _____ other students cannot concentrate on studying.

4. 우선, 음식 가격이 다른 식당들과 비교해서 상대적으로 낮습니다.

   _____, the price of food is _____.

5. 또한, 교내 주차장들이 이미 꽉 차 있습니다.

   _____, the campus parking lots _____.

   *꽉 찬: jam packed

6. 두 번째 이유는 학생들이 더 많은 과외 활동에 적극적으로 참여해야 한다는 것입니다.

   _____ students should _____.

   *~에 참여하다: participate in, 과외 활동: extracurricular activities

7. 대화 속 남자는 학교의 계획이 좋은 아이디어라고 생각하지 않습니다.

   The man in the conversation _____.

8 이것은 셔틀버스 서비스가 학생들이 돈을 절약하는 데 도움을 주기 때문입니다.

_____ the shuttle service helps students _____.

9 이러한 이유들로 인해, 남자는 학교의 정책을 좋아하지 않습니다.

_____, he doesn't _____.

10 이것들이 체육 수업을 들어야 한다는 학교의 요건을 남자가 좋아하는 이유입니다.

_____ he likes the school's requirement to take PE classes.

11 공지에 따르면, 글쓴이는 학교가 기초 과목을 더 제공해야 한다고 제안하고 있습니다.

_____.

*기초 과목: primary subjects

12 대화 속 여자는 그것이 좋은 아이디어가 아니라고 생각합니다.

_____.

13 이러한 이유들로 인해, 여자는 글쓴이의 제안을 좋아하지 않습니다.

_____.

14 우선, 학생들은 많은 양의 읽기 과제 때문에 이미 바쁩니다.

_____.

15 읽기 지문에 따르면, 글쓴이는 학교가 특별 강의를 중단해야 한다고 제안합니다.

_____.

Task 2 _ DRILLS

각 Note-taking 내용을 바탕으로 답변을 완성하고 말해보세요.

Q1

The school board plans on eliminating tutorial services. You will have 45 seconds to read an article from the newspaper about the plan. Begin reading now. 학교 이사회는 개별 지도 서비스를 폐지할 계획입니다. 당신은 이 계획에 대한 신문 기사를 45초 동안 읽을 것입니다. 지금부터 읽기 시작하세요.

Reading time: 45 seconds

Discontinuing Tutorial Services

The Engineering Department has decided to eliminate tutoring services. Upperclassmen from the engineering department have been teaching first-year students who sign up for tutoring services. The primary purpose of maintaining the program was to offer lowerclassmen a chance to receive high quality tutoring services at a low cost. However, we are also short of upperclassmen that are willing to share their time and efforts.

MP3 Task 2_04

The man expresses his opinions about the university's plan. State his opinions and explain his reasons for holding the opinions.

Reading Note-taking

주제	eliminate tutoring services
세부 사항	offer lowerclassmen / high quality tutoring low cost short of upperclassmen

Listening Note-taking

화자의 의견	M: X	
두 가지 이유	signed up last sem / helped	recruit grad school stu
부연 설명	understand / catch up w/ class	↑ experienced ↑ time

Speaking

MP3 Task 2_05

서론

1. According to the reading passage, the school is _____.
   읽기 지문에 따르면, 학교는 개별 지도 서비스를 중단하는 것을 계획 중입니다.

2. The man in the conversation _____.
   대화 속 남자는 그것이 좋은 아이디어가 아니라고 생각합니다.

3. _____.
   그는 이것에 대한 두 가지 이유가 있습니다.

본론 1

4. The first reason is that _____
   첫 번째 이유는 그가 지난 학기에 그 서비스를 신청했었고 그것이 많은 도움을 주었다는 것입니다.

5. To be specific, _____.
   구체적으로, 그것은 그가 수업을 이해하고 따라가는 데 도움이 되었습니다.

본론 2

6. The second reason is that if seniors are busy, _____
   _____.
   두 번째 이유는 만약 4학년 학생들이 바쁘면, 학교가 대학원생들을 모집해야 한다는 것입니다.

7. That's because _____.
   그 이유는 대학원생들이 더 경험이 많고 시간이 많기 때문입니다.

결론

8. For these reasons, _____.
   이러한 이유들로 인해, 그는 학교의 계획을 좋아하지 않습니다.

Q2

The school has changed the policy for the computer lab monitoring position. You will have 45 seconds to read the announcement. Begin reading now. 학교가 컴퓨터실 감독 직책에 대한 정책을 변경했습니다. 당신은 이 공지를 45동안 읽을 것입니다. 지금부터 읽기 시작하세요.

Reading time: 45 seconds

Notice: Part-Time Computer Lab Monitors

So far, the computer lab-monitoring position has been open to any student from any department. However, as of this semester, only computer majors will be eligible to apply for the position. The completion of CMIS 200, or upper level courses from the Computer Department is the requirement for this position. In order to apply, please visit the Computer Science Department administration office with your student ID card and schedule.

🔊 MP3 Task 2_06

The woman expresses her opinions about the changing eligibility of applying for monitoring jobs. State her opinions and explain her reasons for holding the opinions.

Reading Note-taking

주제	lab-monitoring only computer majors
세부 사항	completion comp courses visit Dep.

Listening Note-taking

화자의 의견	W: ○	
두 가지 이유	other major X knowledge ab com	major prob. have to wait / x good grades
부연 설명	technical prob. X know how to help	hand in on time

Speaking   MP3 Task 2_07

서론

1. According to the reading passage, _____ .
읽기 지문에 따르면, 학교는 컴퓨터실 감독 자리를 오직 컴퓨터 전공자들에게만 허가해 줄 계획입니다.

2. _____ .
대화 속 여자는 그것이 좋은 아이디어라고 생각합니다.

3. _____ .
그녀는 이것에 대한 두 가지 이유가 있습니다.

본론 1

4. The first reason is that _____ .
첫 번째 이유는 다른 전공자들은 컴퓨터에 관해 충분한 지식이 없다는 것입니다.

5. So, _____ .
따라서, 기술적인 문제들이 있을 때, 그들은 어떻게 도와줘야 하는지 모릅니다.

본론 2

6. The second reason is that if there's a major problem, _____ .
두 번째 이유는, 만약 큰 문제가 생기면 학생들은 기다려야만 하고 자신들의 과제에 대해 좋은 성적을 받지 못한다는 것입니다.

7. That's because _____
그 이유는 그들이 제 시간에 과제를 제출할 수 없기 때문입니다.

결론

8. _____ .
이러한 이유들로 인해, 그녀는 학교의 계획을 좋아합니다.

Q3

The Saiton University plans to establish a new art club. Read the article in the university newspaper about the plan. You will have 45 seconds to read the article. Begin reading now. Saiton 대학이 새로운 미술 동아리를 조직할 계획입니다. 이 계획에 관한 대학 신문의 기사를 읽어 보세요. 당신은 45초 동안 이 기사를 읽을 것입니다. 지금부터 읽기 시작하세요.

Reading time: 45 seconds

Announcement in the Saiton University Newspaper

The university is planning to organize a student art club. The art club's advisor will be Professor Han who was the influential painter at the Rehan Studio. He has a profound knowledge of art in general, specifically in still-life painting. So, we feel he will be the perfect advisor for students who plan to be professional artists, as well as for beginners. Also, all the materials and the art studio will be available free of charge to all students who join the art club.

🔊 MP3 Task 2_08

The man expresses his opinions about the university's plan. State his opinions and explain his reasons for holding the opinions.

Reading Note-taking

주제	organize stu art club
세부 사항	Prof. Han / painter studio, materials free

Listening Note-taking

화자의 의견	M: O	
두 가지 이유	non-art majors show painting skills	x worry ab $
부연 설명	good / interested / develop	sch. paying

Speaking

MP3 Task 2_09

서론

1. _____, _____.
   읽기 지문에 따르면, 학교는 학생 미술 동아리를 조직할 계획입니다.

2. _____.
   대화 속 남자는 그것이 좋은 아이디어라고 생각합니다.

3. _____.
   그는 이에 대한 두 가지 이유가 있습니다.

본론 1

4. _____.
   첫 번째 이유는 미술 전공자가 아닌 학생들이 자신의 미술 솜씨를 보여줄 수 있는 기회가 생긴다는 것입니다.

5. _____, _____.
   구체적으로, 그림을 잘 그리고 미술에 관심이 있는 비 미술 전공 학생들이 많습니다.

본론 2

6. _____.
   두 번째 이유는 학생들이 비용에 대해서 걱정할 필요가 없다는 점입니다.

7. _____.
   그 이유는 학교가 비용을 내주기 때문입니다.

결론

8. _____, _____.
   이러한 이유들로 인해, 그는 학교의 계획을 좋아합니다.

Q4

A student submitted a letter to the Dublin University to suggest an idea. You will have 50 seconds to read. Begin reading now. 한 학생이 아이디어를 제시하기 위해 Dublin 대학교에 편지를 제출했습니다. 당신은 50초 동안 편지를 읽을 것입니다. 지금부터 읽기 시작하세요.

Reading time: 50 seconds

The Dublin University Should Offer Outdoor Classes

The daily lives of most students are extremely hectic. Not only do they attend classes and prepare for quizzes and exams, but they also have to make plans for their future careers and have part-time jobs to assist with tuition fees. Therefore, I recommend the university allow its professors to opt to give lectures outside when the weather is so pleasant for both students and professors. This will help students to concentrate all their efforts on studying, while enjoying a nice environment.

Sincerely,
Edward Farad

MP3 Task 2_10

Explain the woman's opinions regarding the letter. State her opinions and explain the reasons she gives for expressing the opinions.

Reading Note-taking

주제	writer / allow prof. lectures outside
세부 사항	stu. hectic life comfortable atmosphere / absorb material

Listening Note-taking

화자의 의견	W: X	
두 가지 이유	x place sit	x concentrate
부연 설명	require a large area / x enough spaces	ppl walking ar / making noise

Speaking

🎵 MP3 Task 2_11

서론

1. _____, the writer suggests that _____.
읽기 지문에 따르면, 글쓴이는 교수들이 밖에서 강의를 할 수 있게 학교가 허용해야 한다고 제안합니다.

2. _____.
대화 속 여자는 그것이 좋은 아이디어가 아니라고 생각합니다.

3. _____.
그녀는 이것에 대한 두 가지 이유가 있습니다.

본론 1

4. _____.
첫 번째 이유는 모든 학생들이 함께 앉을 수 있는 장소가 많지 않다는 것입니다.

5. To be specific, _____.
구체적으로, 그들은 단체로 앉을 수 있는 넓은 장소가 필요하지만, 학교에는 충분한 공간이 없습니다.

본론 2

6. _____.
두 번째 이유는 학생들이 강의에 집중할 수 없다는 점입니다.

7. _____.
그 이유는 사람들이 교내에서 지나다니고 떠들기 때문입니다.

결론

8. For these reasons, _____.
이러한 이유들로 인해, 그녀는 글쓴이의 제안을 좋아하지 않습니다.

Task 2 _ PRACTICE

모범답안 : 해석집 p. 016

각 Note-taking 표를 완성하고 답변을 말해보세요.

Q1

A student wrote a letter in the campus newspaper opposing the university's plan to construct a new dormitory on campus. You will have 45 seconds to read the letter. Begin reading now. 한 학생이 학교 신문에 캠퍼스 내에 새로운 기숙사를 짓겠다는 학교의 계획에 반대하는 편지를 썼습니다. 당신은 이 편지를 45초 동안 읽을 것입니다. 지금부터 읽기 시작하세요.

Reading time: 45 seconds

Letter in the University News

The university has announced its plan to build a new dormitory on campus. I strongly believe that the school should reconsider this new construction plan. This year, the university increased tuition fees by 18% compared to last year because of its poor financial situations. Such a building project would undoubtedly raise our tuition. We already have enough dormitories to accommodate the students who live on campus, and there are also plenty of affordable boarding houses around the school.

Amy Monahan, junior

MP3 Task 2_12

The woman expresses her opinions regarding the student's letter. Explain her opinions and reasons for holding the opinions.

◥ Reading Note-taking

주제	
세부 사항	

◥ Listening Note-taking

주요 화자의 의견		
두 가지 이유		
부연 설명		

🎤 Speaking 🔊 **MP3** Task 2_13

Q2

The Courtrin University has announced a new policy on the school bulletin board. You will have 45 seconds to read the announcement. Begin reading now. Courtrin 대학이 학교 게시판에 새로운 정책을 발표했습니다. 당신은 이 발표문을 45초 동안 읽을 것입니다. 지금부터 읽기 시작하세요.

Reading time: 45 seconds

The Removal of All Vending Machines on Campus and in Dormitories

The Courtrin University has announced that all vending machines that sell soft drinks and snacks on campus and in all dormitories will be removed. With so many vending machines on campus, students can too easily purchase snacks and soft drinks. This new policy has been enacted to help our university students make choices of more healthy food. After the vending machines are removed, students must purchase snacks or soft drinks in off-campus grocery stores.

🔊 MP3 Task 2_14

The woman expresses her opinions regarding the new announcement. Explain her opinions and reasons for holding the opinions.

Reading Note-taking

주제	
세부 사항	

Listening Note-taking

주요 화자의 의견		
두 가지 이유		
부연 설명		

🎤 *Speaking* 🔊 **MP3** Task 2_15

Q3

The Sundale University plans to install rooftop solar panels. You will have 45 seconds to read the announcement. Begin reading now. Sundale대학이 옥상에 태양열판을 설치할 계획입니다. 당신은 이 발표문을 45초 동안 읽을 것입니다. 지금부터 읽기 시작하세요.

Reading time: 45 seconds

Campus announcement: Installs Largest Rooftop Solar Panels

Sundale University has partnered with Worldview Energy for a solar powered system to provide more than 50% of campus's electricity by the end of this year. Announced Monday, Worldview will install 250,000 solar panels on the rooftops of three main library buildings of Sundale campus town. These panels will be operated by Worldview and will produce 152,000 megawatt hours of power each year. By generating significant electricity, we expect to reduce greenhouse gas emissions and ultimately save utilities. Construction is planned to start in the middle of next month, and the system will be operating by this school year.

MP3 Task 2_16

The woman expresses he opinion of regarding the new announcement. State her opinion, and her reasons she gives for holding that opinion.

Reading Note-taking

주제	
세부 사항	

Listening Note-taking

주요 화자의 의견		
두 가지 이유		
부연 설명		

🎤 *Speaking* 🔊 **MP3** Task 2_17

Q4

The school has changed the policy for the 24-hour reading room. You will have 45 seconds to read the announcement. 학교가 24시간 개방 독서실에 대한 정책을 변경했습니다. 당신은 이 공지를 45초 동안 읽을 것입니다. 지금부터 읽기 시작하세요.

Reading time: 45 seconds

School announcement: The 24-Hour Reading Room

The 24-Hours Reading Room in the central library building will be open to only graduate students to read, study and access library materials. This library will be the hub of intellectual services, satisfying the demands and requests of Maryland's intellectual graduate community. This room has been mainly designed and built for providing optimized services to support their education and research. We will provide high-end computer systems, the latest books, and several seminar rooms. Other main libraries are available to undergraduate students. Please note that this Reading Room will be limited to only graduates.

The man expresses his opinion of regarding the new policy. State his opinion, and his reasons he gives for holding that opinion.

Reading Note-taking

주제	
세부 사항	

Listening Note-taking

주요 화자의 의견		
두 가지 이유		
부연 설명		

Speaking MP3 Task 2_19

Task 03

Academic Lecture

Task 03

반드시 기억하세요!

1 문제의 핵심을 정확히 파악해 답변하세요.
질문 내용뿐만 아니라 듣기와 읽기 내용의 핵심에 대해 답변을 구상하세요.

2 간단하고 명확한 문장을 천천히 또박또박 말하세요.
말할 문장을 간단하면서도 명확하게 만들어 자연스럽게 말하는 것이 좋습니다.

3 단어의 강세와 발음, 문장의 억양에 신경 쓰세요.
정확한 강세와 발음, 그리고 억양을 활용해 말할 수 있도록 노력하세요.

4 자신 있게 말하세요.
실수는 누구나 합니다. 실수에 당황하지 말고 자신 있게 말하세요.

통합형 필수 표현 2

통합형 Speaking 필수 표현

다음은 통합형 Task에서 활용할 수 있는 주요 표현들이므로 반드시 미리 익혀 두세요. 녹음기를 준비해 직접 녹음한 후 들어보면 강세와 발음, 억양의 문제점들을 빠르게 파악할 수 있습니다.

01 predator 포식자, 천적
Animals constantly have to stay alert to protect themselves from predators.
동물들은 포식자들로부터 스스로를 보호하기 위해서 지속적으로 경계 상태를 유지해야 합니다.

02 increase sales 매출을 높이다
Companies increase the sales by releasing new models.
회사들은 새로운 모델들을 출시함으로써 매출을 높입니다.

03 phenomenon 현상
Social loafing is the phenomenon that people make less effort when they work as a group.
사회적 태만은 사람들이 그룹으로 일을 할 때 덜 노력하는 현상입니다.

04 emit 내뿜다
Some fish emit light as a form of camouflage.
어떤 물고기들은 위장의 한 형태로 빛을 내뿜습니다.

05 prey on ~을 먹고 살다
Generally, squids prey on small fish and zoo plankton.
일반적으로, 오징어는 작은 물고기와 동물성 플랑크톤을 먹고 삽니다.

06 capture prey 먹이를 잡다
Angler fish stay still in the dark sea to capture prey.
아귀는 먹이를 잡기 위해 어두운 바다에 정지 상태로 있습니다.

07 adaptation 적응, 적응 방법
The adaptation of desert plants to heat is quite interesting.
사막 식물의 열에 대한 적응은 꽤 흥미롭습니다.

08 **develop behaviors** 행동을 발달시키다
Animals and plants develop behaviors to adapt to their habitat.
동물들과 식물들은 각자의 서식지에 적응하기 위해서 행동을 발달시킵니다.

09 **be attacked** 공격을 받다
When they are attacked, they make a loud noise to alert the danger.
그들은 공격을 받을 때, 위험을 알리기 위해서 시끄러운 소리를 냅니다.

10 **stay away** 멀리 있다
To stay away from larger animals, they dig into the ground and hide their body.
큰 동물들로부터 멀리 있기 위해서, 그들은 땅을 파고 들어가 자신의 몸을 숨깁니다.

11 **dehydration** 수분 손실, 탈수
Plants absorb water and save it in their roots to prevent dehydration during dry seasons.
식물들은 건기 동안 수분 손실을 막기 위해 물을 흡수해서 그들의 뿌리 속에 저장합니다.

12 **go up[down]** 올라가다[내려가다]
If the price of CD goes up, the demand for CD players goes down.
만약에 CD의 가격이 올라가면, CD 플레이어의 수요가 내려갑니다.

13 **cope with** ~에 대처하다
In the lecture, the professor explains how animals cope with a danger.
강의에서, 교수는 어떻게 동물들이 위험에 대처하는지를 설명합니다.

14 **attract customers** 고객을 끌다
Manufacturers use various strategies to attract customers.
제조사들은 고객을 끌기 위해서 다양한 전략을 사용합니다.

15 **conduct an experiment** 실험을 하다
The professor conducted an experiment to find out how people interact in everyday life.
교수는 어떻게 사람들이 일상 생활에서 상호 작용을 하는지 알아내기 위해서 실험을 했습니다.

통합형 Speaking 필수 표현 말하기 연습

앞서 배운 필수 표현들을 활용해 우리말에 어울리는 영어 문장을 완성하고 말해 보세요.

01 사슴들은 포식자들로부터 사냥 당하는 위험을 줄이고 편안한 환경에서 먹이를 먹습니다.

Deer reduce _____ and eat _____.

*위험을 줄이다: reduce the risk

02 그 회사는 더 나은 디자인을 가진 새로운 차를 출시해서 매출을 10퍼센트 높였습니다.

The company released _____ and _____.

*(제품을) 출시하다: release

03 적응은 생물 활동의 기본적 현상입니다.

Adaptation _____.

*생물 활동, 생물학: biology

04 벌집에 있는 일벌들은 벌집의 위치에 관해 다른 벌들에게 경고하기 위해 화학 물질을 내뿜습니다.

Worker bees _____.

*화학 물질: chemicals   경고하다: alert

05 그들은 호수 주변에 살며, 작은 물고기들을 잡아 먹습니다.

_____.

06 물고기들은 먹이를 잡기 위해 호수의 수면 근처로 올라갑니다.

Fish go up _____.

07 생물들의 적응 방법은 수천 년에 걸쳐 발전되어 왔습니다.

_____ over thousands of years.

*생물들: organisms

08 인센티브를 주고 바른 행동에 보상을 하는 것은 효과적인 방법입니다.

Giving _____ is an effective method.

*우대 사항들, 인센티브: incentives   보상하다: reward

09 그들은 공격을 당할 때, 스스로를 위장합니다.

_____, they _____.

*위장하다: camouflage

10 동물들은 서로 협력함으로써 포식자들로부터 떨어져 있기 위해 노력합니다.

Animals _____ by _____.

*협력하다: cooperate

11 가뭄 시에, 달팽이들은 탈수를 피하기 위해 입구를 막아버립니다.

In the time of _____, snails _____.

*가뭄: drought   막다: seal

12 매출이 오른 후에, 관리자는 제품들의 가격을 낮췄습니다.

After _____, the manager _____.

*낮추다, 내리다: lower

13 우리는 경제적 어려움에 대처하기 위해 항상 돈을 저축해야 합니다.

We always _____.

*경제적 어려움: an economical difficulty

14 그 회사는 고객들을 끌기 위해 온라인 마케팅을 시작했습니다.

The company _____.

15 한 사회학자가 한 그룹의 고등학생들과 함께 실험을 했습니다.

A _____ with _____.

◯ 모범답안 : 해석집 p. 024

Task 03   145

Task 3 Overview

1 Task 3 INTRO

iBT TOEFL Speaking Task 3는 짧은 단락의 읽기 지문을 읽은 후 그와 관련된 강의를 듣고 두 지문의 내용을 요약 정리하는 문제입니다. 읽기 지문 주제와 개념을 파악하고, 강의에서는 이와 관련된 구체적 예시를 들으면서 요약해야 합니다. 특히 읽기 지문은 45~50초 이후에 사라지기 때문에 빠르게 요점을 파악해야 합니다. 말하기를 준비하는 시간으로 30초가 주어지며 말하는 시간은 60초입니다.

시험 진행 화면 *Sample*

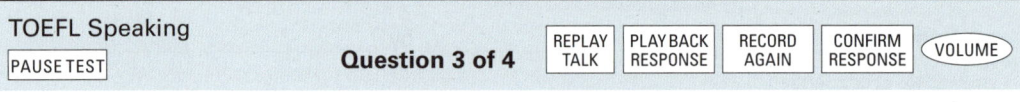

Resilient ecosystem

A resilient ecosystem is the ability of an ecosystem to react to interruptions. Also, it maintains its normal patterns of nutrients, cycling and biomass production and recovers damages caused by ecological disturbances. Such obstacles can include various events such as fires, flooding, windstorms, insect population explosions and human activities such as deforestation and the introduction of exotic plants or new animal species.

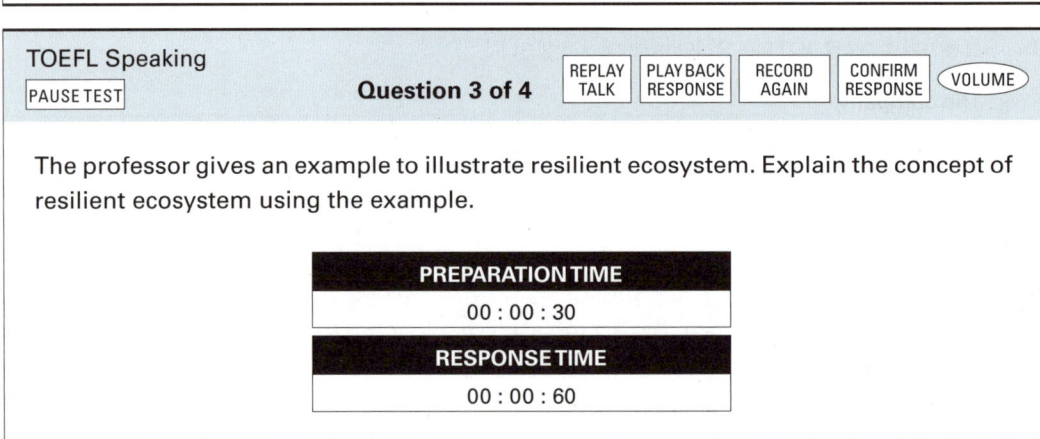

The professor gives an example to illustrate resilient ecosystem. Explain the concept of resilient ecosystem using the example.

PREPARATION TIME
00 : 00 : 30
RESPONSE TIME
00 : 00 : 60

◘ 시험 진행

지문 읽기 45~50초 》 강의 듣기 120~140초 》 질문 8~10초 》 준비 시간 30초 》 답변 시간 60초

◘ Task 3 질문의 종류

- 하나의 예시가 언급되는 문제
  Using the example of the car advertisement, explain what is meant by implicit memory.
  자동차 광고 예시를 이용하여, 암묵 기억이 의미하는 것을 설명하세요.

- 교수의 경험이 예시로 언급되는 문제
  The professor talks about her personal experience she had when she was an elementary school teacher. Explain how her experience is related to the concept of kinesthetic learning.
  교수는 초등학교 교사였을 때 겪었던 개인 경험에 대해 이야기합니다. 그녀의 경험이 어떻게 운동 감각 학습의 개념과 관련되어 있는지 설명하세요.

- 두 개의 예시가 언급되는 문제
  The professor talks about two different marketing strategies. Explain how these help a company to increase the sales.
  교수는 두 개의 다른 마케팅 전략들에 대해서 이야기합니다. 이 전략들이 어떻게 회사의 매출을 증가시키는 데 도움이 되는지 설명하세요.

- 한 개의 실험이 언급되는 문제
  Explain how the experiment demonstrates the concept of observational learning in animals.
  실험이 어떻게 동물들의 관찰 학습에 대한 개념을 입증하는지 설명하세요.

2 Note-taking & Speaking TEMPLATE

STEP 1 지문 읽고 요약하기 (읽고 요약하는 시간 → 45~50초)

먼저 읽기 지문을 읽고 주제(어)와 개념을 파악해야 합니다. 읽기 지문은 강의의 배경지식에 해당하며, 지문의 제목과 이에 대한 설명, 세부 사항 등을 필기해 둬야 합니다.

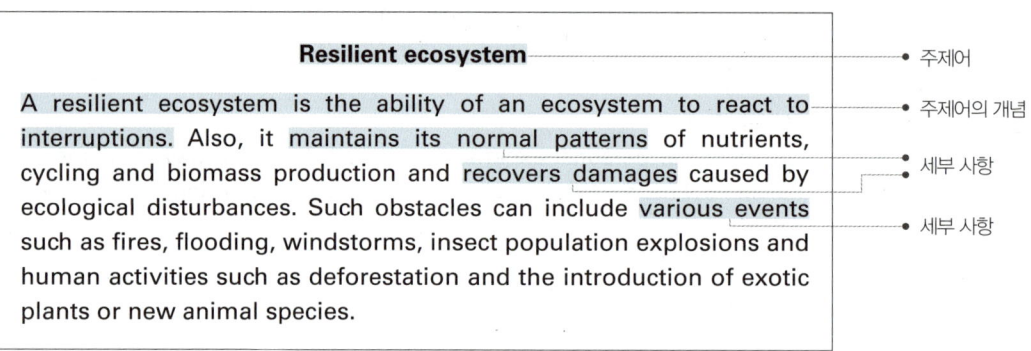

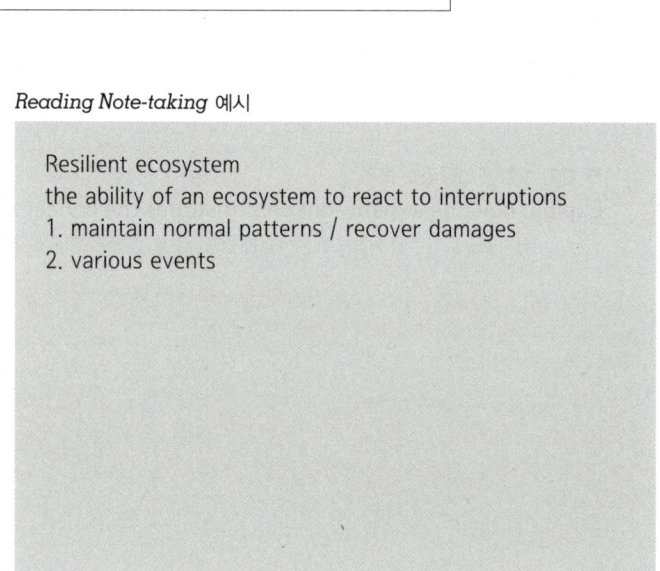

| STEP 2 | **강의 듣고 요약하기** (듣고 요약하는 시간 → 120초)

Task 3의 강의에서는 보통 한 개의 예시가 등장합니다. 주로 도입 부분에서 주제와 관련된 예시를 언급하고 이후 강의 내용으로 예시에 대한 상세 설명이 제시됩니다. 강의를 들으면서 이러한 핵심 정보를 파악해 키워드를 필기합니다.

🔊 **MP3** Task 3_01

Okay, today, we will continuously discuss 'resilient ecosystems'. Occasionally, living and non-living things cause fatal damage to the ecosystem. However, interestingly, the ecosystem can overcome the damage by itself. Now, I will give you an example to help you guys understand the concept. Well, coral reefs are the places where many fish live and protect their eggs. So, a healthy coral reef is one of the most important factors for living to marine organisms. Let's say an oil tanker wrecked on a rock and released a ton of oil in the water. Then the reefs would obviously be damaged and this would cause many fish to die. This results in a huge negative impact on the water like stimulating the growth of aquatic plants and algae. However, when marine organisms such as fish die, the amount of algae increases. Then the living fish remove the dead fish by eating them and eating the algae. This helps to eliminate the algae. The accident may result in a tragedy to the ocean but the ecosystem recovers itself from the spill. As we can see from this example, the ecosystem comes through and conserves itself with a system of reciprocal relationships.

• 예시
• 세부설명 1
• 세부설명 2

1. 예시 파악

⌄

2. 세부 사항 파악

Listening Note-taking 예시

Ex) coral reefs
oil tanker release oil
reefs damaged
cause fish die / algae ↑
living F eat dead F, algae
eliminate algae / recover

해석 : 해석집 p. 024

| STEP 3 | **Speaking 준비하기** (준비 시간 → 30초) |

강의 듣기가 끝나면 읽기 지문과 강의를 요약해 둔 내용을 바탕으로 말하기 준비를 해야 합니다. 준비 시간은 **30초**이며, 논리 정연하게 말하기 위해서 이때 말할 문장과 순서를 정해 놓는 것이 좋습니다.

Speaking Template

서론	1. Reading 주제 문장 2. Listening 강의 주제	▶ **1, 2. 주제 말하기** 읽기 지문 및 강의의 주제를 말합니다.
본론	3. The example is + 핵심 예시	▶ **3. 예시 말하기** 강의에서 주제와 관련해 교수가 언급하는 예시를 말합니다.
	4. To be specific, + 세부 사항 설명	▶ **4. 세부 사항 설명** 예시의 구체적인 세부 사항을 말합니다.
	5. 세부 사항 설명	▶ **5. 세부 사항 설명** 예시의 구체적인 세부 사항을 말합니다.
	6. 세부 사항 설명	▶ **6. 세부 사항 설명** 예시의 구체적인 세부 사항을 말합니다.
	7. 세부 사항 설명	▶ **7. 세부 사항 설명** 예시의 구체적인 세부 사항을 말합니다.
결론	8. In this sense, ~	▶ **8. 내용 정리** 제목을 활용하여 마무리하는 문장을 말합니다.

STEP 4 | Speaking Template 활용하기 (말하기 시간 → 60초)

읽기 지문과 강의 요약 내용을 바탕으로 문장의 형태를 갖춰 말해야 합니다. Template을 활용해, 미리 정리해 둔 순서대로 긴장하지 말고 말해 보세요.

❧ Reading Note-taking Template

주제	resilient ecosystem / react to interruptions
세부 사항	1. maintain normal patterns / recover damages 2. various events

❧ Listening Note-taking Template

예시	coral reefs
세부 사항	oil tanker release oil reefs damaged cause fish die /algae ↑ living F eat dead F, algae eliminate algae/ recover

🎤 Speaking

서론	주제	**1. According to the reading passage**, a resilient ecosystem has the ability to react to interruptions. 읽기 지문에 따르면, 회복력 있는 생태계는 방해들에 반응하는 능력을 가지고 있습니다. **2. In the lecture, the professor talks about** a resilient ecosystem **by giving an example**. 강의에서, 교수는 예시를 제시해 회복력 있는 생태계에 대해서 이야기합니다.
본론	예시	**3. The example is** coral reefs in the ocean. 그 예시는 바닷속의 산호초입니다.
	세부 사항	**4. To be specific**, if an oil tanker releases oil in the water, the reefs would be damaged. 구체적으로, 만약 유조선이 바다에 석유를 방출한다면, 산호초들이 피해를 입을 것입니다.
	세부 사항	**5.** It causes many fish to die and increases the growth of algae. 이것은 많은 물고기들을 죽게 만들고 해조류를 증가시킵니다.
	세부 사항	**6. However**, the living fish eat the dead fish and the algae. 그러나, 살아있는 물고기들은 죽은 물고기와 해조류를 먹습니다.
	세부 사항	**7. Then**, this eliminates algae, and the ecosystem recovers itself from the spill. 그러면, 이것은 해조류를 제거하고 생태계는 유출로부터 스스로를 회복시킵니다.
결론		**8. In this sense, this example illustrates well the concept of** a resilient ecosystem. 이런 점에서 이 예시는 회복력 있는 생태계의 개념을 잘 보여줍니다.

Task 3 Template

1 Reading Note-taking 하기

| **Reading Note-taking 하는 방법** |

① 제목 확인
- 제목에 주제가 가장 잘 드러나므로 먼저 확인합니다.

② 개념 파악
- 주제의 개념이 잘 드러나는 첫 문장의 키워드를 빠르게 적어 둡니다.

③ 세부 사항 파악
- 주제와 관련된 세부 사항을 확인해 키워드 중심으로 메모합니다.

| **Reading 지문 활용하기** |

제목 및 제목을 가장 잘 설명한 문장을 찾아 핵심 단어 위주로 메모합니다.

Resilient ecosystem

A resilient ecosystem is an ecosystem that has the ability to react to interruptions. Also, it maintains its normal patterns of nutrients, cycling and biomass production and recovers damages caused by ecological disturbances. Such obstacles can include various events such as fires, flooding, windstorms, insect population explosions and human activities such as deforestation and the introduction of exotic plants or new animal species.

핵심 문장 다음에는 앞으로 나올 강의와 관련된 정보들이 등장하므로 주요 명칭이나 어휘 등을 미리 적어 듣기에 대비합니다.

Tip 보통 첫 번째 문장에 제목을 설명하는 핵심 내용이 나옵니다. 지문을 읽을 때 제목이 다시 언급되는 부분이나, '제목 means ~,' '제목 refers to ~,' '제목 is ~'와 같은 형태로 된 문장을 찾으면 됩니다. 문장이 완전히 이해되지 않더라도 필요하다고 생각되는 어휘는 적어 두면 좋습니다. 강의에 읽기 지문의 주요 어휘들이 다시 나오기 때문에 강의 내용을 더 잘 이해할 수 있습니다.

» **Check-up** 주어진 지문의 핵심 내용을 파악한 후 요약해 보세요.

Pratfall Effect

The pratfall effect is the tendency for attractiveness to increase or decrease after a person commits a blunder. Generally, people think that a competent individual appears more humane and likeable when he or she makes a mistake than when he or she seems perfect. Simply put, people who are imperfect are more likely to seem safer and attractive. However, the opposite can occur; if an average-perceived individual commits a blunder, his or her attractiveness is more likely to decrease.

○ 해석 : 해석집 p. 025

Reading Note-taking

주제	
세부 사항	

모범 답안은 다음 페이지에

2 Listening Note-taking 하기

| Listening Note-taking 하는 방법 |

① 예시 파악
- 강의에서는 읽기 지문의 주제와 관련된 구체적인 예시를 제시합니다. Task 3에서는 보통 한 개의 예시를 언급합니다. 강의의 도입 부분에서 예시를 제시한 후 구체적인 사례와 설명이 이어서 나옵니다.

② 부연 설명 파악
- 예시를 뒷받침하는 구체적 설명을 들으면서 키워드 위주로 Note-taking을 합니다.

| 예시를 나타내는 대표적인 표현들 |

강의의 도입 부분에서 예시를 제시하려는 표현이 나오면 본격적으로 Note-taking을 할 준비를 해야 합니다. 따라서 예시가 제시될 때 자주 쓰이는 표현들을 미리 알아두는 것이 좋습니다.

Let me give you an example. 예를 하나 들어 보겠습니다.
Let me start with ~ ~으로 시작해 보겠습니다
Now, let's look at ~ 자, ~을 한번 살펴 봅시다
I would like to tell you my story. 제 이야기를 여러분께 해 드리고자 합니다.
Let's take ~ for example to illustrate ... …을 보여 드리기 위해 ~을 예로 들어 보겠습니다
As an example, ~ 한 예로서, ~

Tip Note-taking을 잘 한다고 해서 점수가 올라가는 것은 아니므로 단어를 정확하게 쓰려고 하지 말고 자신만이 알아볼 수 있는 기호나 약자를 사용하는 것이 더 좋습니다. 적어 놓은 키워드를 보고 줄거리를 떠올려 말할 수만 있으면 됩니다.

» **Check-up** 주어진 강의를 듣고 핵심 내용을 요약해 보세요.   🔊 **MP3** Task 3_02

스크립트 및 해석 : 해석집 p. 025

❧ *Reading Note-taking*

주제	Pratfall effect attractiveness ↑ or ↓ after a blunder
세부 사항	1. imperfect → seem safer and attractive 2. average individual, a blunder → attractiveness ↓

❧ *Listening Note-taking*

예시	
세부 사항	

모범 답안은 다음 페이지에

3 서론 말하기

| 서론 말하는 방법 |

① 읽기 지문과 강의의 주제 포함하기
 - 문제에 등장하는 주제어 또는 읽기 지문 및 강의에 나온 제목을 활용해 교수의 강의 주제를 먼저 언급합니다.

② **Note-taking** 내용 정리하기
 - 읽기 지문과 강의의 주제 요약 내용이 빠지지 않고 포함되어야 합니다.

| 서론 필수 표현 |

① 읽기 지문에 따르면 (According to the reading passage)
According to the reading passage, companies often refer to another firm's successful business.
읽기 지문에 따르면, 회사들은 종종 다른 기업의 성공적인 사업을 참고합니다.

② 강의에서 교수는 ~에 대해서 말합니다. (In the lecture, the professor talks about ~)
In the lecture, the professor talks about the advantages and disadvantages of franchising.
강의에서, 교수는 프랜차이즈 사업의 장점들과 단점들에 관해 말합니다.

③ 강의에서 교수는 ~을 설명합니다. (In the lecture, the professor describes ~)
In the lecture, the professor describes land animals to explain the concept of altruistic behavior.
강의에서, 교수는 이타 행동의 개념을 설명하기 위해 육지 동물들을 설명합니다.

Tip 서론은 읽기 지문에 관한 한 문장, 강의에 관한 한 문장 정도면 충분합니다. Template을 통해 익힌 표현과 Note-taking해둔 키워드를 결합해 자연스러운 문장으로 만들어 말하면 됩니다.

» **Check-up** 읽기 지문과 강의를 요약한 내용을 바탕으로 서론을 말해 보세요.

Reading Note-taking

주제	Pratfall effect attractiveness ↑ or ↓ after a blunder
세부 사항	1. imperfect → seem safer and attractive 2. average individual, a blunder → attractiveness ↓

Listening Note-taking

예시	experiment w/ a good student
세부 사항	asked to answer questions / scored 90 made two recordings without changing / participant making mistakes shown to grade students / rated higher 2nd tape

🎤 서론 말하기

서론	According to the reading passage, _____ _____. In the lecture, the professor talks about _____ _____.

모범 답안은 다음 페이지에

4 본론 말하기

| 예시 말하는 방법 |

① **강의 속 예시 언급하기**
   – 본론 말하기의 첫 번째는 강의에서 교수가 말한 예시를 정확하게 언급하는 것입니다.

② **예시 표현 익혀 두기**
   – 예시를 말할 때 사용하는 표현 중에서 자신이 말하기 편한 것을 정해 평소에 미리 연습을 해 두는 것이 좋습니다.

| 예시 필수 표현 |

① **예시는 ~입니다. (The example is ~)**
   The example is her personal experience she had when she was a college student.
   예시는 그녀가 대학생이었을 때 겪은 그녀의 개인 경험입니다.

② **첫 번째[두 번째] 예시는 ~입니다. (The first[second] example is ~)**
   The first example is a marine animal that has large fins.
   첫 번째 예시는 큰 지느러미를 가지고 있는 해양 동물입니다.

③ **예를 들어 (For example)**
   For example, the professor's friend wanted to be a film reviewer.
   예를 들어, 그 교수의 친구는 영화 평론가가 되기를 원했습니다.

④ **첫 번째 것은 ~입니다. (The first one is ~)**
   The first one is an iconic memory which is a short-term visual memory.
   첫 번째로는 단기 시각 기억인 영상적 기억입니다.

» Check-up 읽기 지문과 강의를 요약한 내용을 바탕으로 본론의 예시를 말해 보세요.

Reading Note-taking

주제	Pratfall effect attractiveness ↑ or ↓ after a blunder
세부 사항	1. imperfect → seem safer and attractive 2. average individual, a blunder → attractiveness ↓

Listening Note-taking

예시	experiment w/ a good student
세부 사항	asked to answer questions / scored 90 made two recordings without changing / participant making mistakes shown to grade students / rated higher 2nd tape

🎤 예시 말하기

서론	1. According. to the reading passage, **the pratfall effect is the tendency for attractiveness to increase or decrease after one commits a blunder**. 읽기 지문에 따르면, 실수 효과는 한 사람이 큰 실수를 저지르고 난 후에 매력이 증가하거나 감소하는 경향입니다. 2. In the lecture, the professor talks about **the pratfall by giving an example**. 강의에서, 교수는 예시를 제시해 실수 효과에 대해서 이야기합니다.
본론	The example is _____.

모범 답안은 다음 페이지에

| 세부 사항 말하는 방법 |

① 예시에 대해 구체적으로 설명하기
- 강의에서 예시를 구체적으로 설명하는 세부 사항을 말합니다. 장황한 설명보다는 짧더라고 정확하게 설명하는 것이 중요하며 높은 점수를 받는 데 필수적입니다.

② 적절한 연결어 사용하기
- 세부 사항 설명 내용이 자연스럽게 연결될 수 있도록 문장과 문장 사이에 Then, That way, However, On the contrary 등의 연결어를 적절하게 사용합니다.

| 세부 사항 필수 표현 |

① 구체적으로 (To be specific)
To be specific, land snails look for a suitable hiding place such as vegetation to stay away from the heat.
구체적으로, 육지 달팽이는 열로부터 피해 있을 수 있도록 초목과 같이 적절히 숨을 수 있는 장소를 찾습니다.

② 그렇게 함으로써, 그러한 방식으로 (That way)
That way, animals develop their own way to stay safe from their predators.
그러한 방식으로, 동물들은 그들의 천적들로부터 안전하게 있을 수 있는 그들만의 방법을 발전 시킵니다.

③ 그러면, 그러고는, 그런 후에 (Then)
Then, the sales of men's and women's clothing significantly increased.
그런 후에, 남성 및 여성 의류의 매출이 상당히 증가했습니다.

④ 그러나, 하지만 (However)
However, when he worked at a corporation, he had many unexplainable absences.
그러나, 그가 한 회사에서 일했을 때, 그는 설명할 수 없는 결근들이 많았습니다.

⑤ 반대로 (On the contrary)
On the contrary, with the invention of the printing press, people enjoy reading as an individual activity.
반대로, 인쇄기의 발명으로 인해, 사람들은 개인 활동으로 독서를 즐깁니다.

Tip 세부 사항은 되도록 간단하고 명료한 문장으로 정확하게 말하는 연습을 해 두는 것이 좋습니다. 또한 세부 사항에 쓰이는 어휘의 난이도가 높아 이 어휘를 말하는 데 어려움을 느낄 수 있으므로 주의해야 합니다.

» **Check-up** 읽기 지문과 강의를 요약한 내용을 바탕으로 예시에 대한 세부 사항을 말해 보세요.

Reading Note-taking

주제 ▶	Pratfall effect attractiveness ↑ or ↓ after a blunder
세부 사항 ▶	1. imperfect → seem safer and attractive 2. average individual, a blunder → attractiveness ↓

Listening Note-taking

예시 ▶	experiment w/ a good student
세부 사항 ▶	asked to answer questions / scored 90 made two recordings without changing / participant making mistakes shown to grade students / rated higher 2nd tape

🎤 **세부 사항 말하기**

서론

1. According to the reading passage, **the pratfall effect is the tendency for attractiveness to increase or decrease after one commits a blunder**.
   읽기 지문에 따르면, 실수 효과는 한 사람이 큰 실수를 저지르고 난 후에 매력이 증가하거나 감소하는 경향입니다.

2. In the lecture, the professor talks about **the pratfall by giving an example**.
   강의에서, 교수는 예시를 제시해 실수 효과에 대해서 이야기합니다.

본론

3. The example is **an experiment with a good student**.
   그 예시는 모범생을 이용한 실험입니다.

4. To be specific, the student was asked to _____.

5. Then, _____.

6. The first one was _____ and the second one was _____.

7. These two tapes _____ and they rated _____.

모범 답안은 다음 페이지에

5 결론 말하기

| 결론 말하는 방법 |

① 결론은 시간이 남을 때를 대비하여 준비합니다. 본론을 말하다가 시간이 없으면 결론을 생략해도 됩니다.

② 문제를 paraphrase 하여 결론 문장을 만들면 실수를 줄일 수 있고, 정확하게 말할 수 있습니다.

③ 기본 Template에서 외워둔 문장에 읽기 지문의 제목만 넣어 결론 문장을 만들어도 좋습니다.

| 필수 표현 |

① 이런 점에서, 이 예시는 ~의 개념을 잘 보여줍니다.
   (In this sense, this example well illustrates the concept of ~)
   In this sense, this example well illustrates the concept of franchising.
   이런 점에서, 이 예시는 프랜차이즈 사업의 개념을 잘 보여줍니다.

② 그러므로, 이것이 어떻게 이 예시가 ~와 관련되어 있는가를 보여줍니다.
   (So, this is how this example is related to ~)
   So, this is how this example is related to the ecosystem.
   그러므로, 이것이 어떻게 이 예시가 생태계와 관련되어 있는가를 보여줍니다.

» Check-up 예시 및 세부 사항 내용을 정리해 결론을 말해 보세요.

Reading Note-taking

주제	Pratfall effect attractiveness ↑ or ↓ after a blunder
세부 사항	1. imperfect → seem safer and attractive 2. average individual, a blunder → attractiveness ↓

Listening Note-taking

예시	experiment w/ a good student
세부 사항	asked to answer questions / scored 90 made two recordings without changing / participant making mistakes shown to grade students / rated higher 2nd tape

결론 말하기
MP3 Task 3_03

서론

1. According to the reading passage, **the pratfall effect is the tendency for attractiveness to increase or decrease after one commits a blunder**.
   읽기 지문에 따르면, 실수 효과는 한 사람이 큰 실수를 저지르고 난 후에 매력이 증가하거나 감소하는 것 경향입니다.

2. In the lecture, the professor talks about **the pratfall by giving an example**.
   강의에서, 교수는 예시를 제시해 실수 효과에 대해서 이야기합니다.

본론

3. The example is **an experiment with a good student**.
   그 예시는 모범생을 이용한 실험입니다.

4. To be specific, the student was asked to **answer questions on psychology and he scored 90**. 구체적으로, 그 학생은 심리학에 관한 질문에 대답하도록 요청 받았고 90점을 기록했습니다.

5. Then, **the researcher made two recordings of him**.
   그런 다음, 그 연구원은 그 학생에 대해 두 개의 녹화본을 만들었습니다.

6. The first one was **without changing anything** and the second one was **showing the participant making mistakes**.
   하나는 아무런 변화가 없는 것이고, 두 번째는 참가자의 실수를 보여주는 것이었습니다.

7. These two tapes **were shown to grad students** and they rated **the person in the second tape higher**.
   이 두 개의 테이프들은 대학원생들에게 보여졌고, 그들은 두 번째 테이프의 사람을 더 높게 평가했습니다.

결론

8. In this sense, _____ the pratfall effect.

   ✻ In this sense, this example well illustrates the concept of the pratfall effect. 이런 점에서, 이 예시는 실수 효과의 개념을 잘 보여줍니다.

Template 표현 연습하기

모범답안 : 해석집 p. 025

앞서 배운 Template 표현들을 활용해 우리말에 어울리는 영어 문장을 완성하고 말해 보세요.

1 읽기 지문에 따르면, 상품 포지셔닝은 회사들이 자사의 제품에 대한 이미지를 만들기 위해 사용하는 마케팅 전략입니다.

_____, _____
use to create an image of their product.

* 상품 포지셔닝: product positioning

2 읽기 지문에 따르면, 동물들은 포식자들로부터 자신들을 보호하기 위해 자신들의 행동을 발달시켜 왔습니다.

_____, _____
from their predators.

3 강의에서, 교수는 예시를 제시함으로써 식물들의 적응 방법에 대해 말합니다.

_____, the professor _____.

4 그런 후에, 거북이들은 머리와 꼬리를 딱딱한 껍질 속으로 집어 넣습니다.

_____, the turtles _____.

5 그렇게 함으로써, 아이들은 자신들만의 세계를 탐구하고 창의성을 발달시킵니다.

_____, children _____.

* 탐구하다: explore   창의성: creativity

6 예시는 심리학자에 의해 실행된 한 실험입니다.

_____.

* 심리학자: psychologist

7 구체적으로, 회사들은 고객들을 끌어들일 새로운 방법들을 끊임없이 창출합니다.

_____, companies _____.

＊끌어들이다: attract

8 첫 번째 예시는 교수가 어릴 때 겪었던 개인적인 경험입니다.

_____.

9 강의에서 교수는 하나의 예시를 언급하면서 관찰 학습에 관해 말합니다.

_____, _____.

＊관찰 학습: observational learning

10 반면, 곤충들은 화학 물질을 배출함으로써 서로 의사소통을 합니다.

_____, insects _____.

＊화학 물질: chemicals 배출하다: emit

11 두 번째 예시는 영화 평론가가 되고 싶어했던 교수의 친구입니다.

_____.

＊영화 평론가: a film reviewer

12 이러한 점에서 봤을 때, 이 예시는 아이들의 놀이에 대한 개념을 잘 보여줍니다.

_____, _____.

Task 03   165

Task 3 _ DRILLS

각 Note-taking 내용을 바탕으로 답변을 완성하고 말해보세요.

Q1

Now read the passage about The Generation Effect. You will have 45 seconds to read the passage. Begin reading now.

Reading time: 45 seconds

The Generation Effect

The generation effect is a phenomenon that information is more likely remembered if it is created by one's own mind or thoughts. Through this effect, many advertisers have made enormous profits. Generally, the original purpose of advertising is to make viewers remember the ad and the products. Companies provide opportunities for consumers who encounter advertisements to assess the product by using viewer's interactions and responses instead of simply reading about the product.

The professor gives an example of the generation effect. Explain the concept of the generation effect by using the example.

Reading Note-taking

주제	info is remembered if created by one's own mind/thought
세부 사항	1. ad → cause viewers remember the ad/prod 2. comp. provide opp. assess by using viewer's interc. responses

Listening Note-taking

예시	experiment w/ TV commercial
세부 사항	TV commercial / Splash 80% x recall inserted "What is the name of the drink?" 95% remember

Speaking

MP3 Task 3_05

서론

1. According to the reading passage, the generation effect is a phenomenon that _____.
읽기 지문에 따르면, 생성 효과는 정보가 사람의 마음 혹은 생각에서 생성되면 정보가 기억될 가능성이 더 큰 현상입니다.

2. In the lecture, the professor talks about _____.
강의에서, 교수는 예시를 제시함으로써 생성 효과에 대해서 말합니다.

본론

3. The example is _____.
그 예시는 청량 음료의 TV 광고입니다.

4. To be specific, a researcher showed people _____
_____.
구체적으로, 한 연구원이 사람들에게 TV 광고를 보여주고 그 음료의 이름을 물어보았습니다.

5. Then, 80% of them _____.
그때는 80퍼센트의 사람들이 그 이름을 기억해 내지 못했습니다.

6. He inserted one phrase _____.
그는 "이 음료의 이름이 무엇일까요?"라는 하나의 문구를 삽입했습니다.

7. Then, some people _____ and 95% of people
_____.
그때는 몇몇 사람들이 그 질문에 대답했고, 95퍼센트의 사람들이 그 음료수의 이름을 기억했습니다.

결론

8. In this sense, this example well illustrates _____.
이런 점에서, 이 예시는 생성 효과라는 개념을 잘 보여줍니다.

Q2

Now read the passage about task partitioning. You will have 45 seconds to read the passage. Begin reading now.

Reading time: 45 seconds

Task Partitioning

Task partitioning refers to the division of labor into two or more sequential stages done by more than one individual. Social insects such as bees and ants utilize the advantages of task partitioning when they collect food and handle nest construction. Their labor can be divided into several stages, and they perform specific tasks and work independently. As they organize and exhibit a division of labor, they maximize their efficiency and productivity without wasting energy and time.

◁ **MP3** Task 3_06

By using points and examples, explain the concept of task partitioning and how the leaf-cutting ants divide their tasks.

Reading Note-taking

주제	division of labor into two or more sequential stages done by more than one individual
세부 사항	1. bees, ants / collect food nest 2. ↑ effi, productivity

Listening Note-taking

예시	leaf-cutting ants
세부 사항	divide 3 groups climb up / drop cuts small pieces take into nest ↓ time ↑ productivity

Speaking

MP3 Task 3_07

서론

1. According to the reading passage, _____
   _____.
   읽기 지문에 따르면, 업무 분할은 일을 한 명 이상이 두 가지 또는 더 많은 순차적인 단계로 분배하여 하는 것을 나타냅니다.

2. In the lecture, the professor talks about _____.
   강의에서, 교수는 예시를 제시함으로써 업무 분할에 대해서 말합니다.

본론

3. The example is _____.
   그 예시는 가위 개미입니다.

4. To be specific, leaf-cutting ants _____.
   구체적으로, 가위 개미들은 그들의 일을 세 그룹으로 나눕니다.

5. The first _____ and _____.
   첫 번째 그룹은 나무와 꽃 위로 올라가 잎들을 자릅니다.

6. Another group _____ and the last group _____.
   또 하나의 다른 그룹은 잎을 더 작은 조각들로 자르고, 마지막 그룹은 그것들을 개미집으로 가져갑니다.

7. By dividing their work, _____.
   그들의 일을 나눔으로써, 그들은 시간을 절약하고 생산성을 향상시킬 수 있습니다.

결론

8. In this sense, this example _____.
   이런 점에서, 이 예시는 업무 분할이라는 개념을 잘 보여줍니다.

Q3

Now read the passage about cyclical population change. You will have 45 seconds to read the passage. Begin reading now.

Reading time: 45 seconds

Cyclical population change

The phenomenon that a population increases and decreases over an expected period of time regularly is called a cyclical population change. Enough food sources increases the population. However, there is an enormous die-off due to factors such as a lack of food, illness, weather changes, and the increasing number of predators. Once the population of one specific species is not large enough, nature attempts to control the rate and then allows other species to increase in number.

MP3 Task 3_08

The professor gives an example to illustrate the concept of cyclical population change. Explain what 'cyclical population change' is by using the example of wolves and rats.

Reading Note-taking

주제	popu ↑, ↓ regularly
세부 사항	1. food ↑ / illness, weather, predators ↓ 2. nature control

Listening Note-taking

예시	interaction betw wolves, rats
세부 사항	abundance food / rats ↑ wolves hunt easily / exp popu rats die / wolves' popu ↓ popu naturally regulate / coexist

🎤 Speaking

🔊 **MP3** Task 3_09

서론	**1.** According to the reading passage, _____. 읽기 지문에 따르면, 주기적인 개체 수 변화는 예상되는 기간 동안 주기적으로 개체 수가 증가하고 감소하는 현상입니다. **2.** In the lecture, _____. 강의에서, 교수는 예시를 제시함으로써 주기적인 개체 수 변화에 관해 말합니다.
본론	**3.** The example is _____. 그 예시는 늑대와 쥐의 상호 작용입니다. **4.** To be specific, _____. 구체적으로, 쥐들을 위한 충분한 먹이가 있을 때, 쥐들의 수는 증가합니다. **5.** Then, _____. 그러면, 이것은 늑대들이 쉽게 사냥하고 그들의 개체 수를 확장하도록 도와줍니다. **6.** However, _____. 그러나, 만약에 많은 수의 쥐들이 죽으면, 늑대들의 개체 수 또한 감소합니다. **7.** Like this, _____. 이와 같이, 종들의 개체 수는 공존하기 위한 비율을 자연적으로 조절합니다.
결론	**8.** In this sense, _____. 이런 점에서, 이 예시는 주기적인 개체 수 변화의 개념을 잘 보여줍니다.

Q4

Now read the passage about coevolution. You will have 45 seconds to read the passage. Begin reading now.

Reading time: 45 seconds

Coevolution

Coevolution refers to the evolution of two or more species that interact and depend on one another. The well-known example of coevolution is flowering plants and their pollinators such as bees, butterflies, or birds. Coevolution also includes the relationship between a host species and its parasite, which is the coevolution of predators and prey. Simply put, different species have close ecological interactions with one another, and they constantly reciprocally affect the other's evolution.

MP3 Task 3_10

The professor gives an example of coevolution. Using the example mentioned by the professor, explain the concept of coevolution.

Reading Note-taking

주제	evolution / two or more species / interact and depend on one another
세부 사항	1. flowering plants, bees / predators, prey 2. interaction, affect evolution

Listening Note-taking

예시	ants and acacia plants
세부 사항	a giraffe eat acacia → ants attack / annoy patrol around plant repay sweet nectar. Pollen hollow thorn / hide nectar

Speaking 🔊 MP3 Task 3_11

서론

1. _____, _____.
읽기 지문에 따르면, 공진화는 서로 상호 작용하고 의지하는 두 가지 혹은 그 이상의 종들의 진화를 가리킵니다.

2. _____, _____.
강의에서, 교수는 예시를 제시함으로써 공진화에 대해서 말합니다.

본론

3. _____.
그 예시는 개미들과 아카시아 나무 사이의 관계입니다.

4. _____, _____.
구체적으로, 기린이 아카시아 잎을 먹을 때, 개미들이 기린을 공격해 짜증나게 합니다.

5. _____.
개미들은 또한 아카시아의 아래 부분을 순찰해 나무를 보호합니다.

6. _____, _____.
그러면, 아카시아 나무는 개미들에게 꿀과 꽃가루를 줌으로써 보답합니다.

7. _____.
아카시아 나무들은 개미들을 위해 꿀을 숨길 수 있는 속이 빈 가시들을 가지고 있습니다.

결론

8. _____, _____.
이러한 점에서, 이 예시는 공진화의 개념을 잘 보여줍니다.

Task 3 _ PRACTICE

각 Note-taking 내용을 바탕으로 답변을 완성하고 말해보세요.

Q1

Now read the passage about Adaptive Reuse. You will have 45 seconds to read the passage. Begin reading now.

Reading time: 45 seconds

Adaptive Reuse

The process of reusing old buildings and sites for different purposes is called "Adaptive Reuse." When buildings become shabby and old, the government or companies remodel the buildings rather than demolishing the structures. Through this, old and unoccupied buildings become more suitable places for many different types of use. By reusing the building's materials and resources, the government or companies do not need to expend the same energy on labor and machine power.

MP3 Task 3_12

The professor gives an example of adaptive reuse. Explain the concept of 'adaptive reuse' by using the example.

Reading Note-taking

주제	
세부 사항	

Listening Note-taking

예시	
세부 사항	

🎤 Speaking 🔊 **MP3** Task 3_13

Q2

Now read the passage about Planning Fallacy. You will have 45 seconds to read the passage. Begin reading now.

Reading time: 45 seconds

Planning Fallacy

When people plan on doing something, like meeting someone or finishing paperwork, they estimate how much time it will take to complete the task. However, it usually does not go as planned. It often takes more time than people expected, and the task is delayed. This is called 'Planning Fallacy.' It usually happens when people have overconfidence in themselves or they simply misjudge their capability or miscalculate the time the task actually requires.

MP3 Task 3_14

The professor describes her personal example to illustrate planning fallacy. Explain the concept of 'planning fallacy,' by using the example.

Reading Note-taking

주제	
세부 사항	

Listening Note-taking

예시	
세부 사항	

🎤 *Speaking* 🔊 **MP3** Task 3_15

Q3

Now read the passage about Customer retention. You will have 45 seconds to read the passage. Begin reading now.

Reading time: 45 seconds

Customer Retention

Customer retention refers to the collection of activities a business uses to retain its customers. It is essential to a brand for many reasons. Companies can save money on marketing by keeping existing customers who are already familiar with and satisfied with their products and services. They can spend way less time and effort on these existing customer groups. Existing customers have a strong loyalty to the companies or brands they trust, so, they are more likely to buy new products produced by the company. However, attracting a new customer costs nearly 5 times more than retaining a customer. As such, companies use many different strategies to increase customer retention.

MP3 Task 3_16

The professor gives an example of customer retention. Using the example mentioned by the professor, explain the concept of customer retention and how it works.

Reading Note-taking

주제	
세부 사항	

Listening Note-taking

예시	
세부 사항	

🎤 *Speaking* 🔊 **MP3** Task 3_17

Q4

Now read the passage about linear parks. You will have 45 seconds to read the passage. Begin reading now.

Reading time: 45 seconds

Linear Parks

A linear park is a park that is substantially longer than it is wide, often winding through cities and suburbs in surprising ways. It is an interesting green space typology that creates more access to green space. The park itself can be a stunning path. It is multifunctional, and its shape and types may vary. It offers people a great place for various physical activities such as walking, running, cycling, roller-skating, and playing ball, etc. It also can be used for passive recreations including social interaction, sunbathing, or reading. This plays an important role for urban residents by allowing a large number of people to live close to a green space.

🔊 **MP3** Task 3_18

The professor gives an example of customer retention. Define a linear park and explain the environmental benefits of a linear park.

❧ *Reading Note-taking*

주제	
세부 사항	

❧ *Listening Note-taking*

예시	
세부 사항	

🎤 *Speaking* 🔊 **MP3** Task 3_19

Task 04

Lecture Summary

Task 04

반드시 기억하세요!

1 문제의 핵심을 정확히 파악해 답변하세요.
질문 내용뿐만 아니라 듣기와 읽기 내용의 핵심에 대해 답변을 구상하세요.

2 간단하고 명확한 문장을 천천히 또박또박 말하세요.
말할 문장을 간단하면서도 명확하게 만들어 자연스럽게 말하는 것이 좋습니다.

3 단어의 강세와 발음, 문장의 억양에 신경 쓰세요.
정확한 강세와 발음, 그리고 억양을 활용해 말할 수 있도록 노력하세요.

4 자신 있게 말하세요.
실수는 누구나 합니다. 실수에 당황하지 말고 자신 있게 말하세요.

Task 4 Overview

1 Task 4 INTRO

iBT TOEFL Speaking Task 4는 듣기와 말하기로 이루어져 있습니다. 대학교 강의의 일부가 듣기 내용으로 제시되며, 이를 들은 후 강의에서 제시된 개념과 예시를 요약하는 문제가 출제됩니다.

시험 진행 화면 *Sample*

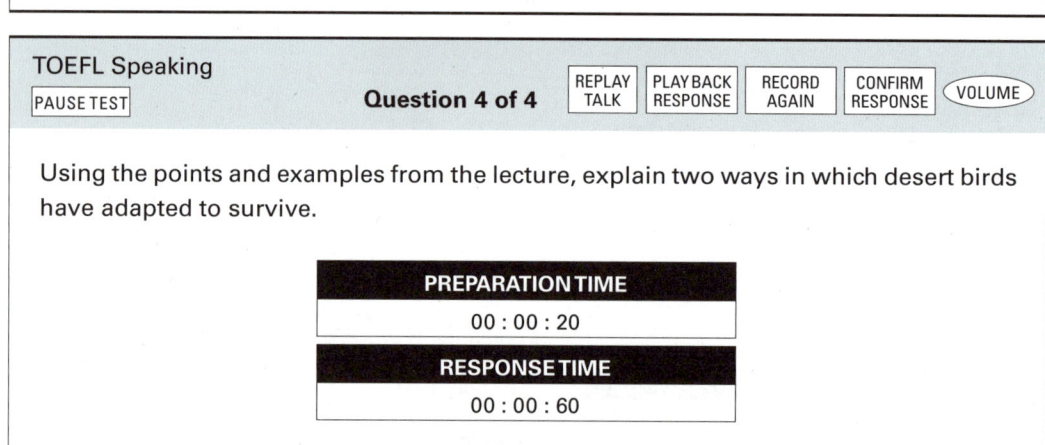

◘ 시험 진행 순서

◘ Task 4 질문의 종류

• 두 개의 예시가 언급되는 문제

The professor talks about two different marketing strategies. Explain how these help a company to increase the sales.
교수는 두 가지 다른 마케팅 전략들에 대해서 이야기합니다. 이 전략들이 어떻게 회사의 판매량을 증가시키는 데 도움이 되는지 설명하세요.

The professor explains two types of emotional appeals in marketing. Explain the concept of emotional appeals and how companies use these.
교수는 마케팅에 사용되는 두 가지 유형의 감정 호소에 대해 설명합니다. 감정 호소 개념을 설명하고 기업들이 이를 어떻게 활용하는지 설명하세요.

Using the points and examples from the lecture, explain the two ways that companies use to establish initial price.
강의의 요점들과 예시들을 이용하여, 회사들이 초기 가격을 정하기 위해 활용하는 두 가지 방법에 대해서 설명하세요.

• 한 개의 실험이 언급되는 문제

Explain how the experiment demonstrates the concept of observational learning in animals.
강의에서 말하는 실험이 어떻게 동물들의 관찰 학습 개념을 입증하는지 설명하세요.

Using the points and examples from the lecture, explain how acacia plants and salt grass affect the environment.
강의의 요점들과 예시들을 이용하여, 아카시아 나무와 염생초가 어떻게 환경에 영향을 미치는지 설명하세요.

Explain how the experiment cited by the professor proves the intellectual abilities of babies.
교수가 인용한 실험이 어떻게 영아들의 지적 능력을 입증하는지 설명하세요.

2 Note-taking & Speaking TEMPLATE

STEP 1 강의 구조 파악하기 (듣고 요약하는 시간 → 120~140초)

Task 4의 강의는 크게 세 가지 부분으로 구성됩니다. 가장 핵심이 되는 내용을 먼저 언급한 후에, 그와 관련된 소주제를 둘로 나눠 제시하고, 이 두 가지 소주제들은 각각 예시 및 부연 설명을 동반합니다.

🔊 **MP3** Task 4_01

As you all know, the desert is a brutal environment. So, animals constantly seek ways to survive in desert environments. Today, I am going to focus our discussion on desert birds and how they have evolved unique behavioral adaptations.

Let me begin with how they avoid excessive heat. In the desert, many birds decrease their activity level by 50% and avoid direct sunlight to combat the desert heat. Let's take roadrunners for example. They don't really use their energy for hunting during the daytime when the sun is at its peak. Instead, they mostly rest in the shade during the sunlight hours and wait until after sunset when the temperature drops to hunt.

Ok, in the desert, the water supply is another problem for organisms. So, most desert birds obtain all the water they require from their food. Let me get back to the roadrunners. They are omnivores, so they eat both plants and animals. They consume seeds, milkweed, berries and cactus. They also eat snakes, mice and scorpions. Interestingly, these food items provide them with enough water and energy.

- 본론 시작 예고
- 강의 주제 언급
- 소주제 1
- 예시
- 부연 설명
- 소주제 2
- 예시
- 부연 설명

| 강의 Note-taking 하기 |

강의 Note-taking을 할 때는 핵심 주제와 관련해 교수가 강조하는 두 가지 소주제를 이해하고 각각 제공되는 예시 위주로 요약하는 것이 중요합니다. 강의 주제에 대한 배경 설명이나 본론이 시작될 것을 예고하는 표현들이 꼭 등장하므로 이러한 표현들을 활용해 무엇을 적어둬야 하는지 판단할 수 있습니다.

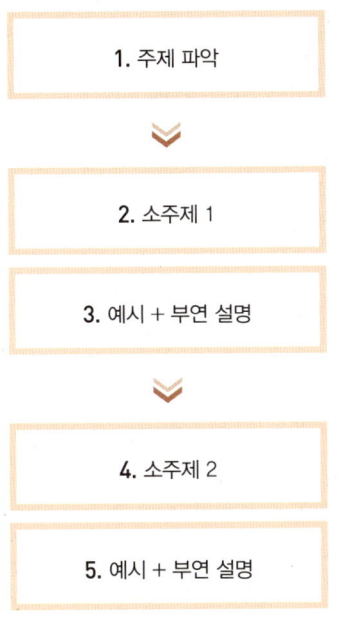

Listening Note-taking 예시

desert birds / adapted

1. avoid excess heat
   ex) roadrunners
   X use energy for hunt / daytime
   wait until sunset

2. obtain water
   ex) roadrunners
   eat plants, animals
   prov. W, energy

ⓢ *Listening Note-taking Template*

강의 주제	how desert birds have adapted	
소주제	avoid excess heat	obtain water
예시 + 부연 설명	ex) roadrunners X use energy for hunt / daytime wait until sunset	ex) roadrunners eat plants, animals prov. W, energy

○ 해석 : 해석집 p. 038

STEP 2 | Speaking 준비하기 (준비 시간 → 20초)

듣기 내용에 대한 요약을 한 후에는 요약해 둔 내용을 바탕으로 말하기 준비를 해야 합니다. 이때 논리 정연하게 말하기를 하기 위해서는 준비 시간에 말할 순서를 정하는 것이 좋습니다.

📱 *Speaking Template*

서론	1. 강의 주제 정리	▶ **1. 강의 주제 말하기** 모니터에 보이는 문제 문장을 참고하여 서론 문장을 만듭니다.
본론 1	2. 첫 번째 소주제와 핵심어	▶ **2. 첫 번째 소주제 설명** 첫 번째 소주제를 언급 합니다.
	3. 예시	▶ **3. 예시 설명** 주어진 예시를 설명합니다.
	4. 부연 설명	▶ **4. 부연 설명** 예시에 대한 부연 설명을 합니다.
본론 2	5. 두 번째 소주제와 핵심어	▶ **5. 두 번째 소주제 설명** 두 번째 소주제를 언급 합니다.
	6. 예시	▶ **6. 예시 설명** 주어진 예시를 설명합니다.
	7. 부연 설명	▶ **7. 부연 설명** 예시에 대한 부연 설명을 합니다.
결론	8. In this sense, ~	▶ **8. 강의 정리** 다시 한 번 모니터에 보이는 문장을 paraphrase하는 방법으로 결론 문장을 만듭니다.

STEP 3　Speaking Template 활용하기 (말하기 시간 → 60초)

듣기를 하는 동안 Note-taking 해 둔 정보들을 바탕으로 완전한 문장의 형태를 갖춰 순서대로 말합니다. 해결책으로 제시되는 것 중에서 자신이 선택한 것과 그에 대한 이유 및 부연 설명을 덧붙이는 것을 잊지 말아야 합니다.

Listening Note-taking

강의 주제	how desert birds have adapted	
소주제	avoid excess heat	obtain water
예시 + 부연 설명	ex) roadrunners X use energy for hunt / daytime wait until sunset	ex) roadrunners eat plants, animals prov. W, energy

Speaking

서론	강의 주제	**1. In the lecture, the professor talks about** two ways in which desert birds have adapted to survive **by giving examples**. 강의에서, 교수는 예시를 말함으로써 사막의 조류들이 살아남기 위해 적응해 온 두 가지 방법에 관해 이야기합니다.
본론 1	소주제	**2. The first one is** to avoid excessive heat. 첫 번째는 과도한 열을 피하는 것입니다.
	예시	**3. For example**, roadrunners don't use their energy for hunting during the daytime. 예를 들어, 로드러너는 낮에는 사냥을 위해 자신의 에너지를 사용하지 않습니다.
	부연 설명	**4.** Instead, they wait until sunset to hunt. 대신에, 그들은 사냥을 위해 해가 질 때까지 기다립니다.
본론 2	소주제	**5. The second one is** to obtain water. 두 번째는 물을 얻는 것입니다.
	예시	**6. For instance**, roadrunners eat both plants and animals. 예를 들어, 로드러너는 식물과 동물 둘 다 먹습니다.
	부연 설명	**7.** These food items provide them with enough water and energy. 이 음식들은 그들에게 충분한 물과 에너지를 제공합니다.
결론		**8. In this sense, these examples well illustrate the concept of** birds' adaptation. 이러한 점에서, 이 예시들은 새의 적응이라는 개념을 아주 잘 설명합니다.

Task 4 Template

1 Listening Note-taking 하기

| Listening Note-taking 하는 방법 |

① 강의 주제 파악
 - 강의 도입부에 등장하는 주제를 파악해 적어야 합니다. 듣기 이후에 나오는 문제도 함께 참고하면 좋습니다.

② 두 가지 소주제 파악
 - 강의 주제와 관련된 두 가지 개념을 파악해 적어야 합니다. 문장보다는 키워드 위주로 요약하는 것이 좋습니다.

③ 예시와 세부 설명 파악
 - 소주제에 따른 각각의 예시 및 예시를 설명하는 내용을 요약합니다. 소주제와 관련된 예시, 종류, 관점 등을 중점적으로 파악합니다.

| 대표적인 강의 주제 및 소주제 제시 표현들 |

강의 주제와 소주제가 소개될 때 쓰이는 표현들을 미리 익혀두고 강의를 들으면, 이 표현들 뒤에 따라 나오는 내용들을 키워드 중심으로 정리하기가 수월합니다. 대표적인 표현들을 살펴보겠습니다.

① 강의 주제 제시 표현들
 Today, I am going to talk about ~ 오늘, 저는 ~에 관해 이야기하려고 합니다.
 Now, we are discussing ~ 자, 우리는 ~에 관해 이야기할 겁니다.
 Ok, continuing from the last class, ~ 좋아요, 지난 수업에 이어서, ~
 Let me talk about ~ ~에 관해 말하겠습니다.

② 소주제 제시 표현들
 To start off, ~ 우선
 To begin with, ~ 첫째로,
 Let me start with ~ ~로 시작하겠습니다.
 The first one I am going to talk about is ~ 가장 먼저 이야기하려고 하는 것은 ~입니다.

 Another one is ~ 또 다른 것은 ~입니다.
 Let's move on to ~ ~로 이야기를 옮겨 보겠습니다.
 The other type is ~ 또 다른 종류는 ~입니다.
 Not only that, but also ~ 그뿐만 아니라, ~도

 Tip 보통 Task 4에서는 두 가지 예시나 종류에 대한 개념들이 제시되는데 때로는 한 개의 실험에 대한 내용이 나오기도 합니다.

» **Check-up** 주어진 대화 내용을 듣고 Note-taking 해 보세요. 🔊 MP3 Task 4_02

The professor explains two types of emotional appeals in marketing. Explain the concept of emotional appeals and how companies use these.

교수는 마케팅에서의 두 가지 유형의 감정 호소에 대해 설명합니다. 감정 호소 개념을 설명하고 기업들이 이를 어떻게 활용하는지 설명하세요.

스크립트 및 해석 : 해석집 p. 038

Listening Note-taking

강의 주제	
소주제	
예시 + 부연 설명	

모범 답안은 다음 페이지에

Tip 일반적으로 Task 4에서는 모든 세부 사항을 요약하는 것도 쉽지 않고 대답할 시간도 충분하지 않습니다. 따라서 대표 주제와 그에 따른 소주제 및 예시 위주로 간략하게 정리하는 것이 좋습니다.

2 서론 말하기

| 서론 말하는 방법 |

① Task 4의 서론에서는 강의 도입부에서 언급되는 주제를 말합니다.

② 도입부를 들으며 정리해 놓은 Keyword를 바탕으로 서론 문장을 만들어 말합니다.

③ 서론 문장을 만들 때 모니터에 제시된 문장을 참고하면 훨씬 수월하게 서론 문장을 말할 수 있습니다.

| 서론 필수 표현 |

① 강의에서 교수는 예시를 제시함으로써 ~에 대해서 이야기합니다.
   (In the lecture, the professor talks about ~ by giving examples.)
   In the lecture, the professor talks about two ways in which people make decisions **by giving examples.**
   강의에서, 교수는 예시를 제시함으로써 사람들이 의사 결정을 하는 두 가지 방법에 대해 이야기합니다.

② 강의에서 교수는 ~을 설명합니다. (In the lecture, the professor describes ~)
   In the lecture, the professor describes two aspects of brand marketing by giving examples.
   강의에서, 교수는 예시를 제시함으로써 브랜드 마케팅의 두 가지 측면을 설명합니다.

③ 강의에 따르면 (According to the lecture ~)
   According to the lecture, people are strongly affected by scents when they shop.
   강의에 따르면, 사람들은 쇼핑할 때 향에 의해 강하게 영향을 받습니다.

Tip 자신만의 키워드로 서론 문장을 만들어 완성해도 되고 문제로 제시되는 문장을 그대로 활용해 서론 문장을 만들어도 됩니다.

» Check-up 듣기를 통해 Note-taking한 내용을 바탕으로 서론을 말해 보세요.

Listening Note-taking

강의 주제	emotional appeals in marketing	
소주제	positive appeals	negative appeals
예시 + 부연 설명	ex) shampoo a baby smiling mother-baby happy / buy	ex) a man in rain w/o umbrella, phone consumers-buy, x miserable

🎤 서론 말하기

서론	In the lecture, _____.

모범 답안은 다음 페이지에

Tip 서론을 말할 때 문제로 제시되는 문장을 활용하면 실수를 줄일 수 있습니다.

3 본론 말하기

| 두 가지 소주제와 핵심어를 말하는 방법 |

① Task 4 본론 말하기의 첫 번째는 두 가지 소주제와 핵심어를 말하는 것입니다.

② 보통 Task 4 에서는 두 개의 소주제가 제시되는데, 각 소주제에 쓰이는 핵심어를 바탕으로 단문으로 말합니다.

| 소주제 관련 필수 표현 |

① **첫 번째[두 번째] 것은 ~입니다.** (The first[second] one is ~)
   The first one is a conventional theater where the performance is limited to a stage.
   첫 번째 것은 공연이 무대로 제한되어 있는 전통적인 연극입니다.

② **또 다른 것은 ~입니다.** (The other one is ~)
   The other one is offensive adaptation that animals aggressively use their body parts to avoid their predators.
   다른 하나는 동물들이 자신의 신체를 공격적으로 활용하여 포식자를 피하는 공격적 적응입니다.

③ **반면에** (on the contrary[on the other hand])
   On the contrary, the result of displacement can be negative.
   반면에, 재배치의 결과는 부정적일 수 있습니다.

> **Tip** 보통 Task 4 듣기에서는 two examples, two aspects, 또는 two types를 설명하는 강의가 자주 나옵니다. 따라서 이렇게 두 가지로 분류된 내용을 말할 때 필요한 표현들을 평소에 미리 정해 놓고 반복적으로 연습하는 것이 효과적입니다.

» **Check-up** 듣기를 통해 Note-taking한 내용을 바탕으로 본론의 소주제를 말해 보세요.

Listening Note-taking

강의 주제	emotional appeals in marketing	
소주제	positive appeals	negative appeals
예시 + 부연 설명	ex) shampoo a baby smiling mother-baby happy / buy	ex) a man in rain w/o umbrella, phone consumers-buy, x miserable

🎤 두 가지 소주제와 핵심어 말하기

서론	In the lecture, **the professor talks about two types of emotional appeals in marketing by giving examples.** 강의에서 교수는 예시를 제시함으로써 마케팅의 두 가지 감정 호소 유형에 대해 말합니다.
본론 1	The first one is _____.
본론 2	The second one is _____.

모범 답안은 다음 페이지에

Tip 두 개의 핵심어 중 한 개 밖에 듣지 못했다면 당황하지 말고 침착하게 자신이 잘 들은 내용을 위주로 말해야 합니다.

| 예시 및 부연 설명 말하는 방법 |

① 두 가지 소주제의 핵심어를 말한 후에는 그에 따른 예시나 부연 설명을 말해야 합니다.

② 강의를 들으며 정리해 놓은 키워드에 살을 붙여 문장 형태로 말해야 합니다. 너무 긴 문장보다는 간단한 문장을 만들어 정확히 말하는 것이 좋습니다.

③ 말하는 내용의 흐름이 자연스럽게 이어질 수 있도록 적절한 연결어(to be specific, so, that way 등)를 사용해 말합니다.

| 예시 및 부연 설명 필수 표현 |

① 예를 들어 (For example[For instance])
For example, acacia trees repay ants by giving sweet nectar.
예를 들어, 아카시아 나무는 달콤한 꿀을 제공함으로써 개미에게 보답을 합니다.

Consumers, for instance, are constantly forced to watch commercials.
예를 들면, 소비자들은 지속적으로 광고를 시청하도록 강요받습니다.

② 구체적으로 (To be specific)
To be specific, the company changed its advertisement, and the sales significantly increased.
구체적으로, 회사는 광고를 교체했고 판매는 상당히 증가했습니다.

③ 그렇게 함으로써 (That way)
That way, directors create suspense in their movies and make audience watch them.
그렇게 함으로써, 감독들은 그들의 영화에서 긴장감을 만들어내고 관객이 영화를 보도록 만듭니다.

④ 그러면, 그런 후에 (Then)
Then, good insects such as ladybug eat bad ones and protect the plants.
그러면, 무당벌레와 같은 유익한 곤충들이 해충들을 잡아먹고 식물을 보호합니다.

Tip Task 4에서는 듣기 내용을 잘 파악하는 것도 중요하지만, 스스로 만들어야 하는 문장이 많으므로 말하기에 필요한 sentence building 연습을 평소에 많이 해 보는 것이 정말 중요합니다. 키워드를 중심으로 줄거리를 떠올리고 그 줄거리를 자신의 입으로 말할 수 있도록 문장을 간단 명료하게 만들어야 실수를 줄일 수 있습니다. 이때 적절한 연결어와 억양을 활용하고 pause를 넣어 말하는 연습을 함께 하는 것이 좋습니다.

» **Check-up** 두 가지 소주제에 대해 예시와 부연 설명 내용을 말해 보세요.

Listening Note-taking

강의 주제	emotional appeals in marketing	
소주제	positive appeals	negative appeals
예시 + 부연 설명	ex) shampoo a baby smiling mother-baby happy / buy	ex) a man in rain w/o umbrella, phone consumers-buy, x miserable

🎤 예시 및 부연 설명 말하기

서론	In the lecture, **the professor talks about two types of emotional appeals in marketing by giving examples.** 강의에서 교수는 예시를 제시함으로써 마케팅의 두 가지 감정 호소 유형에 대해 말합니다.
본론 1	The first one is **positive appeals**. 첫 번째 것은 긍정적 호소입니다. For example, _____. _____.
본론 2	The second one is **negative appeals**. 두 번째 것은 부정적 호소입니다. For instance, _____. _____.

모범 답안은 다음 페이지에

4 결론 말하기

| 결론 말하는 방법 |

① 모니터에 보이는 문제를 paraphrase하면 빠르게 결론 문장을 만들 수 있습니다.

② 기본 Template에 쓰인 결론 문장을 외워 두고 키워드만 바꿔서 결론 문장을 만드는 것도 가능합니다.

| 결론 필수 표현 |

① **이러한 점에서, 이 예시들은 ~의 개념을 잘 보여줍니다.**
(In this sense, these examples well illustrate the concept of ~)
In this sense, these examples well illustrate the concept of attracting customers.
이러한 점에서, 이 예시들은 고객 유치의 개념을 잘 보여줍니다.

② **그러므로, 이것이 바로 이러한 측면들이 ~와 관련 있게 된 것입니다.**
(So, this is how these aspects are related to ~)
So, this is how these aspects are related to business networking.
그러므로, 이것이 바로 이러한 측면들이 기업 네트워킹과 관련 있게 된 것입니다.

Tip 시간이 남을 때를 대비해 결론 말하기 연습을 해 두는 것이 좋습니다. 본론을 말하다가 시간이 없으면 생략해도 됩니다.

» **Check-up** 문제점과 해결책, 그리고 선택에 대한 부연 설명을 정리해 결론을 말해 보세요.

Listening Note-taking

강의 주제	emotional appeals in marketing	
소주제	positive appeals	negative appeals
예시 + 부연 설명	ex) shampoo a baby smiling mother-baby happy/buy	ex) a man in rain w/o umbrella, phone consumers-buy, x miserable

결론 말하기

MP3 Task 4_03

서론	In the lecture, **the professor talks about two types of emotional appeals in marketing by giving examples.** 강의에서 교수는 예시를 제시함으로써 마케팅의 두 가지 감정 호소 유형에 대해 말합니다.
본론 1	The first one is positive appeals. 첫 번째 것은 긍정적 호소입니다. For example, **to advertise baby shampoo, the company shows a baby smiling.** 예를 들어, 유아용 샴푸를 광고하기 위해, 회사는 한 아기가 웃고 있는 모습을 보여 줍니다.. **Then, mothers think their babies will be happy and buy that product.** 그러면, 엄마들은 자신들의 아기도 기뻐할 것이라고 생각하고 그 제품을 삽니다.
본론 2	The second one is negative appeals. 두 번째 것은 부정적 호소입니다. For instance, **in the commercial, a man in the rain wants to make a phone call in the rain but he doesn't have a phone.** 예를 들어, 광고에서, 빗속에서 한 남자가 전화를 하고 싶어 하지만 전화기를 갖고 있지 않습니다. **Then, consumers want to buy a phone because they don't want to be miserable like him.** 그러면, 소비자들은 그 남자처럼 비참해지기 싫어서 전화기를 삽니다.
결론	In this sense, _____ .

✻ In this sense, these examples well illustrate the concept of emotional appeals in marketing.
이러한 점에서, 이 예시들은 마케팅에서의 감정 호소에 대한 개념을 잘 보여줍니다.

Template 표현 연습하기

◎ 모범답안 : 해석집 p. 039

앞서 배운 Template 표현들을 활용해 우리말에 어울리는 영어 문장을 완성하고 말해 보세요.

1 강의에서, 교수는 예시를 제시함으로써 마케팅에 사용되는 두 가지 요소에 대해 말합니다.

   _____, the professor talks about _____.

2 강의에서, 교수는 예시를 제시함으로써 좋은 선생님의 특징들에 대해 설명합니다.

   _____, _____ by presenting examples.

3 강의에 따르면, 동물들은 이주를 할 때, 별들을 지표로 사용합니다.

   According to the lecture, _____ when they migrate.

   *지표: indicator

4 강의에 따르면, 두 가지 유형의 동기 부여가 있습니다.

   _____, _____.

5 첫 번째 것은 제품의 장점들을 강조하는 것입니다.

   _____ of products.

   *강조하다: highlight

6 다른 하나는 포장을 아주 간단하고 단조롭게 만드는 것입니다.

   _____.

   *단조로운: plain

7 이러한 점에서, 이 예시들은 상품의 이미지 구축에 대한 개념을 잘 보여 줍니다.

   _____, _____ of building images of products.

8 반면에, 가끔은 아이들이 사물에 대해 너무 구체적으로 생각합니다.

   _____, sometimes, children _____.

9 구체적으로, 한 마리의 벌이 꿀을 찾으면, 벌집으로 돌아와 다른 벌들에게 꿀이 어디에 있는지를 말해 줍니다.

_____, when a bee finds nectar, _____ where the nectar is.

*벌집: hive   꿀: nectar

10 그렇게 함으로써, 돈이 그 소년에게 동기를 부여해 주겠지만, 그는 그것 없이는 방을 치우지 않습니다.

_____, _____, but _____.

*동기 부여하다: motivate

11 그런 후에, 회사는 특별 할인 제도를 제공했고 실용적인 기능을 홍보했습니다.

_____, the company _____ and _____.

*제공하다: offer   특별 할인 제도: a special discount plan   실용적 기능: practical functions

12 이러한 점에서, 이 측면들은 외래종에 대한 개념과 그들이 어떻게 환경에 영향을 주는지를 잘 보여줍니다.

_____, _____ and how they affect environment.

*외래종: exotic species

13 이러한 점에서, 이러한 유형들은 아이들이 어떻게 자신의 행동을 바꾸는지에 대한 개념을 잘 보여줍니다.

_____, _____.

*바꾸다: modify   행동: behavior

14 그렇게 함으로써, 회사들은 자사의 제품을 대부분의 아이들이 TV 시청을 할 때 TV에서 광고합니다.

_____, _____.

*광고하다: advertise

15 예를 들어, 오징어는 포식자에게 노출되는 것을 피하기 위해 수직으로 움직입니다.

_____, _____.

*피하다: avoid   ~에 노출되다: be exposed to   수직으로: vertically

Task 04   201

Task 4 _ DRILLS

강의를 들은 후 답변을 완성하고 말해보세요.

Q1

Now listen to a part of a lecture in a biology class. The professor is discussing birds' adaptation.

By using the points from the lecture, explain the two adaptations of shorebirds described by the professor.

Listening Note-taking

강의 주제	birds' adaptation / shorebirds	
소주제	use long, thin legs	use beaks
예시 + 부연 설명	ex) legs, angled toes walk, stand, balance catch prey w/o diff	ex) sharp tips pick up prey dig in the muddy ground

Speaking

🔊 MP3 Task 4_05

서론

1. In the lecture, _____ two adaptations of shorebirds.
강의에서, 교수는 도요새의 두 가지 적응 방법에 대해 이야기합니다.

본론 1

2. The first one is _____.
첫 번째 것은 길고 가느다란 다리를 이용하는 것입니다.

3. _____, these long legs and angled toes _____.
구체적으로, 이 긴 다리와 각진 발가락은 그들이 걷고, 서고, 균형을 유지하는 데 도움을 줍니다.

4. So, they _____.
그래서, 그들은 어려움 없이 먹이를 잡을 수 있습니다.

본론 2

5. The second one is _____.
두 번째 것은 부리를 사용하는 것입니다.

6. They have sharp tips that _____.
이 부리들은 그 새들이 먹이를 잡는 데 도움이 되도록 끝 부분이 뾰족합니다.

7. And these bills are helpful in _____.
그리고 이 부리들은 지렁이를 찾기 위해 진흙 상태이거나 젖은 땅을 파는 데 도움이 됩니다.

결론

8. _____, these aspects _____.
이러한 점에서, 이 측면들은 새들의 적응에 대한 개념을 잘 보여줍니다.

Q2

Now listen to a part of a lecture in an education class. The professor is discussing how good teachers should be.

MP3 Task 4_06

The professor describes the characteristics of good teachers. Explain the two qualities that teachers should have.

Listening Note-taking

강의 주제	qualities of good teachers	
소주제	encourage stu	present feedback
예시 + 부연 설명	ex) stu x well on project praise did well → gain confi / do better	comments → find out / understand fully prepared

Speaking

MP3 Task 4_07

서론	**1.** In the lecture, _____ by giving examples. 강의에서, 교수는 예를 제시함으로써 선생님들이 가져야 할 두 가지 자질에 대해 말합니다.	
본론 1	**2.** _____. 첫 번째 것은 학생들을 격려하는 것입니다. **3.** For example, _____, the teacher should praise him for the parts that he did well. 예를 들어, 만약 학생이 프로젝트를 잘 하지 못한다면, 선생님은 그 학생이 잘하는 부분에 대해서 칭찬을 해야 합니다. **4.** This helps _____. 이것은 학생들이 자신감을 갖고 더 잘 하려고 노력하는 데 도움을 줍니다.	
본론 2	**5.** _____. 두 번째는 학생들의 과제에 의견을 제시하는 것입니다. **6.** These comments _____. 이 설명들은 학생들이 잘 하는 부분을 찾아내고 수업을 더 잘 이해할 수 있게 도와 줍니다. **7.** Then, _____. 그러면, 학생들은 수업 준비가 더 잘 될 수 있을 것입니다.	
결론	**8.** In this sense, _____. 이러한 점에서, 이 측면들은 훌륭한 선생님들의 자질에 대한 개념을 잘 보여줍니다.	

Q3
Now listen to a part of a lecture in a marketing class. The professor is discussing advertising strategies.

By using the example from the talk, explain two strategies in advertising and how advertisers use them.

Listening Note-taking

강의 주제	two strategies in advertising and how advertisers use them	
소주제	repetition	using a celebrity
예시 + 부연 설명	ex) an insurance comp narrator save 15% save / repeat expensive, convinced good deal	ex) restaurant by famous stars trustworthy food x healthy / impressive

Speaking

MP3 Task 4_09

서론

1. In the lecture, the professor talks about _____.

   강의에서, 교수는 예시를 제시함으로써 광고에서 사용되는 두 가지 전략과 광고주들이 그것들을 어떻게 활용하는지 설명합니다.

본론 1

2. _____.

   첫 번째 것은 반복입니다.

3. For example, when an insurance company advertises their product, _____.

   예를 들어, 보험 회사가 상품을 광고할 때 내레이터는 당신이 15%를 절약할 수 있다고 말하고 그 메시지를 반복합니다.

4. Then, even though the product is pretty expensive, _____.

   그러면, 그 상품이 꽤 비싸다 해도, 사람들은 그것이 좋은 조건이라고 확신할 수 있습니다.

본론 2

5. _____.

   두 번째는 유명 인사를 이용하는 것입니다.

6. For instance, if a restaurant is advertised by famous stars, _____.

   예를 들어, 한 식당이 유명한 스타에 의해 광고되면, 사람들은 그 식당이 믿을 만하다고 생각하는 경향이 있습니다.

7. _____.

   음식은 건강에 좋지 않을 수도 있지만, 사람들은 그 식당의 음식이 아주 인상적이라고 생각합니다.

결론

8. In this sense, _____.

   이러한 점에서, 이 예시들은 광고 전략에 대한 개념을 잘 보여줍니다.

Task 04

Q4

Now listen to a part of a lecture in an astronomy class. The professor is discussing the ancient civilization's influence on the astronomy.

By using the examples described by the professor, explain how ancient people use stars to earn their livings.

Listening Note-taking

강의 주제	how ancient people use stars to earn their livings	
소주제	measuring the seasons	navigating
예시 + 부연 설명	ex) Egyptians predict flood-observe Pisces spring coming w/ heavy rain	ex) the Vikings watch stars / use navigation observing Polaris x lost direction / journeys safely

Speaking

MP3 Task 4_11

서론

In the lecture, _____
_____.
강의에서, 교수는 예시를 제시함으로써 고대인들이 생활 속에서 어떻게 별을 이용했는지에 대해 말합니다.

본론 1

_____.
첫 번째 것은 계절을 측정하는 것입니다.

For example, _____
_____.
예를 들어, 이집트인들은 물고기 자리를 관찰하여 홍수 시기를 예측했습니다.

That's because _____
_____.
이는 폭우와 함께 봄이 온다는 것을 물고기 자리가 나타냈기 때문입니다.

본론 2

_____.
두 번째는 길을 찾는 것입니다.

For instance, _____
_____.
예를 들어, 바이킹들은 배를 타고 항해할 때 길 안내용으로 별들을 이용했습니다.

So, _____
_____.
그래서 북극성을 관찰함으로써, 그들은 절대로 길을 잃지 않고 무사히 여정을 마칠 수 있었습니다.

결론

In this sense, _____
_____.
이러한 점에서, 이 예시들은 별을 이용하는 개념에 대해 잘 보여줍니다.

Task 04

Task 4 _ PRACTICE

강의를 들은 후 Note-taking을 하고 답변을 말해보세요.

Q1
Now listen to a part of a lecture in a business class. The professor is discussing how companies set the initial price of products.

MP3 Task 4_12

By using the points and examples from the lecture, explain the two ways companies establish initial price.

Listening Note-taking

강의 주제	
소주제	
예시 + 부연 설명	

🎤 *Speaking* 🔊 **MP3** Task 4_13

Q2

Now listen to a part of a lecture in a biology class. The professor is discussing how fish adapt to their environment.

🔊 **MP3** Task 4_14

By using points and examples, explain how fish living in rivers develop physical and behavioral adaptations.

Listening Note-taking

강의 주제	
소주제	
예시 + 부연 설명	

🎤 *Speaking* MP3 Task 4_15

Q3

Listen to a part of a lecture in a civil engineering class. The professor is discussing how to prevent rain runoff in urban areas.

By Using the points and examples from the lecture, explain two solutions to help prevent rain runoff in urban areas.

≷ *Listening Note-taking*

강의 주제	

소주제		

예시 + 부연 설명		

🎤 *Speaking* 🔊 **MP3** Task 4_17

Q4

Now listen to a part of a lecture in an environment class. The professor is discussing urban regeneration and its benefits.

By using points and examples from the lecture, explain two types of benefits that urban regeneration brings.

Listening Note-taking

강의 주제	
소주제	
예시 + 부연 설명	

🎤 Speaking 🔊 **MP3** Task 4_19

TOEFL Speaking
Actual Test 1

Actual Test 1

TOEFL Speaking
PAUSE TEST | CONTINUE VOLUME

Speaking Section Directions

In the Speaking section of the TOEFL iBT test, you will be able to demonstrate your ability to speak in English about a variety of topics by answering for questions.

In the test, the first question is about a familiar topic. Your response is scored on your ability to speak clearly and coherently about the topic.

In the next two questions, your responses are based on what you have read and heard. First you will read a short text, either about a campus-related change or an academic topic. The text will go away, and then you will listen to either a conversation about the campus-related change or a short lecture on the academic topic. You will then be asked a question about what you have read and heard. You need to combine appropriate information from the text and the talk to provide a complete answer to the question.

For the final question, you will listen to part of a lecture on an academic topic. You will then be asked to summarize the main points of what you heard. Your response to this question is scored on your ability to speak clearly and coherently and on your ability to accurately convey information about what you have heard.

During the test, you can take notes while you read and while you listen to the conversations and lectures, and you can use your notes to help prepare your response. Listen carefully to the directions for each question. The directions are not written on the screen. You will be given a short time to prepare your response (15 to 30 seconds, depending on the question). A clock shows how much preparation time remains. When the preparation time is up, you will be told to begin your response. A clock shows how much response time remains. A message appears on the screen when the response time has ended.

Number 1 (Task 1)

TOEFL Speaking

PAUSE TEST   **Question 1 of 4**   PLAY BACK RESPONSE | RECORD AGAIN | CONFIRM RESPONSE | VOLUME

Some would like a job that does not require any traveling while others prefer to get a job with frequent travel. Which one do you prefer and why? Use specific examples and details to support your explanation.

PREPARATION TIME
00 : 00 : 15

RESPONSE TIME
00 : 00 : 45

Number 2 (Task 2)

Reading Time: 50 seconds

Music Coming to Cafeterias

The school board has announced that beginning next week, there will be a live jazz band in the cafeterias during lunch every day. The board believes some energetic jazz music during lunch will lighten up the mood and also give the cafeterias a more relaxing atmosphere. It is the board's opinion that students will be able to take a break and enjoy their time with their friends, especially during lunch. The board is hoping that students can turn off their phones and talk to each other while listening to the jazz music.

The man expresses his opinion about the university's plan. State his opinion and explain the reasons he gives for holding that opinion.

PREPARATION TIME
00 : 00 : 30

RESPONSE TIME
00 : 00 : 60

Number 3 (Task 3)

Reading Time: 50 seconds

Resources Partitioning

Resources partitioning refers to a way in which different species use the same resource, such as food or habitats, without occupying the same location at the same point. Species that share the same habitat and have similar needs frequently use resources in somewhat different ways so that they do not come into direct competition for at least part of the limited resource. Since the resource has been partitioned between the two species, they cohabitate without strong competition. With the division of scarce resources in order, species with similar requirements can use the resources in different ways, in different places, and at different times.

By using points and examples from the lecture, explain the concept of resource partitioning and how the ducks in Dale Lake divide their resources.

PREPARATION TIME
00 : 00 : 30

RESPONSE TIME
00 : 00 : 60

Number 4 (Task 4)

Using points and examples from the lecture, explain how insects use pheromone to communicate.

PREPARATION TIME
00 : 00 : 20

RESPONSE TIME
00 : 00 : 60

TOEFL Speaking
Actual Test 2

Speaking Section Directions

In the Speaking section of the TOEFL iBT test, you will be able to demonstrate your ability to speak in English about a variety of topics by answering for questions.

In the test, the first question is about a familiar topic. Your response is scored on your ability to speak clearly and coherently about the topic.

In the next two questions, your responses are based on what you have read and heard. First you will read a short text, either about a campus-related change or an academic topic. The text will go away, and then you will listen to either a conversation about the campus-related change or a short lecture on the academic topic. You will then be asked a question about what you have read and heard. You need to combine appropriate information from the text and the talk to provide a complete answer to the question.

For the final question, you will listen to part of a lecture on an academic topic. You will then be asked to summarize the main points of what you heard. Your response to this question is scored on your ability to speak clearly and coherently and on your ability to accurately convey information about what you have heard.

During the test, you can take notes while you read and while you listen to the conversations and lectures, and you can use your notes to help prepare your response. Listen carefully to the directions for each question. The directions are not written on the screen. You will be given a short time to prepare your response (15 to 30 seconds, depending on the question). A clock shows how much preparation time remains. When the preparation time is up, you will be told to begin your response. A clock shows how much response time remains. A message appears on the screen when the response time has ended.

Number 1 (Task 1)

TOEFL Speaking

PAUSE TEST

Question 1 of 4

PLAY BACK RESPONSE | RECORD AGAIN | CONFIRM RESPONSE | VOLUME

Do you agree or disagree with the following statement?
Companies should prohibit employees from using email or texting for personal use.

PREPARATION TIME
00 : 00 : 15

RESPONSE TIME
00 : 00 : 45

Number 2 (Task 2)

Reading Time: 50 seconds

Freshmen On-Campus Housing

Starting from this school year, freshmen at Greenwood University are eligible to spend their first year living and learning together in the College Residential. A customized and newly renovated campus dormitory will ensure convenience in their campus life. The dormitory will help students become independent, globally cultured, and creative by instilling discipline. This will be a mixed dorm with upperclassmen, international undergraduates, and exchange and research students. Freshmen will live in a supportive college community designed to help them succeed at GU. College Residential will group students next door to classmates that share the same major or career interests and feature programs.

The man expresses his opinion of regarding the new announcement. State his opinion, and his reasons he gives for holding that opinion.

PREPARATION TIME
00 : 00 : 30

RESPONSE TIME
00 : 00 : 60

Number 3 (Task 3)

TOEFL Speaking — Question 3 of 4

Reading Time: 50 seconds

Frequency Illusion

The frequency illusion, also known as the recency illusion, is a cognitive bias which occurs when the thing a person has just noticed, experienced, or has been told about suddenly crops pops up constantly. A linguist Arnold Zwicky first put the term 'frequency illusion as first noticing and then believing something happens a whole lot. It is a trick the brain plays on us, and frequency illusion happens more often than human can even realize. That's because the human mind has the ability to recognize the importance of new information or observation and increase awareness of the subject when encountered again.

The professor gives an example of frequency illusion. Define and explain the concept of frequency illusion by using the example mentioned in the lecture.

PREPARATION TIME
00 : 00 : 30

RESPONSE TIME
00 : 00 : 60

Number 4 (Task 4)

By using the points and examples, explain how Dragonfish use their skills when they hunt.

PREPARATION TIME
00 : 00 : 20

RESPONSE TIME
00 : 00 : 60

TOEFL Speaking
Actual Test 3

TOEFL Speaking

PAUSE TEST

CONTINUE VOLUME

Speaking Section Directions

In the Speaking section of the TOEFL iBT test, you will be able to demonstrate your ability to speak in English about a variety of topics by answering for questions.

In the test, the first question is about a familiar topic. Your response is scored on your ability to speak clearly and coherently about the topic.

In the next two questions, your responses are based on what you have read and heard. First you will read a short text, either about a campus-related change or an academic topic. The text will go away, and then you will listen to either a conversation about the campus-related change or a short lecture on the academic topic. You will then be asked a question about what you have read and heard. You need to combine appropriate information from the text and the talk to provide a complete answer to the question.

For the final question, you will listen to part of a lecture on an academic topic. You will then be asked to summarize the main points of what you heard. Your response to this question is scored on your ability to speak clearly and coherently and on your ability to accurately convey information about what you have heard.

During the test, you can take notes while you read and while you listen to the conversations and lectures, and you can use your notes to help prepare your response. Listen carefully to the directions for each question. The directions are not written on the screen. You will be given a short time to prepare your response (15 to 30 seconds, depending on the question). A clock shows how much preparation time remains. When the preparation time is up, you will be told to begin your response. A clock shows how much response time remains. A message appears on the screen when the response time has ended.

Number 1 (Task 1)

TOEFL Speaking

PAUSE TEST | Question 1 of 4 | PLAY BACK RESPONSE | RECORD AGAIN | CONFIRM RESPONSE | VOLUME

Do you think college students should help their professors or fellow students with low academic performance?

PREPARATION TIME
00 : 00 : 15

RESPONSE TIME
00 : 00 : 45

Number 2 (Task 2)

Reading Time: 45 seconds

Career Counseling Required

Caligate University requires career counseling in the first semester of a new school year. All undergraduate must sign up for this program before the school year begins. Based on reviews with professional advisors, we offer specific career guidance to students to help them utilize their majors and aptitudes. We will help students find the most suitable career path and further prepare them for the future employment process. Additionally, the career services get students career-ready with job fairs, internship workshops, resume review, and more. Students will have the support to help them succeed at every step of their CU experience. The sign-up process is posted on the Student Human Resource Development Team.

The woman expresses her opinion of the proposed request. State her opinion, and her reasons she gives for holding that opinion.

PREPARATION TIME
00 : 00 : 30

RESPONSE TIME
00 : 00 : 60

Number 3 (Task 3)

TOEFL Speaking | PAUSE TEST | Question 3 of 4 | REPLAY TALK | PLAY BACK RESPONSE | RECORD AGAIN | CONFIRM RESPONSE | VOLUME

Reading Time: 45 seconds

Evergreen Marketing

Evergreen marketing refers to a marketing technique that lasts long regardless of ever-changing trends, algorithms, or industrial updates. The concept is derived from evergreen plants; plants that have green leaves all year round after it has been planted. Many major businesses and small business owners spend about more than 10% of their overall budget on marketing services. It cannot be argued that choosing a great marketing strategy is the key to their success to maximize profits. Therefore, needless to say, they are interested in evergreen marketing campaigns using evergreen content that will bring evergreen profits without constant updating.

The professor gives an example of evergreen marketing. Give the definition of evergreen marketing and explain the concept by using the example.

PREPARATION TIME
00 : 00 : 30

RESPONSE TIME
00 : 00 : 60

Number 4 (Task 4)

By using points and examples from the lecture, explain interesting techniques some animals use when they capture prey.

PREPARATION TIME
00 : 00 : 20

RESPONSE TIME
00 : 00 : 60

Memo

Memo

Memo

Memo

Memo

토플 어휘 정복에 걸리는 시간 단, 30일!

영단기 TOEFL VOCABULARY

01 하루 40개 단어로
    한달이면 토플 어휘 완성

02 **최신 경향을 반영한 빈출 어휘**와
    선생님의 노하우가 담긴 출제 포인트

03 사진으로 알기 쉽게 설명된
    주제별 전문용어

04 주제별로 **출제 예상 문제만**
    엄선한 Daily Test

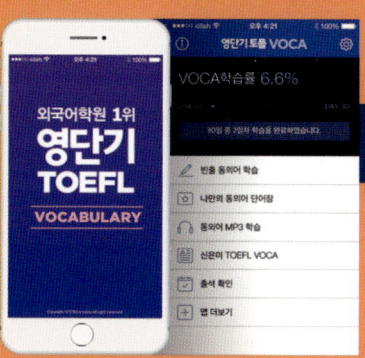

책과 모바일이 만나 더욱 강력해지다!
영단기 30일만에 끝내는 토플 VOCA

모바일 학습과 영단기 TOEFL VOCABULARY 교재로
200% 암기 효과를 누리세요!
*Android / ios 지원

eng.conects.com

영단기가 함께한
토플 단기 고득점 STORY

'두 달 만에 102 달성!' — 102점 달성
문제유형부터 단어, 문제 풀이 노하우 등 처음 토플을 공부하는 저도 잘 이해할 수 있도록 선생님들께서 잘 지도해주셨어요.
민O연 수강생 | 신은미, 마크 김, 수 리, 민상홍 선생님

'단기 고득점, 저도 가능하더라구요!' — 93점 달성
잘못된 문법과 논리구조들을 첨삭을 통해서 교정한 것이 단기간 실력향상에 큰 도움이 됐어요!
정O연 수강생 | 영단기 토플

'직장인도 시간 낭비말고 영단기 토플에서 시작하세요!' — 93점 달성
영단기 토플의 실제 강의와 동일한 인강 시스템은 저처럼 지방에 거주하는 직장인에게 안성맞춤인 강의였어요.
전O진 수강생 | 박세연, 크리스틴 한, 빅토리아 신, 최종훈 선생님

'첫 토플 108점 달성!' — 108점 달성
영단기 토플이 특별했던 건 선생님께서 1:1로 제가 부족한 부분을 꼼꼼하게 체크해주신다는 거였어요!
김O영 수강생 | 영단기 토플

'MBA 진학 도전도 이제 자신 있어요!' — 95점 달성
특강 예상문제가 실제 시험에 출제되어 놀라움과 감사함을 동시에 느꼈어요!
문O수 수강생 | 영단기 토플

'선생님만 믿고 따라갔더니!' — 101점 달성
매주 주말마다 실전 시험과 구성도 똑같고 성적도 잘 분석해주는 영단기 ETS 모의고사를 풀면서 실전 시험에 대비했어요.
김O규 수강생 | 영단기 토플

더 이상 남들의 이야기가 아닙니다.
영단기와 함께라면 당신도 단기 고득점의 주인공이 될 수 있습니다.

토플 초급자를 위한 맞춤 입문서

영단기
TOEFL

START SPEAKING

영단기 연구소

샘플 Response 및 해석

eng.conects.com

커넥츠 영단기

토플 초급자를 위한 맞춤 입문서

영단기
TOEFL

START SPEAKING

영단기 연구소

샘플
Response
및 해석

eng.conects.com

커넥츠 영단기

PART 2 Task 유형별 학습

Task 01 | Paired Choice

Template 표현 연습하기 본문 p. 082

01 I prefer to live on campus with my friends.
02 I agree with the statement that first-year students should live in the dormitory.
03 The first reason is that I can study more effectively by studying with my friends.
04 The second reason is that living on campus is more cost-effective than renting an apartment.
05 For these reasons, applying to the student exchange program is much better.
06 These are the reasons why I think that students should have part-time jobs.
07 I prefer taking public transportation to driving.
08 For me, I like to study in the library better than to study at home.
09 In my opinion, shopping at a small grocery store is better than shopping at a big market.
10 To be specific, I eat snacks and drink soda while watching sports on TV.
11 The first reason I think that way is that it is more exciting to watch movies at the theater.
12 For these reasons, everyone should go to college after graduating high school.
13 Having extracurricular activities is much better for students like me.
14 Eating at the school cafeteria is much better for me.
15 I disagree with the statement that students shouldn't watch TV.

Task 1 DRILLS 본문 p. 084

Q1

서론	1. For me, I prefer to work with technology such as computers. 2. I have two reasons for this.
본론 1	3. The first reason is that using computers and the Internet is convenient. 4. So, when I prepare for a presentation, I can finish the work fast and save a lot of time.
본론 2	5. The second reason is that using technology such as various computer programs increases productivity of my work. 6. This helps me to get more work done in a limited time and save my energy.
결론	7. For these reasons, working with technology is much better for me.

Q2

서론	1. For me, I prefer to take classes during the daytime and work at night. 2. I have two reasons for this.
본론 1	3. The first reason is that studying is more important to students. 4. So, I have to put all my effort and time into it.

본론 2	5. The second reason is that it is a good way to maintain outstanding academic performances.
	6. This will make my résumé look better and help me to get a better job after graduation.
결론	7. For these reasons, taking classes during the daytime and working at night is much better for students like me.

Q3

서론	1. I disagree with the statement that watching TV is not a good use of time.
	2. I have two reasons for this.
본론 1	3. The first reason is that watching TV is absolutely stress-relieving.
	4. So, after studying hard for exams, I recharge energy and relieve stress by watching my favorite programs.
본론 2	5. The second reason is that it is a good way to get information easily.
	6. This is because TV offers many programs that deliver useful information, such as documentaries and prime-time news.
결론	7. For these reasons, watching television is beneficial for students like me.

Q4

서론	1. For me, I like a job that requires frequent communication with others.
	2. I have two reasons for this.
본론 1	3. The first reason is that it is exciting to meet people who have different backgrounds and interests.
	4. By associating with them, I will be able to broaden my social network.
본론 2	5. The second reason is that I can improve communication skills.
	6. This is because there are many chances to talk and share ideas with them.
결론	7. For these reasons, having a job that requires communication with others is much better.

Q5

서론	1. If I have a question when I study, I prefer to discuss it with my friends.
	2. I have two reasons for this.
본론 1	3. The first reason is that I can widen my perspectives.
	4. This is because I learn many different views by sharing ideas with my friends.

본론 2	5. The second reason is that it is a better way to study more effectively. 6. To be specific, as we research or surf the Internet on our own, we learn much more.
결론	7. For these reasons, discussing a question with friends is much better.

Q6

서론	1. For me, I prefer to go to new places while travelling. 2. I have two reasons for this.
본론 1	3. The first reason is that it is a good way to challenge myself. 4. That's because I can experience various aspects of life and learn different cultures.
본론 2	5. The second reason is that it is exciting to meet many people. 6. By communicating with them, I will be able to broaden my social network.
결론	7. For these reasons, going to new places is much better.

Task 1 PRACTICE   본문 p. 090

Q1

Brainstorming

나의 의견	on a regular basis	
이유	studying = top priority	maintain outstanding academic performances
부연 설명	put all my effort and time	make my résumé look better / help me to get a better job

Sample Response

서론	I prefer to review my class on a regular basis. I have two reasons for this.
본론 1	The first reason is that studying is the top priority for students.
	So, I have to put all my effort and time into it.
본론 2	The second reason is that I will be able to maintain outstanding academic performances by getting good grades.
	It will make my resume look better and help me to get a better job after graduation.
결론	For these reasons, reviewing my class on a regular basis is much better.

해석 저는 주기적으로 제 수업을 복습하는 것을 선호합니다.
저는 이것에 대한 두 가지 이유가 있습니다.
첫 번째 이유는 공부하는 것이 학생들에게 최우선 사항이라는 것입니다.
따라서, 저는 그것에 제 모든 노력과 시간을 쏟아야 합니다.
두 번째 이유는 좋은 점수를 받음으로써 제가 뛰어난 학업 성적을 유지할 수 있을 것이라는 점입니다.
이는 제 이력서를 좋아 보이게 만들 것이며, 졸업 후에 더 나은 직업을 얻는 데 도움이 될 것입니다.
이러한 이유들로 인해, 주기적으로 제 수업을 복습하는 것이 더 낫습니다.

어휘 on a regular basis 주기적으로 get good grades 좋은 점수를 받다

Q2

Brainstorming

나의 의견	disagree	
이유	students → responsible for choosing a college	become more independent
부연 설명	good way to challenge / experience various aspects	help them to grow up / cope with difficulties

Sample Response

서론	I disagree with the statement that parents should help their children to choose a college. I have two reasons for this.
본론 1	The first reason is that students are responsible for choosing a college that they want to go to. That's because it is a good way to challenge themselves and they can experience various aspects.
본론 2	The second reason is that they will be able to become more independent by making decisions on their own. It will help them to grow up and cope with difficulties even after graduation.
결론	For these reasons, parents should not help their children to choose a college.

해석 저는 자녀들이 대학을 선택하는 것을 부모님이 도와야 한다는 말에 동의하지 않습니다.
저는 이것에 대한 두 가지 이유가 있습니다.
첫 번째 이유는 학생들이 다니길 원하는 대학을 선택할 책임이 있다는 점입니다.
이는 도전할 수 있는 좋은 방법이며 학생들이 다양한 측면을 경험할 수 있기 때문입니다.
두 번째 이유는 학생들이 스스로 결정을 내림으로써 더 독립적인 사람이 될 수 있을 것이라는 점입니다.
이것은 학생들이 성장하도록 도와줄 것이며, 심지어 졸업 후에 어려움에 대처하도록 도와줄 것입니다.
이러한 이유들로 인해, 자녀들이 대학을 선택하는 것을 부모가 돕지 말아야 합니다.

어휘 be responsible for ~에 대한 책임이 있다 independent 독립적인 make decisions 결정을 내리다 on one's own 스스로, 혼자 cope with ~에 대처하다

Q3

Brainstorming

나의 의견	agree	
이유	stress-relieving	concentrate better
부연 설명	refresh themselves / recharge energy	maintain outstanding academic performances

Sample Response

서론	I agree with the statement that students should be required to learn practical skills such as cooking. I have two reasons for this.
본론 1	The first reason is that it is stress-relieving. To be specific, students get stressed out from a lot of studying. So, they need time to refresh themselves and recharge energy.
본론 2	The second reason is that students can concentrate better on their studying after relieving stress. It will help them to maintain outstanding academic performances.
결론	For these reasons, learning practical skills is much better for students like me.

해석 저는 학생들이 요리와 같은 실용적인 기술을 배워야 한다는 말에 동의합니다.
저는 이것에 대한 두 가지 이유가 있습니다.
첫 번째 이유는 그것이 스트레스를 해소해 준다는 것입니다.
구체적으로, 학생들은 많은 양의 공부로 인해 스트레스를 받습니다. 따라서 학생들은 기분 전환을 하고 에너지를 재충전할 시간이 필요합니다.
두 번째 이유는 학생들이 스트레스를 해소한 후에 공부에 더 집중할 수 있다는 점입니다.
이것은 학생들이 뛰어난 학업 성적을 유지하도록 도와줄 것입니다.
이러한 이유들로 인해, 실용적인 기술을 배우는 것이 저와 같은 학생들에게 더 낫습니다.

어휘 be required to do ~해야 하다, ~할 필요가 있다   practical 실용적인   concentrate on ~에 집중하다

Q4

Brainstorming

나의 의견	have cell at all times	
이유	everybody = has it	improve work efficiency
부연 설명	easily communicate	save my time and money

Sample Response

서론	I prefer to have my cell phone at all times. I have two reasons for this.

본론 1	The first reason is that everybody has a cell phone these days.
	So, with my cell phone, I can easily communicate with others.
본론 2	The second reason is that using a cell phone improves work efficiency.
	This helps me to save my time and money.
결론	For these reasons, having my cell phone at all times is much better for me.

해석 저는 항상 제 휴대 전화를 갖고 다니는 것을 선호합니다.
저는 이것에 대한 두 가지 이유가 있습니다.
첫 번째 이유는 요즘에는 모든 사람들이 휴대 전화를 갖고 있다는 것입니다.
따라서, 제 휴대 전화를 통해, 저는 다른 사람들과 쉽게 의사 소통할 수 있습니다.
두 번째 이유는 휴대 전화를 사용하는 것이 일의 효율성을 개선해 준다는 점입니다.
이것이 제 시간과 돈을 절약할 수 있게 도와줍니다.
이러한 이유들로 인해, 항상 제 휴대 전화를 갖고 다니는 것이 저에게 더 낫습니다.

어휘 at all times 항상   easily 쉽게   improve ~을 개선하다   efficiency 효율성   help A to V A가 ~하도록 돕다

Q5

Brainstorming

나의 의견	open to public	
이유	good way to challenge	Learning history – top priority young
부연 설명	experience various aspects of life widen perspectives	By visiting Learn from past / make a better society

Sample Response

서론	I think historic sites should be opened to public. I have two reasons for this.
본론 1	The first reason is that visiting is a good way to challenge for people.
	That's because they can experience various aspects of life and widen their perspectives.
본론 2	The second reason is that learning history is top priority, especially young people.
	To be specific, by visiting historic sites, they can learn from the past and try to make a better society.
결론	For these reasons, historic sites should be opened to pubic.

해석 유적지를 공개해야 한다고 생각합니다
저는 이것에 대한 두 가지 이유가 있습니다
첫 번째 이유는 방문이 사람들에게 도전하는 좋은 방법이기 때문입니다.
그것은 그들이 삶의 다양한 측면을 경험하고 그들의 관점을 넓힐 수 있기 때문입니다.
두 번째 이유는 특히 젊은이들에게 역사를 배우는 것이 최우선 과제라는 것입니다.
구체적으로 말하면, 유적지를 방문함으로써, 그들은 과거로부터 배울 수 있고 더 나은 사회를 만들기 위해 노력할 수 있습니다.

이러한 이유로, 역사적인 유적지는 공공에 공개되어야 합니다.

어휘 historic site 유적지

Q6

Brainstorming

나의 의견	Advantages/disadvantages	
이유	Ad) ↑ productivity	Dis) lose file
부연 설명	Save time and money	Turn off / by mistake / takes ↑ time

Sample Response

서론	I think there are advantages and disadvantages of using electronic devices to save photos and organize plans. I have two reasons for this.
본론 1	The advantage is that using electronic devices improves productivity when we wave photos. Then we can save a lot of time and money.
본론 2	However, sometimes we lose files. To be specific, we turn the device off or use different buttons by mistake. Then it takes more time to make the files again.
결론	For these reasons, using electronic devices has advantages and disadvantages.

해석 사진을 저장하고 계획을 짜는 데 전자 기기를 사용하는 것에는 장단점이 있다고 생각합니다.
저는 이것에 대한 두 가지 이유가 있습니다.
전자 기기를 사용하면 사진을 흔들 때 생산성이 향상된다는 장점이 있습니다.
그러면 우리는 많은 시간과 돈을 절약할 수 있습니다.
하지만, 때때로 우리는 파일을 잃어버립니다.
구체적으로 말하면, 우리는 실수로 장치를 끄거나 다른 버튼을 사용합니다.
그러면 파일을 다시 만드는 데 더 많은 시간이 걸립니다.
이러한 이유로, 전자 기기를 사용하는 것은 장단점이 있습니다.

어휘 advantage 장점   disadvantage 단점   electronic device 전자 기기   organize 정리하다   by mistake 실수로

Task 02 | Campus Situations

통합형 필수 표현 1
본문 p. 100

통합형 Speaking 필수 표현 말하기 연습
01 There will be a big concert on campus next month.
02 Many students prefer to live with upperclassmen in the dormitory.
03 Jenny has difficulty understanding the lecture in her chemistry class.
04 I am always tied up with too much work this semester.
05 If the class is scheduled at the same time with the meeting, students cannot come.
06 The school requires students to participate in community services.
07 If he is looking for on-campus housing, he should talk to the housing department.
08 My friend asked his parents for help when he moved into a new apartment.
09 The professor told us to submit a 10-page paper by the end of the semester.
10 If he drops a class now, he will end up wasting a lot of money.
11 The school announced that students should sign up for discussion classes.
12 Usually, students travel on a tight budget.
13 Professors are responsible for teaching students with enthusiasm.
14 I organized a party to celebrate my professor's birthday.
15 Susan should take biology because the school eliminated marine ecology.

Task 2 Overview
본문 p. 104

Step 1&2
Reading

해석 새로운 미술 역사 건물의 건축
Abelien 대학이 새로운 미술 역사 건물을 짓습니다. 중앙 도서관 근처에 위치해 있는 현 건물은 여러 가지 구조적 문제와 함께 상당히 낡았습니다. 또한, 이 건물은 매년 미술을 전공하는 많은 학생들을 수용하기에는 크기가 작으며 강의실이 많이 없습니다. 그러므로, 새로운 미술 역사 건물이 동문들의 기부금으로 지어질 것입니다. 새로운 건물은 중앙 학생 식당 근처에 지어질 것이며, 최신식 시설을 특징으로 할 것입니다.

어휘 current 현재의   be located near ~ 근처에 위치하다   quite 상당히, 꽤   structural 구조적인   additionally 추가로   accommodate ~을 수용하다   major in ~을 전공하다   term 학기   donation 기부(금)   feature ~을 특징으로 하다   state-of-the-art 최신식의   facility 시설물

Listening

해석
여: 학교가 새로운 미술 역사 건물을 짓는다니까 너무 기뻐.
남: 음... 난 그것보다 학교가 더 많은 도서관을 짓고 더 많은 참고 도서를 구입해야 한다고 생각해.
여: 지금 있는 강의실들은 너무 작아서 학교에서는 제한된 강의와 시간만을 제공하고 있어. 그래서 정말 많은 학생들이 강의를 듣고 싶어도 들을 수가 없어. 그런데 넓은 강의실과 앉을 자리를 만들면 학생들이 강의를 들을 더 많은 기회가 생길 거야.
남: 맞아! 지난 학기에, 난 고대 및 중세 역사 강의를 가르치는 교수님을 존경해서 그 강의를 정말 듣고 싶었는데 강의실이 학생들로 꽉 차서 들을 수가 없었어.
여: 더군다나, 우리는 수업 중에 최신 장비를 사용할 수 있어. 그래서 강의의 질이 확실히 개선될 거야. 너도 알다시피... 생물학 시간에 내가 발표를 했을 때, 오버헤드 프로젝터가 갑자기 고장이 나서 교수님께서 내 발표를 연기하셨어. 새롭고 더 나은 장비가 있으면, 우린 발표에 더 잘 집중할 수 있을 거야.

어휘 reference book 참고 도서   instead 그 대신   even though 비록 ~이지만   opportunity 기회   semester 학기   ancient 고대의   medieval 중세의   be packed with ~으로 꽉 차다   quality 질   improve ~을 개선하다   definitely 확실히   overhead projector 오버헤드 프로젝터   broken 고장 난   suddenly 갑자기   postpone ~을 연기하다   equipment 장비   be able to V ~할 수 있다

Task 02   009

Task 2 　 Template
본문 p. 108

» Check-up
⬥ Reading
해석 도서관 책에 대한 새로운 정책

도서관은 곧 학생들이 빌려갈 수 있는 책의 수를 변경할 것이라고 공지했습니다. 이 정책 변경 전에는, 학생들은 일주일에 30권의 책들을 빌려갈 수 있었지만, 다음 학기부터는 그 수가 일주일에 오직 10권으로 제한될 것입니다. 도서관은 반납되지 않는 책들의 수가 증가하고 학생들이 필요로 하는 그 책들이 이미 누군가 빌려가서 이용할 수 없었던 것 때문에 많은 문제들에 부딪혀왔습니다.

⬥ Listening
스크립트

M: Hey, Mary. Did you read the announcement about the library's new policy? Do you think it's a positive change?

W: Well, I don't think the students will like it. Sometimes we need more than just ten books to write papers and do research.

M: I understand your point. But think about this. Many students have a hard time finding books during the exam time. I mean, when one student borrows 30 books that other students also need, then those students are out of luck. So, the new policy will eliminate these kinds of issues. More students can get the books that they need without waiting for them.

W: Well… maybe. But I still think it will be inconvenient. When I have to do research and need more than 10 books, then what should I do?

M: Well, That's another point. I don't think that the students really need to borrow all of those books. The library has copy machines and it's planning to add even more copy machines soon. So students can copy the sections of the books that they need rather than borrowing the book. So it really won't cause a problem.

W: I think you might be right. Returning books on time has been a problem for me...

해석

남: Mary. 너 도서관의 새로운 정책에 관한 공지 읽어봤니? 그게 긍정적인 변화라고 생각해?

여: 음, 내 생각에는 학생들이 좋아하지 않을 것 같아. 때때로 우리는 리포트를 작성하거나 조사를 할 때 10권보다 더 많은 책들이 필요하잖아.

남: 네가 말하는 바를 이해해. 그런데 생각해봐. 많은 학생들이 시험 기간에 책을 찾는 데 어려움을 겪고 있어. 내 말은, 한 학생이 다른 학생들도 필요한 30권의 책을 빌려가면, 그 학생들은 운이 나쁜 거잖아. 그래서, 새로운 정책은 이런 문제들을 없애줄 거야. 더 많은 학생들이 기다릴 필요 없이 그들이 필요한 책들을 얻을 수 있을 거야.

여: 글쎄... 그럴지도. 그렇지만 나는 여전히 그것이 불편할 거라고 생각해. 내가 조사를 해야 하고 10권 이상의 책들이 필요하면, 그땐 난 어떻게 해야 해?

남: 음, 그건 다른 문제야. 내가 생각하기에는 학생들이 그 모든 책들을 빌려갈 필요가 없다고 봐. 도서관에는 복사기들이 있고 심지어 더 많은 복사기들을 곧 추가할 계획이야. 그러면 학생들은 책을 빌려가는 것 대신에 그들이 필요한 책의 부분들만 복사하면 돼. 그래서 문제가 생기지는 않을 거야.

여: 네가 맞을 수도 있겠다. 제시간에 책을 반납하는 것은 나에게 계속해서 문제였어...

어휘 policy 정책　positive 긍정적인　have a hard time -ing ~하는 데 어려움을 겪다　borrow ~을 빌리다　out of luck 운이 나쁜, 운이 없는　eliminate ~을 없애다, 제거하다　inconvenient 불편한　plan to V ~할 계획이다　section 부분, 일부　rather than ~하는 대신에, ~하지 않고　return ~을 반납하다

Template 표현 연습하기 본문 p. 120

01 <u>According to the reading passage</u>, the university is planning to stop selling soda in the cafeteria.

02 <u>According to the reading passage</u>, the school decided to <u>offer all lowerclassmen free student tutoring services</u>.

03 <u>The first reason is that</u> other students cannot concentrate on studying.

04 First of all, the price of the food is relatively low compared to other restaurants.
05 Also, the campus parking lots are already jam packed.
06 The second reason is that students should actively participate in more extracurricular activities.
07 The man in the conversation doesn't think the school's plan is a good idea.
08 This is because the shuttle service helps students to save their money.
09 For these reasons, he doesn't like the school's policy.
10 These are the reasons why he likes the school's requirement to take PE classes.
11 According to the announcement, the writer suggests that the university should provide more primary subjects.
12 The woman in the conversation doesn't think it is a good idea.
13 For these reasons, she doesn't like the writer's suggestion.
14 First of all, students are already busy because of a lot of reading assignments.
15 According to the reading passage, the writer suggests that the university should discontinue special classes.

Task 2 DRILLS

본문 p. 122

Q1

Reading

해석 개별 지도 서비스 중단

공학과가 개별 지도 서비스를 폐지하기로 결정했습니다. 그 동안 공학과의 상급생들이 개별 지도 서비스를 신청하는 신입생들을 가르쳐 왔습니다. 이 프로그램을 유지한 주 목적은 저학년 학생들에게 낮은 비용으로 질 높은 개별 지도를 받을 수 있는 기회를 제공하기 위해서였습니다. 그러나, 우리는 자신들의 시간과 노력을 기꺼이 나누려는 상급생들 또한 부족합니다.

어휘 eliminate ~을 폐지하다, 없애다   upperclassmen 상급생들(↔ lowerclassmen 저학년 학생들)   sign up for ~을 신청하다   primary 주요한   at a low cost 낮은 비용으로   be willing to V 기꺼이 ~하다

Listening

스크립트

M: Hi, Lauren. Don't you think the new announcement is disappointing? Last semester, I signed up for the program and had a tutor, almost a one-on-one lesson. It helped me a lot.
W: That's good. So you liked the program?
M: Definitely! To begin with, when I had a heavy reading assignment or sometimes I couldn't comprehend what I was reading, the tutor helped me to understand and catch up with the class so I could cope with the difficulties with these readings. Without that, I wouldn't have been able to pass my engineering class. But the school is eliminating it...
W: They say there are not many seniors willing to be tutors. You know they are busy preparing for job interviews and writing their thesis before graduation.
M: Well, if seniors are too busy to teach, the school should recruit grad school students who are in the doctoral program. They are more experienced and knowledgeable, and also, relatively, they have more time than undergrad students. I think the school should require them to teach undergrad students and give credits for tutoring.
W: Yeah... that would be better. Then, grad school students would have more practical experience of teaching students.

해석
남: 안녕, Lauren. 너는 그 새로운 공지가 실망스럽다고 생각하지 않니? 저번 학기에, 나는 그 프로그램을 신청해서 개인 지도 선생님이 있었는데, 거

의 일대일 수업이었어. 그게 나한테 큰 도움이 됐었어.
여: 좋네. 그래서 너는 그 프로그램이 마음에 들었던 거야?
남: 당연하지! 우선, 내가 과중한 읽기 과제가 있거나 때때로 내가 읽고 있는 것을 이해할 수 없었을 때, 개인 지도 선생님이 수업을 이해하고 따라갈 수 있게 도와줘서 이 읽기와 관련된 문제에 내가 대처할 수 있었어. 그게 없었더라면, 나는 내 공학 수업을 통과하지 못했을 거야. 하지만 학교가 그걸 없앤다니...
여: 개인 지도 선생님을 하려는 상급생들이 많이 없다고 하더라고. 너도 알다시피 그들은 졸업 전에 면접을 준비하고 각자의 논문들을 쓰느라 바쁘잖아.
남: 글쎄, 만약 상급생들이 너무 바빠서 가르칠 수 없다면, 학교가 박사 과정에 있는 대학원생들을 모집해야 해. 그들은 더 경험이 있고 아는 것이 많아. 그리고 그들은 학부생들보다 비교적 더 시간이 많고, 나는 학교가 그들에게 학부생들을 가르치게 하고 개인 교습을 한 것에 대해 학점을 주어야 한다고 생각해.
여: 그래... 그게 더 낫겠다. 그렇게 하면, 대학원생들은 학생들을 가르치는 것에 대해 더 실질적인 경험을 얻게 되겠지.

어휘 disappointing 실망감을 주는   sign up for ~을 신청하다, ~에 등록하다   one-on-one lesson 일대일 수업   comprehend ~을 이해하다   catch up with ~을 따라잡다   cope with ~에 대처하다   be busy -ing ~하느라 바쁘다   thesis 논문   grad school student 대학원생   doctoral program 박사 과정   relatively 비교적, 상대적으로   credit 학점   practical 실질적인

Sample Response

서론	1. According to the reading passage, the school is planning to eliminate tutoring services. 2. The man in the conversation doesn't think it is a good idea. 3. He has two reasons for this.
본론 1	4. The first reason is that he signed up for the service last semester and it helped him a lot. 5. To be specific, it helped him to understand and catch up with the class.
본론 2	6. The second reason is that if seniors are busy, the school should recruit grad school students. 7. That's because they are more experienced and have more time.
결론	8. For these reasons, he doesn't like the school's plan.

Q2

Reading

해석 공지: 컴퓨터실 감독 아르바이트

지금까지는, 컴퓨터실 감독 자리가 모든 학과에 속한 어느 학생에게든지 열려 있었습니다. 하지만 이번 학기부터, 오직 컴퓨터 전공자들만 이 자리에 지원할 자격이 있을 것입니다. 컴퓨터 학과의 CMIS 200 과정 또는 상위 과정을 수료하는 것이 이 자리에 지원하기 위한 조건입니다. 지원하기 위해서는, 학생증과 일정표를 가지고 컴퓨터 공학과 사무실을 방문하시기 바랍니다.

어휘 so far 지금까지   as of ~부터, ~부로   be eligible to do ~할 자격이 있다   apply for ~에 지원하다   completion 완료, 완수   requirement 필요 조건   in order to V ~하기 위해

Listening

스크립트
M: Hey, did you see the announcement from the school?
W: I think this is such a great idea.
M: Do you really think so? Why?
W: For one thing, I don't think other majors have sufficient knowledge about computers to help other

students with technical problems. If a technical problem arises, non-computer majors don't know how to help. Helping people is the purpose of having monitors in the first place. Don't you think?

M: Well, technical problems don't happen too often. The usual things I've seen the monitors do is load printer papers, change the ink cartridges, or fix minor errors, which I'm sure anybody can do with a little training.

W: But, sometimes when there's a major problem, we have to wait several hours to have it fixed. Then, we can't get a good grade. I mean, when I work on a paper or project, it is quite a long time, especially when I face a deadline. You know… we have to hand in homework on time. Most professors don't accept late assignments.

M: Yeah, you're right.

W: I am sure the monitors do more than what we see. That's why the school plans to limit the job specifically to computer science majors.

해석

남: 얘, 너 학교에서 낸 공지 봤어?
여: 내 생각엔 참 좋은 아이디어인 것 같아.
남: 정말 그렇게 생각해? 왜?
여: 우선, 난 다른 전공자들이 기술적인 문제들에 대해 다른 학생들을 도울 정도로 컴퓨터에 대해 충분한 지식이 있다고 생각하지 않아. 만약에 기술적인 문제가 생기면, 컴퓨터 전공자들이 아닌 학생들은 어떻게 도와야 할지 모르잖아. 사람들을 도와주는 것이 컴퓨터실 감독이 있는 우선적인 목표잖아. 그렇게 생각하지 않아?
남: 글쎄, 기술적인 문제들은 그렇게 자주 일어나지 않아. 내가 본 컴퓨터실 감독들이 하는 주된 일은 프린트 용지를 넣어 두고 잉크 카트리지를 바꾸거나, 혹은 사소한 오류들을 고치는 건데, 이런 일들은 약간의 교육을 받으면 누구든지 할 수 있잖아.
여: 그런데, 때때로 큰 문제가 발생하면, 우리는 그게 고쳐지는 데 몇 시간이나 기다려야만 해. 그러면, 우리는 좋은 성적을 받을 수가 없어. 내 말은, 내가 과제물이나 프로젝트 작업을 할 때는, 그건 꽤 긴 시간이잖아, 특히 마감일이 닥쳐 있을 때 말이야. 너도 알다시피… 우리는 제 시간에 과제를 제출해야만 해. 대부분의 교수님들은 늦게 내는 과제물들을 받아주지 않아.
남: 그래, 네 말이 맞아.
여: 나는 그 감독들이 우리가 보는 것보다 더 많은 일을 한다고 확신해. 그게 학교가 특히 컴퓨터 공학 전공자들에게만 그 일을 한정시키려고 계획하는 이유야.

어휘 for one thing 우선   major 전공자   sufficient 충분한   arise (문제 등이) 생겨나다   in the first place 우선적으로   usual 평상시의, 보통의   have A p.p. A를 ~되게 하다   face a deadline 마감일이 닥치다   specifically 특별히

Sample Response

서론	1. According to the reading passage, the school is planning to open computer lab-monitoring positions only to computer majors. 2. The woman in the conversation thinks it is a good idea. 3. She has two reasons for this.
본론 1	4. The first reason is that other majors don't have enough knowledge about computers. 5. So, when there are technical problems, they don't know how to help.
본론 2	6. The second reason is that if there's a major problem, students have to wait and they can't get good grades on their homework. 7. That's because they cannot hand in homework on time.
결론	8. For these reasons, she likes the school's plan.

Q3

Reading

해석 Saiton 대학 신문의 공지
우리 학교가 학생 미술 동아리 조직을 계획 중입니다. 이 미술 동아리의 고문은 Rehan Studio의 영향력 있는 화가인 Han 교수님이 될 것입니다. 그는 전반적인 미술, 특히 정물화에 관해 깊이 있는 지식을 가지고 있습니다. 따라서, Han 교수님께서는 초보자들뿐만 아니라 전문적인 미술가가 되려는 학생들에게도 완벽한 고문이 될 것이라고 생각합니다. 또한, 이 미술 동아리에 가입하는 모든 학생들에게 모든 재료들과 화실이 무료로 이용 가능할 것입니다.

어휘 organize ~을 조직하다, 준비하다   influential 영향력 있는   profound 깊이 있는, 심오한   in general 전반적으로   specifically 특별히   still-life painting 정물화   A as well as B B뿐만 아니라 A도   available 이용 가능한   free of charge 무료로

Listening

스크립트

W: Did you read the article from the university newspaper?
M: Oh, the one about the new art club that will be organized and that the advisor of the club will be professor Han! Yeah, I read the article. Right, it will be a great opportunity for those students who want to learn art.
W: Yeah, I think so.
M: Yeah, for one thing, students who do not major in art don't have a chance to present their paintings and have them critiqued. There are many non-art majors who are good at painting and interested in art. They want an opportunity to show off their painting skills. And Professor Han is a very famous painter, so he will be able to develop the skills of all the students, no matter what their level is.
W: Definitely.
M: Another reason I like the idea is that students can enjoy the club without worrying about the expenses. Art supplies are unbelievably costly. Last year, when I joined the painting club, I had to spend more than 100 dollars to purchase the paints, drawing paper and brushes. It was too much burden for me. It is great that the school is paying for them.
W: That's true. I really want to join the club. I am so excited! Do you want to join it with me?

해석
여: 학교 신문에 실린 기사 읽었어?
남: 아, 새로 조직될 미술 동아리와 Han 교수님이 그 동아리의 고문이 될 거라는 기사! 응, 읽었어. 맞아, 그건 미술을 배우고 싶어하는 학생들에게 굉장히 좋은 기회가 될 거야.
여: 응, 나도 그렇게 생각해.
남: 응, 우선, 미술을 전공하지 않는 학생들은 자신들의 그림을 보여주고 비평을 받을 수 있는 기회가 없어. 미술 전공자는 아니지만 그림을 잘 그리고 미술에 관심 있는 학생들이 많이 있어. 그들은 자신의 그림 솜씨를 자랑할 수 있는 기회를 원해. 그리고 Han 교수님은 굉장히 유명한 화가이시니까 모든 학생들의 능력들을 발전시켜 주실 거야, 학생들의 수준에 상관없이.
여: 당연하지.
남: 내가 이 아이디어를 좋아하는 또 다른 이유는 학생들이 비용에 대한 걱정 없이 동아리를 즐길 수 있다는 거야. 미술용품들은 믿을 수 없을 정도로 비싸. 작년에, 내가 그림 그리기 동아리에 들어갔을 때, 물감, 도화지 그리고 붓들을 사는 데 100달러 넘게 써야만 했어. 그건 나에게 너무 큰 부담이었지. 학교가 그 물품 비용을 내준다는 것은 굉장한 일이야.
여: 맞아. 난 이 동아리에 정말 들어가고 싶어. 너무 신나! 너도 나와 함께 가입할래?

어휘 an opportunity to do ~할 수 있는 기회   major in ~을 전공하다   present ~을 보여주다, 제시하다   critique ~을 비평하다, 평론을 쓰다   show off ~을 자랑하다   be able to do ~을 할 수 있다   develop ~을 발전시키다   no matter what ~에 상관 없이   expenses 비용, 경비   unbelievably 믿을 수 없을 정도로   costly 비싼, 돈이 많이 드는   burden 부담, 짐

Sample Response

서론	1. According to the reading passage, the school is planning to organize a student art club. 2. The man in the conversation thinks it is a good idea. 3. He has two reasons for this.
본론 1	4. The first reason is that non-art majors will have a chance to show their painting skills. 5. To be specific, there are many non-art majors who are good at painting and interested in art.
본론 2	6. The second reason is that students don't have to worry about the expenses. 7. That's because the school is paying for it.
결론	8. For these reasons, he likes the school's plan.

Q4

Reading

해석 Dublin 대학은 야외 수업을 제공해야 합니다

대부분 학생들의 일상 생활은 굉장히 정신 없이 바쁩니다. 그들은 수업에 출석하고 쪽지 시험 및 정규 시험을 준비할 뿐만 아니라, 미래의 직업에 대한 계획을 세우고 학비를 보조하기 위해 파트 타임 일도 합니다. 따라서, 저는 날씨가 학생들과 교수님들 모두에게 아주 좋을 때, 학교 측에서 교수님들께 야외에서 강의를 하시도록 선택할 수 있게 허용할 것을 제안합니다. 이는 학생들이 멋진 환경을 즐기면서 공부에 자신들의 모든 노력을 집중하는 데 도움이 될 것입니다.

안녕히 계십시오,
Edward Farad

어휘 extremely 굉장히, 엄청   hectic 정신 없이 바쁜   quiz 쪽지 시험   make plans for ~에 대한 계획을 세우다   assist with ~을 보조하다, ~에 도움이 되다   tuition fee 학비   allow A to V A가 ~하도록 허용하다   opt to V ~하는 것을 선택하다   concentrate A on B A를 B에 집중하다

Listening

스크립트

W: Hey, Mike. Did you read the letter that Edward Farad wrote? I'm not so sure about it. I don't think the idea would really benefit the students or professors.

M: What makes you say that?

W: Well, actually there are not many places where a whole class of students can sit together on campus. Even if we don't need to take notes or use other materials while taking a class outdoors, we would still require a large area for sitting as a group. I guess our university doesn't have enough green spaces.

M: Oh, I guess you're right. I didn't think about that.

W: Additionally, students would not be able to concentrate on the lecture because of the surrounding noise. People are constantly walking around and making noise on campus. Many students eat lunch outside or play soccer um... or take a coffee break. If we have a class out there, it would be a real challenge to proceed with class.

M: I absolutely agree. Actually, when I studied alone last week, on a bench outside, I couldn't focus on my paper because there were so many other students talking with their friends.

W: Yeah, true. That's my point.

해석

여: Mike, Edward Farad가 쓴 편지 읽어 봤어? 난 그것에 대해 그렇게 확신이 들지 않아. 그 아이디어가 학생들이나 교수님들에게 정말로 도움이 될 것 같지 않아.

남: 무엇 때문에 그렇게 말하는 거야?

여: 글쎄, 사실 한 수업의 전체 학생들이 함께 앉을 수 있는 장소가 캠퍼스 내에 그렇게 많지 않아. 우리가 밖에서 수업을 듣는 동안 필기를 하거나 다른 자료들을 사용하는 것을 할 필요가 없다 하더라도, 우리는 단체로 앉을 넓은 장소가 여전히 필요할 거야. 난 우리 학교에 충분한 녹지 공간이 없다고 생각해.

남: 아, 네 말이 맞는 것 같아. 난 그것에 대해서 생각하지 못했어.

여: 게다가, 주변의 소음 때문에 학생들이 강의에 집중할 수도 없을 거야. 사람들이 교내에서 계속해서 이리저리 걸어 다니고 떠들잖아. 많은 학생들이 밖에서 점심을 먹거나 축구를 하거나 음… 혹은 커피 마시면서 잠깐 쉬잖아. 만약 우리가 그런 곳에서 수업을 한다면, 수업을 진행하는 것이 정말 어려운 일이 될 거야.

남: 전적으로 동의해. 사실 내가 지난 주에 밖에 있는 벤치에서 혼자 공부했을 때, 친구들과 이야기하는 다른 많은 학생들 때문에 내 보고서에 집중할 수가 없었어.

여: 응, 맞아. 내 말이 바로 그거야.

어휘 benefit ~에게 도움이 되다, 혜택을 주다   take notes 필기하다   require ~을 필요로 하다   green space 녹지 공간   be able to V ~할 수 있다   concentrate on ~에 집중하다   surrounding 주위의, 둘러 싼   constantly 계속해서, 일관되게   challenge 어려운 일   proceed with ~을 진행하다   absolutely 전적으로, 틀림 없이   focus on ~에 집중하다

Sample Response

서론	1. According to the reading passage, the writer suggests that <u>the school should allow professors to give lectures outside</u>. 2. <u>The woman in the conversation doesn't think it is a good idea</u>. 3. <u>She has two reasons for this</u>.
본론 1	4. The first reason is that <u>there are not many places for all students to sit together</u>. 5. To be specific, <u>they need a large area to sit as a group, but the school doesn't have enough spaces</u>.
본론 2	6. The second reason is that <u>students cannot concentrate on lectures</u>. 7. <u>That's because people are walking around and making noise on campus</u>.
결론	8. For these reasons, <u>she doesn't like the writer's suggestion</u>.

Task 2 PRACTICE

본문 p. 130

Q1

Reading

해석 학교 신문에 보내온 편지

우리 학교가 교내에 새로운 기숙사를 짓는 계획을 공지했습니다. 저는 강력하게 이 새로운 건축 계획에 대해서 학교가 재고해야 한다고 생각합니다. 올해, 우리 학교는 좋지 못한 재정적 상황 때문에 작년에 비해 학비를 18퍼센트 올렸습니다. 이와 같은 건축 계획은 의심의 여지 없이 우리의 학비를 인상 시킬 것입니다. 우리는 이미 교내에 사는 학생들을 수용하기에 충분한 기숙사를 가지고 있고, 또한 학교 주변에 가격이 알맞은 하숙집들이 많이 있습니다.

Amy Monahan, 2학년

어휘 reconsider ~을 재고하다, 다시 생각해 보다   compared to ~와 비교하여   financial 재정의, 재무의   situation 상황   undoubtedly 의심의 여지 없이   raise ~을 인상하다   accommodate ~을 수용하다   affordable 가격이 알맞은   boarding house 하숙집

Listening

스크립트

M: Hi, Ally. Did you see the letter?
W: Yeah, I did. I don't think it is absolutely persuasive. Her reasons don't make sense. She thinks the construction will increase our tuition but we are not paying for it, the donors are.
M: What do you mean by the donors?
W: You don't know? The school alumni are paying for most of the new dorm construction costs.
M: Oh... Not the university?
W: Of course not, that was just Amy's presumption. That means the school will not increase our tuition to pay for the construction.
M: Then, what about another point she made about dormitory rooms on campus?
W: I am sure Amy is not an on-campus resident. There are many rooms on campus, of course. But they are too old and have so many problems. There have been problems with the electricity and a lack of study rooms. The dorm residents have been complaining about them for ages. I also live in a dormitory just because there is no other choice. I am all for the idea that the university should build more dormitories to improve the lives of the students.
M: Well, I totally agree with you.

해석

남: 안녕, Ally. 그 편지 봤어?
여: 응, 봤지. 나는 그게 완전히 설득력 없다고 생각해. 그녀가 말하는 이유들은 말이 안 돼. 그녀는 건축 공사가 우리의 학비를 인상시킬 것이라고 생각하지만 우리가 그에 대한 비용을 내는 게 아니라 기부자들이 내는 거야.
남: 기부자들이라니?
여: 너 몰랐어? 학교 동문들이 새로운 기숙사 건설 비용의 대부분을 지불할 거야.
남: 아... 학교가 아니라?
여: 당연히 아니지. 그건 그냥 Amy의 추측이었어. 그러니까 학교는 그 건설 비용 때문에 우리의 학비를 올리지 않을 것이라는 말이야.
남: 그러면, 그녀가 캠퍼스 내에 있는 기숙사 방에 대해 말한 것은 어때?
여: 나는 Amy가 교내에서 거주하는 학생이 아니라고 확신해. 물론, 학교에 많은 기숙사 방들이 있어. 그렇지만 그 방들은 너무 낡았고 많은 문제들이 있어. 전기와 학습 공간 부족 문제가 있어 왔어. 기숙사 거주 학생들이 오랫동안 이 문제들에 대해서 항의해 왔지. 나 또한 다른 선택이 없기 때문에 기숙사에서 사는 거야. 나는 학교가 학생들의 삶을 향상시키기 위해서 더 많은 기숙사들을 지어야 한다는 것에 대찬성이야.
남: 음, 나도 전적으로 네 말에 동의해.

어휘 persuasive 설득력 있는 make sense 말이 되다, 앞뒤가 맞다 donor 기부자 alumni 졸업생, 동창 presumption 추측 resident 거주자 electricity 전기 a lack of ~의 부족 complain about ~에 대해 불평하다 for ages 오랫동안 I am all for 난 ~에 대해 대찬성이야 improve ~을 향상시키다 totally 전적으로

Reading Note-taking

주제	reconsider building a new dormitory on campus
세부 사항	school ↑ tuition fees enough dormitories / boarding houses

Listening Note-taking

주요 화자의 의견	W: X	
두 가지 이유	tuition, not increase	rooms → old / problems
부연 설명	alumni pay for construction	problems = electricity, lack of study rooms

Sample Response

서론	1. According to the reading passage, the writer suggests that the school should reconsider building a new dormitory on campus. 2. The woman in the conversation doesn't think it is a good idea. 3. She has two reasons for this.
본론 1	4. The first reason is that the tuition will not increase. 5. That's because the alumni are paying for most of the new dorm construction, not the students.
본론 2	6. The second reason is that the rooms are very old and they have many problems. 7. To be specific, there have been problems with the electricity and a lack of study rooms.
결론	8. For these reasons, she doesn't like the writer's suggestion.

해석 읽기 지문에 따르면, 글쓴이는 학교가 교내에 새로운 기숙사를 짓는 것을 다시 고려해보아야 한다고 제안합니다.
대화 속 여자는 이것이 좋지 않은 아이디어라고 생각합니다.
그녀는 이것에 대한 두 가지 이유가 있습니다.
첫 번째 이유는 학비가 인상되지 않을 것이라는 점입니다.
그 이유는 학생들이 아니라 동문들이 그 새로운 기숙사 건설에 대한 대부분의 비용을 지불할 것이기 때문입니다.
두 번째 이유는 기숙사 방들이 굉장히 낡았고 많은 문제들이 있다는 것입니다.
구체적으로, 전기 문제와 학습 공간의 부족이라는 문제가 있어 왔다는 것입니다.
이러한 이유들로 인해, 그녀는 글쓴이의 제안을 좋아하지 않습니다.

Q2

Reading

해석 교내와 기숙사의 모든 자동판매기 철거
Courtrin 대학은 교내 및 모든 기숙사 내에서 청량 음료와 간식들을 판매하는 모든 자동판매기들이 철거될 것이라고 공지했습니다. 교내에 너무 많은 자동판매기들로 인하여, 학생들은 너무 쉽게 간식과 청량 음료를 구입합니다. 이 새로운 정책은 학생들이 건강에 더 좋은 음식을 선택하는 데 도움을 주기 위해 제정되었습니다. 자동판매기들이 철거된 후에는, 학생들은 간식과 청량 음료를 학교 밖에 있는 식료품점에서 구입해야만 합니다.

어휘 removal 철거, 제거   vending machine 자동판매기   remove ~을 없애다, 제거하다   with (이유, 결과를 나타내어) ~로 인해, ~ 때문에   enact ~을 제정하다   make choices 선택하다   healthy 건강에 좋은   grocery store 식료품점

Listening

스크립트

M: Did you read the announcement? I think it will be good for students!
W: What? Are you serious? I think the policy is totally unreasonable.
M: Hmm… Why?
W: If the university is genuinely concerned about our health, then they should change the products offered in the machines instead of removing all the vending machines. You know, they should sell something healthy, like fruit juice, or dried fruits and nuts. These are healthy alternatives. They should give us a chance to make better choices.
M: Well… maybe. We certainly could improve our eating habits.
W: And another issue is the amount of time and money that students would waste if there are no vending machines available, especially during exam times. That's when most students study until

late at night, and when they get hungry, they would need to go to an off-campus grocery store to buy snacks and drinks.
M: You're right! I think we do need the vending machines!
W: Yeah, the school should come up with some better ideas.

해석
남: 너 그 공지 읽었어? 내 생각에는 그것이 학생들에게 정말 좋을 것 같아!
여: 뭐? 너 진심이야? 내 생각에는 그 정책은 완전히 불합리해.
남: 음... 왜?
여: 만약에 학교가 진정으로 우리의 건강을 걱정한다면, 그들은 자동판매기들을 철거하는 대신에 그 기계에서 판매되는 상품들을 바꿔야 해. 너도 알다시피, 건강에 좋은 것들을 팔아야 해, 과일 주스나 말린 과일, 또는 견과류 같은 것들 말이야. 이것들이 건강에 좋은 대안들이야. 그들은 우리에게 더 나은 선택을 할 수 있는 기회를 주어야 해.
남: 음... 그럴지도, 우리는 분명히 우리의 식습관을 향상시킬 수 있을 거야.
여: 또 다른 문제는 이용 가능한 자동판매기가 없을 경우에 학생들이 낭비하게 될 시간과 돈이야, 특히 시험 기간에 말이야. 시험 기간은 대부분의 학생들이 늦은 밤까지 공부를 할 때인데, 배가 고파지면 그들은 간식과 청량 음료를 사기 위해서 학교 밖에 있는 식료품점까지 가야만 할 거야.
남: 네 말이 맞아! 우리는 자동판매기들이 정말로 필요하다고 생각해!
여: 응, 학교는 더 나은 아이디어들을 생각해 내야 해.

어휘
totally 전적으로, 완전히   unreasonable 불합리한   genuinely 진정으로   be concerned about ~에 대해 걱정하다   instead of ~하는 대신에   healthy 건강에 좋은   alternative 대안   make better choices 더 나은 선택을 하다   certainly 분명히, 확실히   improve ~을 향상시키다, 개선하다   available 이용 가능한   especially 특히   come up with (아이디어 등) ~을 생각해 내다

Reading Note-taking

주제	school's plan → remove all the vending machines
세부 사항	easily purchase snacks / soft drinks help students choose more healthy food

Listening Note-taking

주요 화자의 의견	W: X	
두 가지 이유	change product	students → waste time / money
부연 설명	fruit juice / dried fruits / nuts → better	hungry → off-campus grocery store

Sample Response

서론	1. According to the reading passage, the school is planning to remove all the vending machines. 2. The woman in the conversation doesn't think it is a good idea. 3. She has two reasons for this.
본론 1	4. The first reason is that the school should change the products instead of removing the machines. 5. To be specific, if they sell fruit juice, dried fruits or nuts, students will have better choices.

본론 2	6. The second reason is that students would waste their time and money.
	7. That's because when they are hungry, they need to go to an off-campus grocery store.
결론	8. For these reasons, she doesn't like the school's plan.

해석 읽기 지문에 따르면, 학교는 모든 자동판매기들을 철거할 계획입니다.
대화 속 여자는 이것이 좋지 않은 아이디어라고 생각합니다.
그녀는 이것에 대한 두 가지 이유가 있습니다.
첫 번째 이유는 학교가 기계들을 없애는 대신에 제품을 바꿔야 한다는 것입니다.
구체적으로, 만약에 그들이 과일 주스나, 말린 과일 혹은 견과류들을 판다면, 학생들은 더 나은 선택권을 갖게 될 것입니다.
두 번째 이유는 학생들이 그들의 시간과 돈을 낭비하게 된다는 점입니다.
그 이유는 그들이 배고플 때, 학교 밖에 있는 식료품점으로 나가야만 하기 때문입니다.
이러한 이유들로 인해, 그녀는 학교의 계획을 좋아하지 않습니다.

Q3

Reading

해석 교내 공지: 대형 옥상 태양열판 설치

Sundale 대학은 금년 말 내로 태양열 발전 시스템을 구축하여 교내 전력 공급을 50% 이상을 공급하기 위해 월드뷰 에너지와 계약을 하였습니다. 월요일에 공지 했다시피 월드뷰는 25만개의 태양열판을 캠퍼스타운 내에 위치한 3개의 주도서관 옥상에 설치할 예정입니다. 태양열판들은 월드뷰에 의해 관리 될 것이며 15만2천 메가와트를 매년 생산하게 될것입니다. 상당한 양의 에너지를 생산함으로써 우리는 가스배출을 줄이고 궁극적으로는 교내 관리비를 줄이기는 기대하고 있습니다. 공사는 다음달 중순부터 시작될 예정이며 시스템은 이번 학년내에 가동 될 예정입니다.

어휘 partner 파트너가 되다, 협업하다   solar powered system 태양광발전 시스템   install 설치하다   rooftops 옥상   reduce 줄이다   gas emission 가스배출

Listening

스크립트

M: Hi Mary? Have read the news about installing solar panels? The school is purchasing solar panels.
W: Yeah!!! Isn't it great? I think the school is doing the right thing!!!
M: Why? I mean the tuition will increase to pay for the installation.
W: Well, you have to see the bright side. You know, here, it's scorching in the summer. So, we spend so much money on air-conditioning. If we use solar power, we can save a lot of electricity and money of course.
M: Well I know that, but the installation cost is pretty high. I mean, way higher than we think it would be.
W: Yeah, but once installed, we would gradually save a lot of money since we have sunshine all throughout the year.
M: I kind of understand. But another thing is that they are going to remove all the benches and tables on the rooftop of library building. We need them, don't you think?
W: Yeah, that is the point I don't agree with. I like to go up there and take a break sometimes. We can see a beautiful sunset there which is absolutely refreshing. I am sure lots of students enjoy it.
M: Yeah, I am so with you.
W: I think using solar panels is a great idea, but they should put them on other buildings. If they start the construction next month, it will be the week of our mid-terms. Then heavy thudding noises will occur during our mid-term week which will be very distracting when we study in the library.
M: Oh... I haven't even thought of that.
W: I think we should talk to the student council.

해석

남: Mary야 안녕? 태양열 판 설치 뉴스 읽었어? 학교가 태양열 판을 산대.
여: 응! 정말 대단하지 않아? 학교가 정말 옳은 일을 하는 거 같아.
남: 왜? 내 말은 설치비를 대느라 학비가 오를 거 같은데.
여: 글쎄, 긍정적인 면은 봐야 할거 같아. 너도 알다시피 여기는 여름에 엄청 덥잖아. 그래서 항상 에어컨에 돈을 많이 쓰고. 만약 우리가 태양열을 사용한다면 많은 전력을 절약할 수 있고 당연히 돈도 절약할 수 있지.
남: 그건 알지, 그러나 설치비가 꽤 비쌀 텐데. 우리가 생각하는 것 보다 훨씬.
여: 그렇지 그러나 한번 설치가 되면 연중 내내 햇빛이 강하니까 점차 상당한 돈을 절약할 수 있지.
남: 응 이해는 돼. 그러나 또 한 가지는 도서관 옥상에 있는 벤치랑 테이블을 다 없앤다고 하잖아. 우리는 그게 필요하지 않아? 너 생각은 어때?
여: 응 그 부분이 내가 좀 동의하지 못하는 부분이야. 난 거기 올라가서 휴식을 취하는게 좋은데. 거기서 일몰도 보고. 그거 완전 기분 상쾌하잖아. 많은 학생들이 좋아하는 일인데.
남: 응, 네 말에 완전 동의해.
여: 내 생각에는 태양열 판을 사용하는 것은 아주 좋은 생각인데, 다른 빌딩에 설치해야 한다고 생각해. 만약에 공사를 다음 달에 시작한다면 중간고사 기간이잖아. 그러면 쿵쿵 소리가 시험기간 내내 날 거고 그러면 도서관에서 공부할 때 방해가 될 거야.
남: 아... 그 생각은 미처 못했네.
여: 우리가 학생회에 건의를 해야 한다고 생각해.

어휘 purchase 구입하다　scorching 작열하다　environmentally-friendly 친환경적인　refreshing 상쾌한　thudding 쿵쿵거리는 소리　distracting 방해되는　student council 학생회

Reading Note-taking

주제	installing rooftop solar panels
세부 사항	Install solar panels on the rooftops of main library buildings

Listening Note-taking

주요 화자의 의견		W: O / X
두 가지 이유	1. save $ electricity	2. other buildings
부연 설명	Spend $ on electricity installed	take a break mid-term exam week distracting

Sample Response

서론	1. According to the reading passage, the school is planning to install solar panels on the rooftops of main library buildings. 2. The woman in the conversation thinks it is a good idea. 3. She has two reasons for this.
본론 1	4. The first reason is that the school can save a lot of money. 5. To be specific, they spend so much money on air-conditioning, so once they are installed, they can save a lot of money.
본론 2	6. On the contrary she thinks the school has install them on other buildings. 7. That's because students like to take a break on the rooftop of the libraries and the construction will be distracting during the med-term exam week.

| 결론 | **8.** For these reasons, she partly likes the school's plan. |

해석 읽기 지문에 따르면, 학교는 주도서관 옥상에 태양열 판을 설치할 계획입니다.
대화 속 여자는 이것이 좋은 아이디어라고 생각합니다.
그녀는 이것에 대한 두 가지 이유가 있습니다.
첫 번째 이유는 학교가 많은 돈을 절약할 수 있다는 것입니다.
구체적으로, 학교는 에어컨 가동을 위해 많은 돈을 쓰고 있어서 태양열 판이 설치되면 많은 돈을 절약할 수 있다는 것입니다.
반대로 그녀는 학교 그 판들을 다른 빌딩에 설치해야 한다는 생각입니다.
그 이유는 학생들은 도서관 옥상에서 휴식 취하는 것을 좋아하고 설치 공사가 중간고사 기간에 학생들에게 방해가 될 것이기 때문입니다.
이러한 이유로 그녀는 부분적으로 학교의 계획을 좋아합니다.

Q4

Reading

해석 교내 공지: 24시간 독서실
중앙 도서관 내 24시간 독서실은 대학원생들의 독서, 공부, 그리고 자료 이용 공간으로 이용될 것입니다. 이 독서실은 지적 서비스의 중심이며, 메릴랜드의 유능한 대학원생들의 요구를 충족시키는 공간이 될 것입니다. 이 공간은 그들의 교육과 연구를 보조하기 위한 서비스를 제공하기 위해 만들어졌습니다. 우리는 고가의 컴퓨터와 최신 책들, 그리고 여러 개의 세미나 공간을 제공할 것입니다. 학부생들은 다른 도서관 이용이 가능합니다. 독서실 이용은 대학원생들 사용으로 제한되어 있음을 숙지하시기 바랍니다.

어휘 graduate students 대학원생들   undergraduate 학부생   intellectual 지적   research 연구   high-end 고가의

Listening

스크립트

W: Hey! Did you read this? Do you think it's a good idea?
M: Absolutely. I think they made the right decision.
W: What do you mean? There are many empty tables all the time, and even during exam weeks, it is not really busy there. It is okay to share some space with other students.
M: Well, it just looks that way. This special reading room was designed and built only for graduates in the first place. It doesn't look that busy with many empty tables, but graduate students need a large amount of materials for their research and study. So, they are using pretty much all the spaces.
W: But sometimes undergraduates need some special materials for their papers for their special assignments like graduate students.
M: If they need materials like research papers and other professional papers, they can find them easily in the main libraries.
W: But, I like to study in this Reading Room because it is quiet and is open 24/7.
M: Yeah, that's the point. That's why the school is limiting it to only graduates. As more undergraduate students started to come in the Reading Room for their research, it got much noisier, and we became distracted, remember? Sometimes it is really hard to focus on our work. The school's decision to provide the space specifically for graduates like they used to is absolutely the way to go.
W: OK, I get your point.

해석
여: 안녕 이거 읽었어? 이거 좋은 생각 같아?
남: 당연하지. 내 생각에는 학교가 아주 좋은 결정을 한 거 같아.
여: 무슨 말이야? 거기에는 항상 빈 책상들이 있어. 그리고 시험기간에도 그렇게 복잡하지 않아. 다른 학생들과 좀 나눠 쓰는 것도 좋을 거 같은데.
남: 음. 그렇게 보이지. 이 독서실은 애초부터 대학원생들을 위해 만들어졌잖아. 빈자리도 많고 항상 복잡해 보이지는 않지만 대학원생들은 그들의 연구나 공부를 위해 방대한 양의 자료가 필요하다고 그래서 많은 공간을 필요로 하지.
여: 그렇지만 학부생들도 가끔은 대학원생들처럼 그들의 연구나 숙제를 위해 특별한 자료가 필요하기도 하잖아.
남: 만약 그런 특별한 자료나 논문이 필요하다면 중앙 도서관을 가면 되잖아.

여: 그렇지만 나도 이 독서실에서 공부하는 걸 좋아하는데 조용하고 게다가 연중 오픈하니까.
남: 맞아. 내 말이 그 말이야. 그게 바로 대학원생들만 들어가게 하는 이유지. 학부생들이 출입하게 되면서 너무 시끄러워졌어. 그리고 우리는 방해받잖아. 기억나? 가끔은 너무 집중하기가 힘들 때도 있어. 학교가 예전처럼 대학원생들에게만 제공한다는 결정은 당연한거야.
여: 맞아. 무슨 말인지 알겠어.

어휘 be designed for ~을 위해 만들어지다   professional paper 전문인인 논문   24/7 연중무휴   become distracted 방해를 받다   focus 집중하다   way to go 바람직한 결정

❧ Reading Note-taking

주제	Only graduates use 24 hour Reading room
세부 사항	Provide com system, books seminar rooms

❧ Listening Note-taking

주요 화자의 의견	M: O	
두 가지 이유	using all space	Noisier
부연 설명	Built for gra. st. gra st. need # material	distracted X focus

Sample Response

서론	1. According to the reading passage, the **24**-hour reading room will be open to only graduate students. 2. The man in the conversation thinks it is a good idea. 3. He has two reasons for this.
본론 1	4. The first reason is that the reading room was built for graduate students. 5. To be specific, it doesn't look busy but, they need the space because they need a lot of materials for their research.
본론 2	6. The second reason is that the room got noisier after undergraduate students started using it. 7. So, other students got distracted and can't focus on their work.
결론	8. For these reasons, he likes the school's plan.

해석 읽기 지문에 따르면 24시간 개방 독서실을 대학원생에게만 개방될 예정이라고 합니다.
대화 속 남자는 좋은 아이디어라고 생각합니다.
그는 이것에 대한 두가지 이유가 있습니다.
첫 번째 이유는 그 독서실은 대학생을 위해 지어졌습니다.
자세히 말해서, 그 독서실은 혼잡해 보이지는 않지만 대학원생들은 그들의 연구를 위해 많은 양의 자료를 필요로 하기 때문에 그 공간이 필요합니다.
두번째 이유는 학부생들이 이용하면서 그 독서실이 시끄러워졌습니다.
그래서, 다른 학생들에게 방해가 되었고, 그들은 그들의 연구에 집중할 수가 없습니다.
이러한 이유들로 인해, 그는 학교의 계획을 좋아합니다.

Task 03 | Academic Lecture

통합형 필수 표현 2
본문 p. 142

통합형 Speaking 필수 표현 말하기 연습

01 Deer reduce the risk of being hunted by predators and eat in a comfortable setting.
02 The company released a new car with a better design and increased sales by 10 percent.
03 Adaptation is a basic phenomenon of biology.
04 Worker bees in the hive emit chemicals to alert other bees as to the location of hive.
05 They live by a lake and prey on small fish.
06 Fish go up near the surface of a lake to capture prey.
07 Adaptation of organisms has been developed over thousands of years.
08 Giving incentives and rewarding good behaviors is an effective method.
09 When they are attacked, they camouflage themselves.
10 Animals try to stay away from predators by cooperating with each other.
11 In the time of drought, snails seal their entrance to avoid dehydration.
12 After the sales went up, the manager lowered the price of products.
13 We always have to save money to cope with an economical difficulty.
14 The company started online marketing to attract customers.
15 A sociologist conducted an experiment with a group of high school students.

Task 3　Overview
본문 p. 146

Step 1&2
Reading

해석 회복력 있는 생태계

회복력 있는 생태계는 방해들에 반응하는 능력을 지닌 생태계입니다. 또한, 이것은 생태계의 영양소, 순환, 생물량 생산의 정상적인 패턴을 유지하며, 생태학적 장애에 의해 야기된 피해를 회복시킵니다. 이런 장애에는 산불, 홍수, 폭풍, 곤충 개체 수의 급증, 그리고 삼림 벌채, 외래 식물 및 새로운 동물 종의 유입과 같은 인간 활동 등의 다양한 일들이 포함됩니다.

어휘 resilient 회복력 있는, 탄력 있는　ecosystem 생태계　interruption 방해　maintain ~을 유지하다　nutrient 영양소　cycling 순환　biomass 생물량　recover ~을 회복시키다　damage 손상, 손해　flooding 홍수　windstorm 폭풍　population 개체 수 explosion 폭발적인 증가　deforestation 삼림 벌채　exotic 이국적인, 외국의

Listening

해석

좋아요, 오늘, 우리는 계속해서 '회복력 있는 생태계'에 대해서 논의하겠습니다. 때때로, 살아 있는 것과 살아있지 않은 것들은 생태계에 치명적인 손상을 야기합니다. 그러나, 흥미롭게도, 생태계는 스스로 그 피해를 극복할 수 있습니다. 자, 여러분이 이 개념을 더 이해하기 쉽게 예를 들어 보겠습니다. 음, 산호초는 많은 물고기들이 살면서 그들의 알을 보호하는 장소입니다. 그래서, 건강한 산호초는 해양 생물들에게 굉장히 중요한 요소 중의 하나입니다. 자, 유조선이 바위에 부딪혀 난파되고 엄청난 기름을 바다에 유출시켰다고 가정해 봅시다. 그러면 산호초는 분명히 피해를 입을 것이고, 이것은 많은 물고기들을 죽게 할 것입니다. 이것이 수초와 조류의 성장을 활발하게 하면서 바다에 엄청나게 부정적인 영향을 초래합니다. 그러면 살아있는 물고기들이 죽은 물고기들을 먹고 조류들을 먹어서 제거합니다. 이것은 조류를 제거할 수 있게 도와줍니다. 이 사고는 바다에 비극을 야기하지만 생태계는 그 유출로부터 스스로 회복합니다. 우리가 이 예시에서 볼 수 있다시피, 생태계는 상호적인 관계들의 시스템과 함께 스스로 회복하고 보존합니다.

어휘 fatal 치명적인　overcome ~을 극복하다　by oneself 스스로　coral reef 산호초　marine 해양의　wreck 난파시키다　release ~을 유출시키다　negative 부정적인　impact on ~에 대한 영향　stimulate ~을 자극하다　algae 해조, 조류　eliminate ~을 제거하다 result in ~의 결과를 만들다　tragedy 비극　spill 유출(물)　reciprocal 상호 간의

Task 3 Template

» Check-up
~ Reading
실수 효과

실수 효과는 한 사람이 큰 실수를 저지르고 난 후에 매력이 증가하거나 감소하는 경향입니다. 일반적으로 사람들은 유능한 사람이 완벽한 것처럼 보일 때보다 실수를 할 때 더 인간적으로 보이고 호감이 간다고 생각합니다. 간단히 말해서, 불완전한 사람들이 좀 더 안전하고 매력적으로 보일 가능성이 큽니다. 그러나, 반대의 경우가 일어날 수도 있는데, 만약에 평균적으로 여겨지는 사람이 실수를 저지르면, 그 사람의 매력은 감소할 가능성이 큽니다.

~ Listening
스크립트

Well, class. Generally, we think perfectionists are more attractive, right? But consider this: when someone, especially a competent person, makes a mistake, ironically, his or her attractiveness can be increased after he or she makes a mistake. Let me give you an example. An experiment was conducted by a researcher to study how people perceive others' mistakes. In the study, a good student was invited and was asked a series of questions on psychology. He answered all the given questions and scored 90 out of 100. Then, the researcher made two recordings of him; one without changing anything and the other with the participant making silly mistakes such as spilling coffee and dropping his cup on the floor. Then, these recordings were shown to grad students, and they were asked to rate this person's attractiveness. Surprisingly, they rated the person spilling coffee and dropping his cup in the second recording higher than the one without the mistakes. The researcher concluded that people feel friendlier and more accepting towards those who are flawed than who appear highly competent and perfect.

해석

자, 여러분. 일반적으로, 우리는 완벽주의자들이 더 매력적이라고 생각합니다, 그렇죠? 하지만 이것을 고려해 보세요. 누군가, 특히 유능한 사람이 실수를 하면, 역설적이게도, 그 사람의 매력은 실수를 하고 난 후에 증가될 수 있습니다. 예를 들어 보겠습니다. 한 연구원에 의해 사람들이 다른 사람들의 실수를 어떻게 인식하는지에 대해 연구하는 실험이 실시되었습니다. 이 연구에서, 한 모범생이 초청되었고 심리학에 관한 일련의 질문들을 받았습니다. 그는 모든 주어진 질문들에 대답했고 100점 만점에 90점을 기록했습니다. 그리고 나서, 그 연구원은 그 학생에 대해 두 가지 녹화본을 만들었습니다. 하나는 아무런 변화가 없는 것이고, 다른 하나는 참여자가 커피를 쏟고 바닥에 그의 컵을 떨어뜨리는 것과 같이 바보 같은 실수를 하는 것이었습니다. 그리고 녹화본들은 대학원생들에게 보여졌고, 대학원생들은 이 사람의 매력을 평가하도록 요청 받았습니다. 놀랍게도, 그들은 커피를 쏟고 컵을 떨어뜨리는 두 번째 녹화본의 학생을 실수가 없는 녹화본의 학생보다 더 매력적으로 평가했습니다. 이 연구원은 사람들이 매우 유능하고 완벽해 보이는 사람보다는 흠이 있는 사람들에게 더 친숙함을 느끼고 더 잘 받아들인다고 결론지었습니다.

어휘 perfectionist 완벽주의자 competent 유능한 ironically 역설적이게도 conduct ~을 시행하다, 실시하다 perceive ~을 인지하다 a series of 일련의 psychology 심리학 out of 100 100점 만점의 silly 바보 같은, 어리석은 grad student 대학원생 rate ~의 등급을 매기다 attractiveness 매력 conclude that ~라고 결론 내다 accepting 받아들이는, 수용하는 flawed 흠이 있는 highly 매우, 아주

Template 표현 연습하기 본문 p. 162

01 According to the reading passage, product positioning is a marketing strategy that <u>companies</u> use to create an image of their products.
02 According to the reading passage, animals have developed their behaviors to protect <u>themselves</u> from their predators.
03 In the lecture, the professor <u>talks about plants' adaptation by giving an example.</u>
04 Then, the turtles <u>put their head and tail into the hard shell.</u>
05 That way, children <u>explore their own world and develop creativity.</u>
06 The example is an experiment conducted by a psychologist.
07 To be specific, companies <u>constantly create new ways to attract customers.</u>
08 The first example is the professor's personal experience he had when he was young.
09 In the lecture, the professor talks about observational learning by mentioning an <u>example</u>.

10 On the contrary, insects communicate each other by emitting chemicals.
11 The second example is the professor's friend who wanted to be a film reviewer.
12 In this sense, this example well illustrates the concept of children's play.

Task 3 DRILLS

본문 p. 164

Q1

Reading

해석 생성 효과

생성 효과는 정보가 사람의 마음 혹은 생각에서 생성되면 정보가 기억될 가능성이 더 큰 현상입니다. 이 효과를 통해, 많은 광고주들이 막대한 이익을 얻어 왔습니다. 일반적으로, 광고의 본래 목적은 시청자들이 광고와 상품을 기억하게 만드는 것입니다. 회사들은 단순히 제품에 관해 읽는 것이 아니라 시청자들의 상호 작용과 반응들을 이용하여 광고를 접한 소비자들이 그 제품을 평가할 수 있는 기회들을 제공합니다.

어휘 phenomenon 현상   more likely 가능성이 더 큰   enormous 엄청난   profit 이익   generally 일반적으로   ad 광고   provide A for B B에게 A를 제공하다   consumer 소비자   encounter ~을 접하다, 맞닥뜨리다   assess ~을 평가하다   interaction 상호 작용   response 반응   instead of ~하지 않고, ~하는 대신

Listening

스크립트

Ok, class. As we have read in the textbook, the generation effect develops a considerably longer memory recall. I will give you an example to help you understand this in more detail.

   A psychology professor showed a TV commercial about Splash, a type of soft drink, to a target group. In the TV commercial, the female actor just drinks Splash on a hot summer day. Then, the professor asked the subjects the name of the soft drink, but 80% of them could not recall the name. The next day, the researcher showed the same ad, but he inserted one phrase "What is the name of this drink, everyone?" at the end of the TV commercial. Some of them even answered aloud to the question immediately. Guess what? After watching it, 95% of the subjects remembered Splash was the name of the soft drink. Through the experiment, the professor concluded that people are able to memorize and remember not only advertisements but also other information when people participate in completing a part of advertisement and information.

해석

좋아요, 여러분. 교재에서 읽었다시피, 생성 효과는 훨씬 더 긴 기억 회상 능력을 발달시킵니다. 이를 더 자세하게 이해하는 데 도움이 될 수 있도록 예를 들어 보겠습니다.
   한 심리학 교수는 청량 음료의 한 종류인 Splash에 관한 TV 광고를 한 대상 집단에게 보여주었습니다. 이 TV 광고에서, 여자 배우가 뜨거운 여름날 Splash를 그냥 마십니다. 그러고 나서, 그 교수는 청량 음료의 이름을 피실험자들에게 물어봤지만, 그들 중 80퍼센트는 그 이름을 기억해내지 못했습니다. 다음날, 연구원은 같은 광고를 보여주었는데, 그는 TV 광고의 마지막에 "여러분, 이 음료수의 이름이 무엇일까요?"라는 한 문구를 삽입했습니다. 몇몇은 심지어 즉각적으로 소리 내어 그 질문에 대답했습니다. 이제 무슨 일이 일어났을까요? 그 광고를 본 후에, 95퍼센트의 피실험자들이 Splash가 그 청량 음료의 이름이라는 것을 기억해냈습니다. 이 실험을 통해, 교수는 사람들이 광고나 정보의 일부분을 완성하는 데 참여할 때, 그들은 광고뿐만 아니라 다른 정보들도 암기하고 기억할 수 있다고 결론지었습니다.

어휘 considerably (비교급 앞에서) 훨씬, 꽤   in more detail 더 자세히   psychology 심리학   target group 대상 집단   subject 피실험자   recall ~을 기억해 내다   insert ~을 삽입하다   immediately 즉각적으로   experiment 실험   conclude that ~라고 결론짓다   be able to V ~할 수 있다   memorize ~을 기억하다   participate in ~에 참여하다   complete ~을 완성하다

Sample Response

서론	1. According to the reading passage, the generation effect is a phenomenon that <u>information is more likely remembered if it is created by one's own mind or thoughts</u>. 2. In the lecture, the professor talks about <u>the generation effect by giving an example</u>.
본론	3. The example is <u>a TV commercial of soft drink</u>. 4. To be specific, a researcher showed people <u>a TV commercial and asked the name of the drink</u>. 5. Then, 80% of them <u>could not recall the name</u>. 6. He inserted one phrase "What is the name of this drink?" 7. Then, some people <u>answered to the question</u> and 95% of people <u>remembered the name of the drink</u>.
결론	8. In this sense, this example well illustrates <u>the concept of the generation effect</u>.

Q2

Reading

해석 업무 분할

업무 분할은 한 명 이상의 사람이 두 가지 혹은 그 이상의 순차적인 단계로 일을 분배하여 하는 것을 나타냅니다. 벌과 개미 같이 사회성 있는 곤충들은 음식을 모으거나 서식처를 구성하는 일을 할 때 업무 분할의 장점들을 활용합니다. 그들의 노동은 여러 단계로 분할될 수 있으며, 그들은 구체적인 일을 수행하고 단독으로 일을 합니다. 그들은 일의 분배를 조직하고 보여주기 때문에, 에너지와 시간을 낭비하지 않고 효율과 생산성을 극대화합니다.

어휘 refer to ~을 나타내다, 가리키다   division 분배   labor 일, 노동(력)   sequential 단계적인   individual 개인, 사람   insect 곤충   utilize ~을 활용하다   advantage 장점   collect ~을 모으다   handle ~을 처리하다   nest construction 서식처 구성   be divided into ~로 나뉘다   specific 구체적인   independently 독립적으로   organize ~을 조직하다   exhibit ~을 보여주다   maximize ~을 최대화하다   efficiency 효율   productivity 생산성   without ~하지 않고

Listening

스크립트

Well, class. Today, we are going to focus on the concept of 'Task Partitioning' that we just read about. Let's use leaf-cutting ants as an example. Leaf-cutting ants cut leaves, flowers and grasses with their powerful jaws and store them for serving as nutritional feed. They store them in their nest, and the nest is very huge. An average nest contains over 5 million ants. Pretty cool, huh? So, they divide their work into small groups which is this 'task partitioning' we discussed earlier. When they need to collect food sources, they distribute the tasks into three groups. The first group climbs up the trees or flowers, cuts the leaves, and drops them. They don't have to go up and down to the nest. So they don't exhaust themselves. Then, another group of leaf-cutting ants cuts the leaves into small pieces and carries them partway to their nest. And then the last group takes the leaves into their nest. Throughout these processes, the leaf-cutting ants accumulate leaf tissues in regular sequence. And through this division of work, they can save a lot of time and energy and by working independently, increase their productivity as well.

해석

자, 여러분. 오늘, 우리는 방금 읽은 '업무 분할'이라는 개념에 초점을 맞출 겁니다. 가위 개미를 예로 들어 봅시다. 가위 개미는 그들의 강력한 턱으로 잎,

꽃 그리고 풀을 자르며, 그것들을 영양가 있는 먹이로 저장합니다. 그들은 그것을 자신들의 집으로 옮기는데, 그 집은 굉장히 큽니다. 평균적인 개미집은 5백만 마리가 넘는 개미들을 포함합니다. 굉장하지 않나요? 그래서, 그들은 자신들의 일을 작은 그룹들로 분할하는데, 이것이 우리가 이전에 논의했던 '업무 분할'입니다. 그들이 음식을 모아야 할 필요가 있을 때, 그들은 그 일을 세 그룹으로 나눕니다. 첫 번째 그룹은 나무나 꽃 위로 올라가 잎들을 자르고 떨어뜨립니다. 그들은 위로 올라갔다가 내려와서 개미집으로 가지 않아도 됩니다. 따라서 그들은 지치지 않습니다. 그러면, 다른 그룹의 가위 개미들이 그 잎들을 작은 조각들로 자르고, 개미집으로 가는 도중까지 옮겨놓습니다. 그러면 마지막 그룹이 개미집까지 그 잎들을 가져갑니다. 이 과정들을 통해서, 가위 개미들은 잎들을 순서대로 축적합니다. 그리고 이러한 일의 분배를 통해, 그들은 많은 시간과 에너지를 절약할 수 있고, 독립적으로 일을 함으로써 그들의 생산성 또한 증가시킵니다.

어휘 focus on ~에 초점을 맞추다 jaw 턱 store ~을 저장하다, 보관하다 nutritional 영양의 feed 먹이 huge 거대한, 엄청난 average 평균의 contain ~을 포함하다 divide A into B A를 B로 나누다 discuss ~을 논의하다 distribute A into B A를 B로 나누다, 분류하다 exhaust ~을 지치게 하다 partway 도중에서, 도중까지 throughout ~을 통해 process 과정, 절차 accumulate ~을 축적하다 in regular sequence 순서대로 as well 또한

Sample Response

서론	1. According to the reading passage, task partitioning refers to the division of labor into two or more sequential stages done by more than one individual. 2. In the lecture, the professor talks about task partitioning by giving an example.
본론	3. The example is leaf-cutting ants. 4. To be specific, leaf-cutting ants divide their work into three groups. 5. The first group climbs up the trees and flowers and cuts the leaves. 6. Another group cuts them into smaller pieces, and the last group takes them to the nest. 7. By dividing their work, they can save time and increase productivity.
결론	8. In this sense, this example well illustrates the concept of task partitioning.

Q3

Reading

해석 주기적인 개체 수 변화
예상되는 기간 동안 개체 수가 주기적으로 증가하고 감소하는 현상을 주기적인 개체 수 변화라고 부릅니다. 충분한 음식은 개체 수를 증가시킵니다. 그러나, 음식량의 부족, 질병, 날씨의 변화 그리고 증가하는 포식자의 수 같은 요소들 때문에 종의 급격한 자연 소멸이 막대하게 발생합니다. 하나의 특정한 종의 개체 수가 충분하게 많지 않으면, 자연은 그 비율을 통제하려 시도하며 다른 종들의 수가 증가하는 것을 가능하게 합니다.

어휘 cyclical 주기적인, 순환하는 population 개체 수 phenomenon 현상 enormous 엄청난, 막대한 die-off 종의 급격한 자연 소멸 due to ~ 때문에 factor 요소 a lack of ~의 부족 the increasing number of ~의 증가하는 수 predator 포식자 specific 특정한, 구체적인 species (동식물의) 종 attempt to V ~하려 시도하다 allow A to V A가 ~할 수 있게 하다

Listening

스크립트
Ok, class. As you have read in the text book, cyclical population change involves the increases and decreases in the specific numbers of a species with a regular cycle. Today, we are going to discuss a more specific example.

The example is the interaction between wolves and rats with periodic cycles. Ok. When there is an abundance of food for rats, such as dead birds or fruits in the mountains, the number of rats dramatically increases. Usually, when rats have a reliable food source and are living in safe places, they tend to propagate. A wolf is one of the predators of rats. Thus, the growing number of rats helps wolves to hunt more easily and with enough rats, wolves can expand their own populations. Moreover, when rats die in large quantities because of the rapidly changing climate, a lack of prey and human activities, the wolves' population also decreases at the same time. This is because there are fewer rats available for wolves, putting pressure on their population numbers. As we can see from this example, the population of species naturally regulates their rates to coexist.

> **해석**
> 자, 여러분. 교과서에서 읽었다시피, 주기적인 개체 수 변화는 일정한 주기 동안 종의 특정 수가 증가하고 하락하는 것을 수반합니다. 오늘, 우리는 더 구체적인 예시에 관해 논의해 볼 겁니다.
>
> 그 예시는 주기적인 순환 속에 놓인 늑대와 쥐 사이의 상호 작용입니다. 자, 산 속에 죽은 새나 과일과 같이 쥐들을 위한 먹이가 충분하면, 쥐들의 개체 수는 급격히 증가합니다. 보통, 쥐들이 의존할 만한 먹이가 있고 안전한 장소에 살고 있으면, 그들은 번식하는 경향이 있습니다. 늑대는 쥐의 천적들 중 하나입니다. 따라서, 증가하는 쥐의 수는 늑대들이 더 쉽게 사냥할 수 있게 도와주며, 충분한 쥐들로 인해, 늑대들은 개체 수를 확장할 수 있습니다. 게다가, 급격히 변화하는 기후, 먹이의 부족 그리고 인간들의 활동 때문에 다수의 쥐들이 죽으면, 늑대들의 개체 수 또한 동시에 감소합니다. 이는 늑대들이 잡아 먹을 수 있는 쥐의 숫자가 더 적어져서 늑대들의 개체 수에 압박을 가하게 되기 때문입니다. 이 예시에서 보다시피, 종의 개체 수는 공존하기 위한 그들의 비율을 자연스럽게 조절합니다.

> **어휘** involve ~을 수반하다   with a regular cycle 일정한 주기로   interaction 상호 작용   an abundance of 풍부한   dramatically 급격히   reliable 의존할 수 있는   tend to V ~하는 경향이 있다   propagate 번식하다   expand ~을 확장하다   moreover 더욱이, 게다가   in large quantities 대량으로   at the same time 동시에   available 이용 가능한   put pressure on ~에 압박을 가하다   regulate ~을 조절하다, 규제하다   rate 비율   coexist 공존하다

Sample Response

서론	1. According to the reading passage, <u>cyclical population change is a phenomenon that a population increases and decreases over an expected period of time regularly</u>.
	2. In the lecture, <u>the professor talks about the cyclical population by giving an example</u>.
본론	3. The example is <u>the interaction between wolves and rats</u>.
	4. To be specific, <u>when there is an abundance of food for rats, the number of rats increases</u>.
	5. Then, <u>this helps wolves to hunt easily and expand their population</u>.
	6. However, <u>if a large number of rats die, the wolves' population also goes down</u>.
	7. Like this, <u>the population of species naturally regulates their rates to coexist</u>.
결론	8. In this sense, <u>this example illustrates well the concept of cyclical population change</u>.

Q4

Reading

> **해석** 공진화
> 공진화는 서로 상호 작용하고 의존하는 두 가지 혹은 그 이상의 종들의 진화를 가리킵니다. 잘 알려져 있는 공진화의 예시로는 현화 식물과 벌, 나비 혹은 새와 같은 꽃가루 매개자입니다. 공진화는 또한 천적과 먹이의 공진화인 숙주 종과 기생 생물 사이의 관계를 포함하고 있습니다. 간단히 말해서, 서로 다른 종들은 서로 긴밀한 생태학적 상호 작용을 하며, 그들은 지속적으로 다른 종과 상호적으로 영향을 미칩니다.

어휘 coevolution 공진화　depend on ~에 의존하다　flowering plant 현화 식물　pollinator 꽃가루 매개자　host species 숙주 종　parasite 기생 생물　prey 먹이　ecological 생태학적인, 생태학의　constantly 지속적으로　reciprocally 상호간에, 서로　affect ~에 영향을 미치다

Listening

스크립트

Today, we will continue discussing coevolution. It is a pretty familiar concept, right? I mean it is very common among animals and plants. Even in human life. Today, I am going to specifically talk about mutualism, a type of coevolution.

A typical and well-known example is ants and the acacia plants. These species appear to have evolved in response to their interaction. Acacia depends on ants for protection from plant eaters, and the ant depends on the acacia plants for food and housing. When a giraffe starts to eat the acacia leaves and this vibrates the stems, the ants then come out, attack and annoy the giraffe so much that it stops eating the acacia and moves on to find a less irritating meal. Ants patrol down and around the base of the acacia and protect the acacia trees from intruders. In return, the plant repays the ants by producing its sweet nectar and pollen. Some acacia species have hollow thorns and pores at the bases of their leaves to hide their nectar for ants. As we can see from their relationship, the development of the plants' nectar pores and hollow thorns are the tree's defense behavior, and ants are the products of coevolution.

해석

오늘, 우리는 공진화에 대해서 계속해서 이야기할 겁니다. 이것은 꽤 친숙한 개념입니다, 그렇죠? 제 말은 이것이 동물들과 식물들 사이에서 매우 흔하단 겁니다. 심지어 인간의 삶에서도요. 오늘, 저는 공진화의 한 종류인 상리 공생에 대해서 자세하게 얘기할 겁니다.

전형적이고 잘 알려져 있는 예시는 개미와 아카시아 나무입니다. 이 종들은 그들 사이의 상호 작용에 응하여 진화되어 온 것으로 보입니다. 아카시아는 초식 동물로부터의 보호를 위해 개미에게 의존하며, 개미는 음식과 거처를 위해 아카시아에 의존합니다. 기린이 아카시아 잎을 먹기 시작해서 이것이 줄기를 흔들게 되면, 그때 개미들이 나와서 기린을 매우 공격해 짜증나게 만들어서 기린이 아카시아를 먹는 것을 멈추고 덜 짜증나게 하는 먹이를 찾으러 이동하게 됩니다. 개미들은 아카시아의 기둥 아래로 내려와 주변을 순찰하며, 아카시아 나무를 불법 침입자들로부터 보호합니다. 그에 대한 답례로, 아카시아 나무는 달콤한 꿀과 꽃가루를 만들어 내어 개미들에게 보답합니다. 일부 아카시아 종에는 나뭇잎이 자라는 아래 부분에 개미를 위해 꿀을 숨겨두기 위한 빈 가시와 구멍이 있습니다. 우리가 이들의 관계에서 볼 수 있듯이, 꿀이 있는 구멍 및 속이 빈 가시들을 만들어 내는 것은 나무의 방어 행위이며, 개미들은 공진화의 산물입니다.

어휘 continue -ing 계속 ~하다　familiar 친숙한　common 흔한　specifically 구체적으로　mutualism 상리 공생　appear to V ~한 것 같다　in response to ~에 응하여, ~에 대응하여　depend on ~에 의존하다　vibrate ~을 흔들다　stem 가지　annoy ~을 짜증나게 하다　so that (결과) 그러므로, 그 결과　move on 이동하다　irritating 짜증나게 만드는, 자극하는　patrol 순찰하다　intruder 침입자　in return 답례로　repay ~에게 보상하다　nectar 꿀　pollen 꽃가루　hollow (속이) 빈　thorn 가시　pore 구멍　development 개발, 발전　defense behavior 방어 행위

Sample Response

서론	1. According to the reading passage, coevolution refers to the evolution of two or more species that interact and depend on one another. 2. In the lecture, the professor talks about coevolution by giving an example.
본론	3. The example is the relationship between ants and acacia plants. 4. To be specific, when a giraffe eats the acacia leaves, the ants attack and annoy the giraffe. 5. Ants also patrol down the base of the acacia and protect the plant. 6. Then, the trees repay them by giving nectar and pollen. 7. Acacia trees have hollow thorns to hide their nectar for ants.

| 결론 | **8.** In this sense, this example illustrates well the concept of coevolution. |

Task 3　PRACTICE

본문 p. 172

Q1

✎ Reading

해석 건물의 재사용
오래된 건물들과 부지들을 다른 목적으로 재사용하는 과정을 "건물의 재사용"이라고 부릅니다. 건물들이 허름해지고 낡게 되면, 정부나 회사들은 그 건물들을 철거하지 않고 개조합니다. 이것을 통해서, 오래되고 비어 있는 건물들은 다양한 형태로 사용되기에 더 알맞은 장소가 됩니다. 건물의 자재나 물자들을 다시 사용함으로써, 정부나 회사들은 노동력과 기계에 같은 에너지를 쏟을 필요가 없습니다.

어휘 process 과정　site 부지　shabby 허름한　rather than ~하지 않고, ~하는 대신　demolish ~을 철거하다　structure 건물, 구조물　unoccupied 비어 있는　suitable 적합한　material 자재, 재료　resource 재료, 자산, 재원　expend energy on ~에 에너지를 쏟다　labor 노동력

✎ Listening

스크립트
So, class. Have you ever seen a building that appears old outside but the interior has been completely upgraded? We often remodel old buildings and make them totally new ones. This is 'Adaptive Reuse.'
　Today, I will give you another example to explain this more specifically. The Rohan Chocolate factory went bankrupt in 2009. So, the factory's building remained vacant, without an owner. Then, the Lingo Record Company, which is one of the most famous record companies in Singapore, bought the building and site and then converted the factory into a concert hall. They preserved the factory's exterior structures, windows and high ceiling and added seats, special floors, and stages. Finally, the old factory was reborn as a luxurious concert hall. It's pretty amazing, huh? They only invested a small expense because they did not need to construct an entire new building. They just reused the old building. After opening the new concert hall, the Lingo Record Company reaped enormous economic benefits.

해석
자, 여러분. 겉은 오래되어 보이지만 내부는 완전히 새로워진 건물을 본 적이 있나요? 우리는 종종 오래된 건물들을 개조하고 그것들을 완전히 새 건물로 만듭니다. 이것이 바로 '건물 재사용'입니다.
　오늘, 저는 이것을 더 구체적으로 설명하기 위해 다른 예를 들어볼 것입니다. Rohan 초콜릿 공장은 2009년에 파산했습니다. 그래서, 그 공장 건물은 주인도 없이 비어 있는 채로 남아 있었습니다. 그때, 싱가포르에서 가장 유명한 음반회사들 중의 하나인 Lingo 음반회사가 그 건물과 부지를 사들여서 그 공장을 공연장으로 변모시켰습니다. 그들은 공장의 외벽 구조, 창문들 그리고 높은 천장은 남겨두고 좌석과 특수 바닥, 무대들을 더했습니다. 마침내, 그 오래된 공장은 호화로운 공연장으로 다시 태어났습니다. 꽤 멋지죠? 그들은 완전히 새로운 건물을 지을 필요가 없었기 때문에 적은 비용만을 투자했습니다. 그들은 그저 그 오래된 건물을 재사용했습니다. 새로운 공연장을 연 후에, Lingo 음반회사는 막대한 경제적 이익을 거둬들였습니다.

어휘 completely 완전히, 전적으로(= totally)　specifically 구체적으로　go bankrupt 파산하다　vacant 빈, 사람이 없는　convert A into B A를 B로 전환하다　preserve ~을 보존하다, 유지하다　ceiling 천장　be reborn as ~로 다시 태어나다　luxurious 호화로운　invest ~을 투자하다　entire 전체의　reap ~을 거둬들이다　enormous 막대한　economic benefits 경제적 이익

✎ Reading Note-taking

주제	adaptive reuse
세부 사항	remodel old buildings reuse materials / resources → don't need to expend energy

Listening Note-taking

예시	a chocolate factory
세부 사항	remained vacant rec company in Singapore converted, a concert hall added seats, floors and special stages made a lot of economic benefits

Sample Response

서론	1. According to the reading passage, adaptive reuse is the process of reusing old buildings and sites for different purposes. 2. In the lecture, the professor talks about adaptive reuse by giving an example.
본론	3. The example is a chocolate factory. 4. To be specific, after the chocolate factory went bankrupted, the factory building remained vacant. 5. Then, a recording company in Singapore bought the building and converted it into a concert hall. 6. They preserved the exterior of the building and added seats, special floors and stages. 7. This way, they reused the old building and made a lot of economic benefits.
결론	8. In this sense, this example well illustrates the concept of adaptive reuse.

해석 읽기 지문에 따르면, 건물의 재사용은 오래된 건물들과 부지들을 다른 목적으로 재사용하는 과정입니다.
강의에서, 교수는 예시를 제시함으로써 건물의 재사용에 관해 말합니다.
그 예시는 초콜릿 공장입니다.
구체적으로, 그 초콜릿 공장이 파산한 후, 그 공장은 비어 있는 채로 남아 있었습니다.
그때, 싱가포르에 있는 음반회사가 그 건물을 사서 공연장으로 개조했습니다.
그들은 건물의 외벽 구조는 남겨 두고 좌석들과 특수 바닥, 그리고 무대들을 더했습니다.
이렇게 해서, 그들은 오래된 건물을 재사용하고 엄청나게 많은 경제적 이득을 창출해냈습니다.
이러한 점에서, 이 예시는 건물의 재사용 개념을 잘 보여줍니다.

Q2

Reading

해석 계획 오류
사람들이 누군가를 만나거나 문서 작업을 끝내는 것처럼 어떤 일을 하려고 계획할 때, 그 일을 끝내기 위해서 얼마나 많은 시간이 걸릴지 추정합니다. 그러나, 이것은 대개 계획처럼 흘러가지 않습니다. 종종 사람들이 예상했던 것보다 더 많은 시간이 걸리며, 그 일은 지연됩니다. 이를 '계획 오류'라고 부릅니다. 이것은 대개 사람들이 그들 자신에게 지나치게 자신만만하거나, 단순히 자신의 능력을 잘못 판단하거나 실제로 요구되는 시간을 잘못 계산할 때 일어납니다.

어휘 fallacy 오류   estimate ~을 추정하다   task 일, 업무   as planned 계획대로   delayed 지연된   overconfidence 지나친 자신감   misjudge ~을 잘못 판단하다   capability 능력   miscalculate ~을 잘못 계산하다

Listening

스크립트

Ok. As you have already read in the textbook, planning fallacy is a result of miscalculating or misjudging. Yet, it happens to all people. I also have experienced planning fallacy.

    Back when I was a junior in college, my professor who taught American history gave us a writing assignment. Students had to write a ten-page paper about World War I, World War II and the Great Depression. The deadline was the next class meeting, which meant I had only one week to finish the paper. At that time, I thought I could finish it easily. So, I started it two days before it was due. It was a matter of pride and overconfidence. I went to the school library to collect materials on the topics and I thought I had gathered enough information, but ultimately it only amounted to six pages. I needed more references, so I went back to the library. However, unfortunately, the library was closed so I was not able to finish my paper by the due date. Thus, I got a C- on my paper. That's a pretty low score, huh? After that experience, when I have something to do, I try to have enough time to complete the project.

해석

좋아요. 여러분이 이미 교과서에서 읽었다시피, 계획 오류는 잘못 계산하거나 잘못 판단한 것에 따른 결과입니다. 그러나, 이것은 모든 사람들에게 일어나죠. 저 또한 계획 오류 경험이 있습니다.

    제가 대학교 2학년이었을 때, 미국 역사를 가르치셨던 제 교수님께서 우리에게 작문 과제를 내주셨습니다. 학생들은 1차 세계대전, 2차 세계대전 그리고 경제 대공황에 관해 10페이지 분량의 리포트를 작성해야 했습니다. 마감일은 다음 수업 시간 때까지였는데, 이는 제가 그 과제를 끝낼 수 있는 기간이 오직 1주일뿐이었다는 것을 의미하는 거죠. 그때, 저는 그것을 쉽게 끝낼 수 있을 거라 생각했죠. 그래서, 저는 마감일 이틀 전에 시작했습니다. 이것은 자만심과 과신의 문제였어요. 저는 그 주제들에 관한 자료들을 모으기 위해 학교 도서관에 갔고, 충분한 정보를 모았다고 생각했지만, 그것은 결과적으로 6페이지의 분량 밖에 되지 않았습니다. 저는 더 많은 참고 도서들이 필요했고, 도서관으로 돌아갔습니다. 그러나, 안타깝게도, 그 도서관은 문을 닫았고 저는 마감일에 맞춰 리포트를 끝낼 수 없었습니다. 따라서, 저는 제 과제물에 대해 C-를 받았죠. 꽤 낮은 점수죠? 그러한 경험을 한 후에, 저는 무언가 할 것이 있을 때, 그 일을 끝내기 충분한 시간을 가지려고 노력합니다.

어휘 result 결과　due 마감인, 만기가 된　collect ~을 수집하다　material 자료　gather ~을 모으다　ultimately 결국　amount to (양이) ~에 이르다, 달하다　reference 참고 도서, 참고 자료　be able to V ~을 할 수 있다　complete ~을 완료하다, 완수하다

Reading Note-taking

주제	planning fallacy
세부 사항	plan → not go as planned / need more time overconfidence / misjudge / miscalculate

Listening Note-taking

예시	her personal experience
세부 사항	her professor assigned a paper finish it easily / started it two days before it was due needed more information / library closed not finish the paper on time / got a bad grade

Sample Response

서론	1. According to the reading passage, when people plan on doing something, it often takes more time, and the task is delayed. 2. In the lecture, the professor talks about planning fallacy by giving an example.

본론	3. The example is her personal experience.
	4. To be specific, when she was junior in college, her professor assigned a paper.
	5. She thought she could finish the paper easily, so she started it two days before it was due.
	6. When she needed more information for the paper, the library was closed.
	7. So, she was not able to finish the paper on time and got a bad grade.
결론	8. In this sense, this example well illustrates the concept of planning fallacy.

해석 읽기 지문에 따르면, 사람들이 무언가 하려고 계획할 때, 종종 더 많은 시간이 걸리고 그 일이 지연됩니다.
강의에서, 교수는 예시를 제시함으로써 계획 오류에 관해 말합니다.
그 예시는 그녀의 개인적 경험입니다.
구체적으로, 그녀가 대학교 2학년이었을 때, 그녀의 교수님께서 리포트를 내주셨습니다.
그녀는 그 리포트를 쉽게 끝낼 수 있을 것이라고 생각해서 마감일 이틀 전에 시작했습니다.
그녀가 리포트를 위해 더 많은 정보가 필요했을 때, 도서관은 문을 닫았습니다.
그래서, 그녀는 제시간에 보고서를 끝낼 수 없었고 좋지 않은 성적을 받았습니다.
이러한 점에서, 이 예시는 계획 오류의 개념을 잘 보여줍니다.

Q3

Reading

해석 고객 유지
고객유지란 기업이 고객을 유지하기 위해 사용하는 활동들을 의미합니다. 이것은 여러가지 이유로 기업에게 필수적입니다. 기업들은 회사의 제품과 서비스에 만족하는 기존 고객을 유지함으로써 마케팅 비용을 절감합니다. 그들을 이러한 기존 고객에게 훨씬 더 적은 시간과 노력을 들입니다. 기존 고객들은 그들이 신뢰하는 기업이나 브랜드에 강한 충성심을 갖고 있습니다. 그래서 그 회사가 출시한 신제품을 삽니다. 그러나 신규 고객을 유치하는 것은 기존고객을 유지하는 것보다 거의 다섯배의 비용이 듭니다. 그래서 기업들은 기존 고객유지를 위해 여러가지 전략을 사용합니다.

어휘 retention 보유, 유지　existing customer 기존 고객　retain 유지하다　loyalty 충성심　essential 필수

Listening

스크립트
Ok, guys, continuing from the last class, customer retention refers to the collection of activities a business uses to retain its customers. It is an important marketing strategy. People in the business field often say retaining an existing customer is better than attracting one new customer. First, as many of you have experienced, companies use a customer loyalty program. It is a kind of rewarding program for those who are already loyal. For example, a major department store gives customers a certain percentage of points or cashback based on each purchase. It is especially effective when they offer rewards and points during special occasions such as the customer's birthday or wedding anniversary. It makes customers feel appreciated and makes them develop emotional connections with the company. Sometimes companies increase customers' loyalty and retain existing customers by creating social responsibility programs. For example, the department store mentioned before is spending an additional million dollars to even manufacture environmentally-friendly products. It helps the company to get involved with customers' concerns and their needs and it ultimately helps them increase customer loyalty.

해석
네 여러분, 지난번 수업에 이어, 고객 유지란 기업이 고객을 유지하기 위해 사용하는 활동들을 의미합니다. 이것은 중요한 마케팅 전략입니다. 이 분야에 종사하는 사람들은 종종 한 명의 기존 고객을 유지하는 것이 또 다른 한 명의 신규 고객을 유치하는 것보다 낫다고 말합니다. 첫째로 여러분 중 많은

분들이 경험했다시피, 기업들은 로열티 프로그램을 사용합니다. 이것은 이미 충성심이 있는 고객을 위한 보상 프로그램과 같은 것입니다. 예를 들어, 대형 백화점은 고객들에게 구매 금액의 특정 퍼센트의 포인트나 캐시백을 제공합니다. 이것은 특히 그들이 고객의 생일이나 결혼기념일과 같은 특별한 기회에 보상이나 포인트를 제공할 때 효과적입니다. 이것은 고객들이 환영 받는 느낌이 들게 하고 회사와 정서적인 연결고리를 생성하게 합니다. 가끔 기업들은 사회적 책임 프로그램을 생성함으로써 고객들의 충성심을 높이고 기존 고객들을 유지하기도 합니다. 예를 들면 앞서 언급되었던 백화점은 수백만 달러를 추가적으로 투자하여 친환경적 제품을 제조하기도 합니다. 이것은 기업이 고객들의 염려와 요구에 참여하여 궁극적으로 그들의 충성심을 상승시키는 데 도움이 됩니다.

어휘 rewarding program 보상 프로그램 additional 추가의 occasion 때, 기회 manufacture 제조하다 effective 효과적인 ultimately 궁극적으로 feel appreciated 환영 받는 느낌이 들다

≷ Reading Note-taking

주제	customer retention
세부 사항	the collection of activities a business uses to retain its customers essential / less time and effort Existing customers / loyalty attracting a new customer costs more

≷ Listening Note-taking

예시	a major department store
세부 사항	use customer loyalty program gives points or cashback on special occasion/feel appreciated/emotional social responsibility program manufacture env. friendly product increase customer loyalty

Sample Response

서론	1. According to the reading passage, customer retention refers to the collection of activities a business uses to retain its customers. 2. In the lecture, the professor talks about customer retentions by giving an example.
본론	3. The example is that a major department store uses customer loyalty programs. 4. To be specific, they give points or cashback on each purchase on special occasion such as a birthday. 5. Then, customers feel appreciated and make emotional connections. 6. Another one is that they use social responsibility programs. 7. The department store manufactures environmentally-friendly product and increase customers' loyalty.
결론	8. In this sense, this example well illustrates the concept of customer retention.

해석 읽기 지문에 따르면, 고객 유지는 기업이 고객을 유지하기 위해 이용하는 일련의 활동들을 의미합니다.
강의에서, 교수는 예시를 제시함으로써 고객 유지에 관해 말합니다.
그 예시는 로열티 프로그램을 사용하는 대형 백화점입니다.

구체적으로, 그들은 생일 같은 특별한 날에 한 구매에 대해 포인트나 캐시백을 제공합니다.
그러면, 고객들은 감사함을 느껴 정서적인 연결이 만들어집니다.
또 다른 예시는 그들이 사회적 책임 프로그램을 사용한다는 것입니다.
백화점은 고객의 충성심을 상승시키기 위해 친환경적 제품을 제작합니다.
이러한 점에서, 이 예시는 고객 유지의 개념을 잘 보여줍니다.

Q4

Reading

해석 선형공원

선형공원은 보통 도시와 교외에 놀랍게 펼쳐지는 폭 보다 길이가 상당히 길고 공원이다. 이것은 녹색공간으로의 더 많은 접근을 유도하는 흥미로운 녹색 공간 분류 체계입니다. 공원자체가 굉장히 아름다운 길이 될 수도 있죠. 이것은 다기능 적이고 모양과 유형은 서로 다르기도 하죠. 사람들에게 산책, 달리기, 자전거타기, 롤러 스케이트 타기, 그리고 공놀이와 같은 다양한 신체활동을 위한 훌륭한 공간을 제공합니다. 또한 이것은 사회적 상호관계, 일광욕 또는 독서와 같은 수동적인 레저활동을 위해 사용되기도 합니다. 이것은 많은 사람들이 녹색공간에 가까이 살 수 있도록 함으로써 도시 거주자들에게 중요한 역할을 합니다.

어휘 linear 직선 모양의   stunning 굉장히 아름다운   substantially 상당히   stunning 굉장히 아름다운   multifunctional 다기능적인   resident 거주자   vary 서로 각기 다르다

Listening

스크립트

Ok, is everyone in this class from a city? As you know, many cities have great parks, and I strongly believe that great cities deserve great parks. There are so many ways to make this happen. When it comes to a great park, often Central Park comes to mind. It is obviously New York City's backyard. Today we are going to discuss some benefits of linear parks. We know that a linear park is important because it creates a green space, but it is more than just a green space. It gives social, economic, and cultural benefits, and it can also have significant environmental benefits, including flood protection and curbing run-off pollution. Excessive development in cities disrupts floodplains, which help to absorb water during a major storm. This damages many homes and public infrastructure. Linear parks can help protect and restore these natural floods. It helps reduce pollution run-off caused by sewers, lawn fertilizers, and chemicals used for manufacturing. These greenways created by linear parks can help remove these pollutants. Also, these green spaces increase the biodiversity of flora, and it significantly reduces temperature and urban heat island. It eventually improves air quality and decreases air pollution. So, as I mentioned, linear parks in cities and suburban areas play important roles in our well-being, and they are essential for cities.

해석

네, 여러분 모두 도시 출신들이죠? 여러분도 알다시피 많은 도시에 훌륭한 공원들이 많습니다. 그리고 저는 훌륭한 도시들에 아름다운 공원들이 있는 것이 당연하다고 생각이 듭니다. 이렇게 하기 위한 방법들이 여러가지 있죠. 훌륭한 공원 하면 당연히 뉴욕의 센트럴 파크가 떠오르죠. 확실히 뉴욕의 뒷마당이라는 생각이 드는데요. 오늘은 선형공원의 장점을 이야기해보려고 합니다. 우리는 선형공원이 녹색 공간을 만들어 주기 때문에 중요하다고 생각합니다. 그러나 이것은 녹색공간 이상의 의미를 갖습니다. 사회적, 경제적, 그리고 문화적인 장점을 주기도 하죠. 그리고 상당한 홍수 예방이나 오염물 범람을 방지 등의 환경적 장점을 지니기도 합니다. 도시의 과도한 개발은 태풍이 불 때 강물을 흡수하는 범람원에 영향을 주게 되죠. 이것은 많은 집들과 공공 시설물에 피해를 줍니다. 선형공원들은 이러한 자연적 홍수로부터 보호하고 복구될 수 있도록 도와줍니다. 하수도, 농약 그리고 생산에 사용되었던 화학물질과 같은 오염물이 범람 되는 것을 줄여줍니다. 선형공원으로 만들어진 이런 녹색길들은 이런 오염물을 제거하는데 도움을 주는 거죠. 게다가 이러한 녹색공간들은 식물의 다양성을 높여 도시의 온도와 도시열섬 현상을 현저히 줄여줍니다. 결과적으로는 공기의 질을 높이고 공해를 줄여주는 거죠. 그래서 앞서 말한 바와 같이, 도시와 외곽 도시의 선형 공원은 우리의 삶의 질에도 중요한 역할을 하기 때문에 도시에는 필수적인 거죠.

어휘 flood 홍수   public infrastructure 공공 시설물   curb 억제, 제한하다   sewer 하수도   run-off 유출   lawn fertilizer 비료   excessive 과도한   pollutant 오염물   disrupt 지장을 주다   biodiversity 생물의 다양성   floodplain 범람원   heat island 열섬현상   absorb 흡수하다

Reading Note-taking

주제	A linear park
세부 사항	a park that is substantially longer than it is wide

Listening Note-taking

예시	Environment benefits
세부 사항	excessive development / damage home p infra linear parks / ↓ pollution runoff remove pollutants ↑ biodiversity / ↓ temp ↑ air quality ↓ air pollution

Sample Response

서론	1. According to the reading passage, a linear park is a park that is substantially longer than it is wide. 2. In the lecture, the professor talks about linear parks by giving specific explanation.
본론	3. Linear parks gives significant environmental benefits. 4. To be specific, with excessive development in cities damage homes and public infrastructure. 5. However, linear parks reduce pollution run-off and remove pollutants such as sewers and lawn fertilizers. 6. Another one is that they increase biodiversity of flora and decrease temperature. 7. So, it improves air quality in cities and reduces air pollution.
결론	8. In this sense, this lecture well illustrates the concept of linear parks.

해석 읽기 지문에 따르면, 선형공원은 너비보다 길이가 더 긴 공원입니다.
강의에서, 교수는 상세한 설명을 함으로써 선형공원에 관해 말합니다.
선형공원은 중요한 환경적 장점을 줍니다.
구체적으로, 도시의 과도한 개발은 집들과 공공 시설물에 피해를 줍니다.
하지만, 선형공원은 오염물 범람을 줄여주고 하수도나 농약과 같은 오염물을 제거해줍니다.
또 다른 점은 식물의 다양성을 높이고 온도를 낮춰준다는 점입니다.
그러므로, 선형공원은 도시의 공기 질을 높이고 공해를 줄여줍니다.
이러한 점에서, 이 강의는 선형공원의 개념을 잘 보여줍니다.

Task 04 | Lecture Summary

Task 4　Overview

본문 p. 182

Step 1
Listening

해석
여러분들도 알다시피 사막은 잔혹한 환경입니다. 따라서, 동물들은 계속해서 사막 환경에서 살아남을 수 있는 방법들을 찾습니다. 오늘, 저는 우리의 토론 주제를 사막 조류 및 어떻게 이들이 독특한 행동 적응을 발전시켰는지에 대해 집중할 예정입니다.

그들이 어떻게 과도한 열기를 피하는지부터 알아 보겠습니다. 사막에서, 많은 새들은 그들의 행동 수치를 50%까지 낮추며, 사막의 열을 방지하기 위해서 직사광선을 피합니다. 로드러너라는 새를 예로 들어 보겠습니다. 그들은 태양이 절정을 이루는 낮에 사냥을 위해서 그들의 에너지를 사용하지 않습니다. 대신에, 그들은 대부분 일조 시간에 그늘에서 휴식을 취하며, 사냥을 위해서 온도가 떨어지는 일몰 때까지 기다립니다.

좋아요, 사막에서는, 물의 공급은 생명체들에게 또 다른 문제입니다. 따라서, 대부분의 사막 조류들은 그들이 필요로 하는 모든 물을 음식으로부터 얻습니다. 로드러너 이야기로 다시 돌아가 보죠. 그들은 잡식 동물이어서 식물도 먹고 동물도 먹습니다. 그들은 씨앗, 박주가리, 산딸기 열매, 그리고 선인장을 먹습니다. 그들은 또한 뱀, 쥐, 그리고 전갈도 먹습니다. 흥미롭게도, 이런 먹이들은 그들에게 물과 에너지를 모두 제공합니다.

어휘 brutal 잔혹한　evolve ~을 발전시키다　behavioral 행동의　adaptation 적응　excessive 과도한　combat ~을 방지하다　peak 절정　rest in ~에서 쉬다　shade 그늘　get back to ~로 되돌아 가다　omnivore 잡식 동물

Task 4　Template

본문 p. 188

» Check-up
Listening

스크립트
Ok, class. Today, we are going to focus on emotional appeals in marketing: Positive appeals and negative appeals. This is a type of advertising in which the copy is designed to stimulate one's emotions.
Let me start with positive appeals. This approach stresses the superior aspects of the product and the benefits from purchasing the product. For example, to advertise baby shampoo, the company just shows a happily smiling baby in the TV commercial. This stimulates mothers and leads them to think that their baby will be happy like the one in the ad by using that shampoo, and they eventually buy the product.

On the other hand, companies rely on negative appeals as well. This approach points out the negative aspects of life without the advertised product. Let me give you an example. In a certain ad, a man is walking on the street in the pouring rain without an umbrella. He seems unhappy and frustrated. He wants to make a phone call to ask for help, but obviously he doesn't have a cellphone. This ad will make consumers want to buy a phone because they don't want to be as miserable as the man in the ad.

As you can see, emotions drive our behavior. We think that rational thoughts lead customers to be interested, but it is emotion that sells.

해석
좋아요, 여러분. 오늘, 우리는 마케팅에서의 감정적 호소에 초점을 맞출 것입니다. 긍정적인 호소와 부정적인 호소입니다. 이것은 하나의 광고 유형으로서, 그 안의 광고문이 사람의 감정을 자극하도록 고안됩니다.

긍정적인 호소부터 시작해 봅시다. 이 접근법은 상품의 우수한 측면들과 그 상품을 구매함으로써 오는 장점들을 강조합니다. 예를 들어, 아기 샴푸를 광고하기 위해서, 회사는 TV광고에서 그저 밝게 웃는 아기를 보여주기만 합니다. 이것이 엄마들을 자극시켜 그 샴푸를 이용하면 자신의 아기도 광고 속의 아기처럼 행복해질 거라고 생각하게 만들어서 결국 그 물건을 사게 됩니다.

반면에, 회사들은 또한 부정적인 호소에도 의존합니다. 이 접근법은 광고되는 상품이 없는 삶의 부정적인 측면들을 지적합니다. 예를 들어 보겠습니다. 한 특정 광고에서, 한 남자가 비가 쏟아지는 거리를 우산이 없이 걷고 있습니다. 그는 불행해 보이고 좌절감을 느끼는 것처럼 보입니다. 그는 도움을 요청하기 위해 전화를 걸려고 하지만, 그는 분명 휴대전화가 없습니다. 이 광고는 소비자들이 휴대전화를 사고 싶게 만드는데, 그들은 광고 속의 남자처럼 비참해지고 싶지 않기 때문입니다.

보시다시피, 감정이 우리의 행동을 이끌어 냅니다. 우리는 이성적인 생각들이 소비자들로 하여금 흥미를 느끼게 한다고 생각하지만, 팔리는 것은 바로 감정입니다.

어휘 focus on ~에 초점을 맞추다   emotional 감정의   appeal 호소   be designed to V ~하도록 고안되다, 계획되다   stimulate ~을 자극하다   approach 접근법   superior 우수한   lead A to V A가 ~하도록 이끌다   eventually 결국   as well 또한   point out ~을 지적하다, 집어내다   ad 광고   pouring 퍼붓는   miserable 비참한   drive ~을 이끌어 내다   rational 이성적인

Template 표현 연습하기 본문 p. 198

01 In the lecture, the professor talks about two factors that are used in marketing by giving examples.
02 In the lecture, the professor describes characteristics of good teachers by presenting examples.
03 According to the lecture, animals use stars as an indicator when they migrate.
04 According to the lecture, there are two types of motivation.
05 The first one is highlighting the benefits of products.
06 The other one is making the package very simple and plain.
07 In this sense, these examples well illustrate the concept of building images of products.
08 On the contrary, sometimes, children think about items too specifically.
09 To be specific, when a bee finds nectar, it comes back to the hive and tells other bees where the nectar is.
10 That way, money motivates the boy, but he doesn't clean the room without it.
11 Then, the company offered a special discount plan and promoted practical functions.
12 In this sense, these aspects well illustrate the concept of exotic species and how they affect environment.
13 In this sense, these types well illustrate the concept of how children modify their behavior.
14 That way, companies advertise their products on TV when most children watch TV.
15 For example, squid moves vertically to avoid being exposed to predators.

Task 4 DRILLS 본문 p. 200

Q1

Listening

스크립트

Last week, we talked about how birds mate. So, today, we are going to focus on how birds acquire their food. I will give you an example to help you understand. There is one specific group of wading birds called shorebirds in North America. These birds' habitats are near swamps, so their body parts have adjusted to their habitats for searching for food in shallow water.

　First, the most common adaptation is their ability to use their long and thin legs. When they capture their prey, their long legs help to keep their bodies above the water line. And their feet with their angled toes help them to avoid getting stuck in the mud, making it easier for them to walk, stand, and maintain their balance on the muddy or wet ground. Therefore, they can catch their prey without much difficulty.

　Another adaptation is using their long and thin beaks. They have sharp tips on their beaks. These special beaks help to pick up prey. Mostly, they dig in the muddy ground to capture the prey. So, their long and sharp bills are particularly helpful in digging in the muddy or wet ground to find and reach tiny shrimp and the sea worms that are hidden in the mud.

해석

지난주에, 우리는 새들이 어떻게 짝짓기를 하는지에 관해서 이야기했습니다. 따라서, 오늘은, 어떻게 새들이 먹이를 얻는지에 대해 초점을 맞출 것입니다. 여러분들의 이해를 돕기 위해서 예를 들어 보겠습니다. 북미 지역에 도요새라고 불리는 특정한 그룹의 섭금류 새가 있습니다. 이 새들의 서식지는 습지 근처에 있어서, 그들의 신체 부위는 얕은 물에서 먹이를 찾을 수 있게 그들의 서식지에 적응되어 있습니다.

첫째로, 가장 흔한 적응은 그들의 길고 얇은 다리를 이용하는 능력입니다. 그들이 먹이를 잡을 때, 긴 다리는 수면 위에서 그들의 몸을 지탱할 수 있게 돕습니다. 그리고 각진 발가락이 있는 발은 그들이 진흙에 빠지는 것을 피할 수 있게 도움을 주는데, 그들이 진흙 또는 젖은 땅 위에서 쉽게 걷고, 균형을 유지할 수 있게 해 줍니다. 따라서, 이 새들은 큰 어려움 없이 먹이를 잡을 수 있습니다.

또 다른 적응은 그들의 길고 얇은 부리를 이용하는 것입니다. 그들은 끝이 날카로운 부리를 가지고 있습니다. 이 특별한 부리는 먹이를 집는 것을 도와줍니다. 주로, 그들은 먹이를 잡기 위해서 진흙 상태의 땅을 팝니다. 따라서, 그들의 길고 날카로운 부리는 진흙 속에 숨어 있는 작은 새우나 바다 지렁이를 찾고 그것이 있는 곳에 닿을 수 있게 진흙 상태이거나 젖은 땅을 파는 데 특히 도움이 됩니다.

어휘 mate 짝짓기 하다 acquire ~을 얻다 wading bird 섭금류 새 shorebird 도요새 habitat 서식지 swamp 늪, 습지 adjust to ~에 적응하다 shallow 얕은 ability to V ~할 수 있는 능력 capture ~을 잡다 angled 각이 진 get stuck in ~에 빠져 있다, 갇혀 있다 beak (새의) 부리 pick up ~을 집다 bill 부리 sea worm 바다 지렁이 be hidden in ~에 숨겨져 있다

Sample Response

서론	1. In the lecture, <u>the professor talks about</u> two adaptations of shorebirds.
본론	2. The first one is <u>using long and thin legs</u>.
	3. <u>To be specific</u>, these long legs and toes <u>help them to walk, stand, and maintain balance</u>.
	4. So, they <u>can catch prey without difficulty</u>.
	5. The second one is <u>using their beaks</u>.
	6. They have sharp tips that <u>help the birds pick up prey</u>.
	7. And these bills are helpful in <u>digging in the muddy or wet ground to find worms</u>.
결론	8. <u>In this sense</u>, these aspects <u>well illustrate the concept of birds' adaptation</u>.

Q2

Listening

스크립트

Ok, class. We all have attended schools from elementary school through college. We have had some type of education whether formal or informal. Today, we are going to discuss the qualities of good teachers.

First of all, good teachers encourage students. They motivate their students to learn more and to work on projects more independently. They teach students with contagious enthusiasm. When a student doesn't do well on the project, good teachers praise the parts that he or she did well, instead of making a big deal out of it. This definitely helps students gain confidence and try to improve next time.

Another quality of good teachers is their ability to present feedback on the students' work. Teachers should provide accurate information when they give comments. These comments help students find out what they did well and what they need to improve. With their comments and feedback, students will be better able to understand and review what they learn in the class. This way, they will be more fully prepared for their classes.

Remember! Anyone can be a teacher, but we all know that not everyone can be a good teacher.

해석

좋아요, 여러분. 우리는 모두 초등학교부터 대학교까지 학교를 다녔습니다. 우리는 정규적이든 비정규적이든 어떤 종류의 교육을 받아왔습니다. 오늘, 우리는 좋은 선생님의 자질에 대해서 논의할 것입니다.

첫째로, 좋은 선생님들은 학생들을 격려합니다. 그들은 학생들이 더 많이 배우고 더 독립적으로 과제를 할 수 있도록 동기를 부여합니다. 그들은 전염성 있는 열정으로 학생들을 가르칩니다. 한 학생이 프로젝트를 잘 하지 못할 때, 좋은 선생님은 큰 소리로 뭐라고 하는 대신에 그 학생이 잘한 부분을 칭찬합니다. 이것은 학생들이 자신감을 갖고 다음에 개선되도록 노력할 수 있게 하는 데 분명 도움이 됩니다.

좋은 선생님의 또 다른 자질은 학생들이 한 것에 대해 의견을 제시하는 능력입니다. 선생님들은 설명을 해 줄 때 정확한 정보를 제공해야 합니다. 이 설명은 학생들이 무엇에 대해 잘 했고 무엇을 개선할 필요가 있는지 알아낼 수 있게 돕습니다. 선생님들의 설명 및 의견을 통해, 학생들은 수업 중에 배운 것을 더 잘 이해하고 복습할 수 있게 될 것입니다. 이렇게 함으로써, 학생들은 수업을 더 완벽히 준비하게 될 것입니다.

기억하세요! 누구든지 선생님이 될 수 있지만, 우리 모두가 알다시피 모두가 좋은 선생님이 될 수는 없습니다.

어휘 formal 정규적인, 공식의(↔ informal) quality (사람의) 자질 encourage ~에게 격려하다 motivate ~에게 동기를 부여하다 independently 스스로, 독립적으로 contagious 전염성 있는 enthusiasm 열정 praise ~을 칭찬하다 instead of ~하는 대신, ~하지 않고 make a big deal out of ~에 대해 큰 소리로 법석을 떨다 definitely 분명 confidence 자신감 improve 개선되다, ~을 개선하다 feedback 의견 accurate 정확한 give comments 설명해 주다 be prepared for ~을 준비하다 fully 완전히, 전적으로

Sample Response

서론	1. In the lecture, the professor talks about two qualities that teachers should have by giving examples.
본론	2. The first one is encouraging students.
	3. For example, if a student doesn't do well on his project, the teacher should praise him for the parts that he does well.
	4. This helps students to gain confidence and try to do better.
	5. The second one is presenting feedback on students' projects.
	6. These comments help students to find out what they do well and to better understand the class.
	7. Then, they will be more prepared for their classes.
결론	8. In this sense, these aspects well illustrate the concept of qualities of good teachers.

Q3

Listening

스크립트

Ok, class. As you all know, we live in a product-driven society, and companies do whatever necessary to make their products attractive to persuade more people to buy them. Today, we will talk about two strategies in advertising and how advertisers use them.

One of the major strategies in many advertisements is repetition. Let me give you an example. An insurance company refers to an affordable price over and over again in a TV commercial. Each time, the narrator says, "15 minutes can save you 15% on car insurance." The same message is repeated during the course of the commercial. The insurance itself is pretty expensive, but later, people probably are convinced that the insurance is actually a really good deal.

Another major strategy is to use a big celebrity to advertise a product. You might have seen restaurants that are advertised by famous stars. Because potential customers trust the stars, people tend to think the restaurant is trustworthy as well. The food might not be that great or may actually be very unhealthy. But, if a famous star is featured eating at a particular restaurant, saying "I love healthy food!," people are very likely to believe the food at the restaurant is impressive.

해석

좋아요, 여러분. 여러분 모두가 알다시피 우리는 물건들이 넘쳐나는 사회에 살고 있으며, 회사들은 자사의 상품들을 더 많은 사람들이 사도록 설득하기 위해 매력적으로 보이도록 만들려고 필요한 것은 무엇이든지 합니다. 오늘, 우리는 광고의 두 가지 전략과 어떻게 광고주들이 이것들을 사용하는지에 대해서 이야기할 것입니다.

많은 광고에 쓰이는 주요 전략들 중의 하나는 반복입니다. 예를 하나 들어 보겠습니다. 한 보험 회사가 TV 광고에서 적절한 가격에 대해 계속해서 반복적으로 언급합니다. 매번, 내레이터는 "15분이 자동차 보험료 15%를 절약할 수 있습니다."라고 말합니다. 동일한 메시지가 그 광고가 진행되는 동안 반복됩니다. 그 보험 자체는 꽤 비싸지만, 나중에, 아마 사람들은 그 보험이 꽤 괜찮은 조건이라고 확신할 겁니다.

또 다른 주요 전략은 제품을 광고하는 데 유명 인사들을 이용하는 것입니다. 여러분들은 유명한 스타들이 광고하는 식당들을 봤을 것입니다. 잠재적인 소비자들은 스타들을 믿기 때문에 사람들은 그 식당 역시 믿을 만하다고 생각하는 경향이 있습니다. 음식은 그렇게 뛰어나지 않거나, 실제로는 굉장히 건강에 좋지 않을 수도 있습니다. 그러나, 한 유명한 스타가 특정 식당에서 "저는 건강한 음식을 정말 좋아합니다!"라고 말하면서 먹는 모습이 나오면, 사람들은 그 식당의 음식이 인상적이라고 믿을 가능성이 매우 높습니다.

어휘 product-driven 상품이 넘쳐나는, 상품 중심의 attractive 매력적인 persuade A to V A가 ~하게 만들다 strategy 전략 repetition 반복 insurance company 보험 회사 refer to ~을 언급하다 affordable 가격이 적절한 over and over again 계속 반복해서 commercial 광고 방송 be convinced that ~라고 확신하다 deal 거래 조건 celebrity 유명 인사 potential 잠재적인 trustworthy 믿을 만한 as well 또한 feature ~을 특징으로 하다 particular 특정한 be likely to do ~할 가능성이 있다 impressive 인상적인

Sample Response

서론	1. In the lecture, the professor talks about <u>two strategies in advertising and how advertisers use them by giving examples.</u>
본론	2. The first one is repetition.
	3. For example, when an insurance company advertises their product, <u>the narrator says that you can save 15% and repeats the message.</u>
	4. Then, even though the product is pretty expensive, <u>people can be convinced that it is a good deal.</u>
	5. The second one is <u>using a celebrity.</u>
	6. For instance, if a restaurant is advertised by famous stars, <u>people tend to think the restaurant is trustworthy.</u>
	7. The food might not be healthy, but people believe <u>the food at the restaurant is very impressive.</u>
결론	8. In this sense, <u>these examples well illustrate the concept of advertising strategies.</u>

Q4

Listening

스크립트

Astronomy is one of the oldest sciences, and it has long been closely connected with people's lives and cultures. So, today, we are going to talk about how astronomy affected ancient civilizations, specifically measuring the seasons and navigating.

Let me start off with Egyptians who watched the stars to measure the seasons. Back then, the Nile River was the essential part of their agriculture. So, to predict the period of the flooding, Egyptians observed the constellation of Pisces because it indicated spring was coming along with heavy rain, causing the Nile's flooding.

OK. Let's look at another example. The Vikings used the stars as navigation. Vikings were sailors from Scandinavia, and they typically settled down in Europe and North America. When the Vikings sailed their ships, they navigated by the stars, especially Polaris. By observing the star, the Vikings never lost directions in the vastness of the sea and completed their journeys safely.

해석

천문학은 가장 오래된 과학 중의 하나이며, 이것은 오랜 시간 동안 사람들의 삶과 문화에 밀접하게 연결되어 왔습니다. 따라서, 오늘, 우리는 어떻게 천문학이 고대 문명에 영향을 미쳤는지에 대해, 특히 계절을 측정하고 길을 찾는 것과 관련해서 이야기할 것입니다.

계절을 측정하기 위해 별을 관찰했던 이집트인들에 대해 이야기하는 것으로 시작해 보겠습니다. 그 당시에, 나일강은 그들의 농사에 필수적인 부분이었습니다. 따라서, 홍수 시기를 예측하기 위해서, 이집트인들은 물고기 자리를 관찰했는데, 물고기 자리가 나일강의 홍수를 일으키는 폭우와 함께 봄이 오고 있다는 것을 알려주었기 때문입니다.

좋아요. 다른 예시를 살펴 봅시다. 바이킹은 항해술에 별을 이용했습니다. 바이킹들은 스칸디나비아 출신 선원들이었으며, 그들은 전형적으로 유럽과 북미 대륙에 정착했습니다. 바이킹들이 그들의 배를 항해했을 때, 그들은 별을 이용해 항해했고, 특히 북극성을 이용했습니다. 별을 관찰함으로써, 바이킹들은 광대한 바다에서 절대 방향을 잃지 않았으며, 무사히 자신들의 여정을 마쳤습니다.

어휘 astronomy 천문학 be connected with ~와 연결되다 ancient civilization 고대 문명 measure ~을 측정하다 start off with ~로 시작하다 agriculture 농업 flooding 홍수 constellation 별자리 Pisces 물고기 자리 indicate (that) ~임을 가리키다, 나타내다 settle down 정착하다 Polaris 북극성 vastness 광대함 journey 여정, 긴 여행

Sample Response

서론	1. In the lecture, the professor talks about how ancient people used stars in their lives by giving examples.
본론	2. The first one is measuring the seasons.
	3. For example, Egyptians predicted the periods of flooding by observing Pisces.
	4. That's because it indicated that spring was coming with heavy rain.
	5. The second one is navigating.
	6. For instance, the Vikings used stars as navigation when they sailed their ships.
	7. So, by observing Polaris, they never lost directions and completed their journeys safely.
결론	8. In this sense, these examples well illustrate the concept of using stars.

Task 4 PRACTICE

Q1

Listening

스크립트

So class, how do you think prices are established? Let me answer that question. When a product is first introduced to the market, there are two different tactics that companies use. They are completely opposite but have their own advantages.

The first one is setting the initial price very high and eventually dropping it later. This is because companies hope to establish good images of the company or the product. Customers will assume that the expensive product is a luxury one. The customers know that a few months or a few years later, the price will drop, but they want to purchase the product as soon as it comes out on the market.

The other tactic companies often use is setting the initial price very low. This usually happens when a small company is first entering a market. For example, after the major companies launch tablet computers at a high price, small or unknown companies release their own products at lower prices. This makes new consumers purchase small companies' products because the products are affordable for them.

해석

그래서 여러분, 여러분들은 어떻게 가격이 정해진다고 생각하나요? 제가 그 질문에 대답해 보죠. 상품이 처음으로 시장에 나올 때, 회사들이 사용하는 두 가지 다른 전략이 있습니다. 그 둘은 완전히 반대이지만, 각각의 장점들이 있습니다.

첫 번째는 초기 가격을 굉장히 높게 정하고 나중에 결국 가격을 떨어뜨리는 것입니다. 이것은 회사들이 회사 혹은 상품에 대해 좋은 이미지를 확립하기를 바라기 때문입니다. 소비자들은 비싼 상품이 고급 제품이라고 여길 것입니다. 소비자들은 몇 달 혹은 몇 년 후에, 그 가격이 떨어진다는 것을 알지만, 그들은 그 상품이 시장에 나오자마자 사고 싶어 합니다.

회사들이 종종 사용하는 또 다른 전략은 초기 가격을 굉장히 낮게 설정하는 것입니다. 이는 보통 작은 회사가 처음 시장에 진출할 때 일어납니다. 예를 들어, 대기업들이 태블릿 컴퓨터를 높은 가격에 출시할 때, 작은 회사 혹은 알려지지 않은 회사들은 자사의 상품을 더 저렴한 가격에 출시합니다. 이것이 새로운 소비자들로 하여금 그 상품을 구매하게 만드는데, 새로운 상품이 그들에게 비용을 감당할 수 있는 것이기 때문입니다.

어휘 establish ~을 설정하다, 확립하다   tactic 전략   completely 완전히, 전적으로   opposite 반대인   initial 초기의, 처음의   eventually 결국, 마침내   assume that ~라고 여기다, 생각하다   come out on the market 시장에 나오다   launch (제품 등) ~을 출시하다   at a high price 높은 가격으로   release ~을 공개하다, 내놓다   consumer 소비자   affordable 가격이 알맞은

Listening Note-taking

강의 주제	two methods companies establish initial price	
소주제	setting very high / drop	setting very low
예시 및 부연 설명	establish images consumers know P ↓ buy / come out	ex) major comp launch tablet small comp @ low prices new consumer buy / affordable

Sample Response

서론	In the lecture, the professor talks about two methods companies use to establish initial price by giving examples.
본론	The first one is setting the initial price very high and dropping it later.
	This is because companies want to establish good images.
	So, even though consumers know the price will drop later, they buy the product as soon as it comes out on the market.
	The second one is setting the initial price very low.
	For example, after major companies launch tablet computers at a high price, small companies release their products at lower prices.

본론	Then, new consumers purchase small companies' products because they are more affordable.
결론	In this sense, these examples well illustrate the concept of setting the initial price.

해석 강의에서, 교수는 예시를 제시함으로써 회사들이 초기 가격을 정할 때 사용하는 두 가지 방법에 대해 말합니다.
첫 번째는 초기 가격을 굉장히 높게 정하고 나중에 떨어뜨리는 것입니다.
이는 회사들이 좋은 이미지를 확립하고 싶어하기 때문입니다.
따라서, 소비자들은 나중에 가격이 떨어질 것이라는 것을 알고 있음에도 불구하고, 시장에 나오자마자 그 상품을 삽니다.
두 번째는 초기 가격을 굉장히 낮게 정하는 것입니다.
예를 들어, 대기업들이 태블릿 컴퓨터를 높은 가격에 출시하고 난 후에, 작은 회사들은 그들의 상품을 더 낮은 가격에 내놓습니다.
그러면, 새로운 소비자들은 작은 회사의 상품 가격이 더 알맞기 때문에 그것을 구매합니다.
이러한 점에서, 이 예시들은 초기 가격을 설정하는 것의 개념에 대해 잘 보여줍니다.

Q2

Listening

스크립트

Ok, class. As we all know, we have invented more and more advanced technologies to make our lives more convenient. Even most animals have their own adaptation skills to survive a changing environment. Today, we are going to discuss how fish adjust to the challenging environment.

The first adaptation I will talk about is physical adaptation. Let's take the sea rundace as an example. They spend most of their time in the ocean but come back to fresh water during spawning time in the middle of March. But when they go back to fresh water, swimming in the new environment can be challenging for them due to the fast and strong currents. So, they have a long and flattened body with a flat tail to help them move at a higher speed.

Another adaptation is behavioral adaptation. In the flowing water, their prey can be quickly carried away by swiftly-moving currents so they have developed their own way to hunt successfully. Sea rundace generally feed on small fish, insects and zooplankton. When they hunt prey, it can't be easy to capture it in the flowing water. So, they stay near the bank of the river and wait for the prey. Usually, with the relatively slow currents near the bank, they can obtain sufficient food.

해석 좋아요, 여러분. 우리 모두가 알다시피, 우리는 우리의 삶을 더 편리하게 만들기 위해서 더욱 더 진보된 기술을 발명해 왔습니다. 심지어 대부분의 동물들도 변화하는 환경에서 살아남기 위해서 자신들만의 적응 능력을 갖추고 있습니다. 오늘, 우리는 어떻게 물고기들이 험난한 환경에 적응하는지에 대해서 논의할 것입니다.
제가 말하려는 첫 번째 적응은 신체 적응입니다. 황어를 예로 들어 봅시다. 그들은 대부분의 시간을 바다에서 보내지만, 3월 중순의 산란기 중에는 민물로 돌아옵니다. 그러나 그들이 민물로 돌아올 때, 빠르고 거센 물살 때문에 새로운 환경에서 헤엄치는 것은 그들에게 어려운 일일 수 있습니다. 따라서, 그들은 더 빠른 속도로 움직일 수 있게 도움을 주는 납작한 꼬리가 있는 길고 평평한 몸을 지니고 있습니다.
또 다른 적응은 행동 적응입니다. 흐르는 물에서, 그들의 먹이는 빠르게 움직이는 물살 때문에 빠르게 옮겨 다니게 되므로 그들은 성공적으로 사냥할 수 있는 그들만의 방법을 발달시켰습니다. 황어는 일반적으로 작은 물고기, 곤충, 그리고 동물성 플랑크톤을 먹습니다. 그들이 먹이를 사냥할 때, 흐르는 물에서는 먹이를 잡는 것이 쉽지 않습니다. 따라서, 그들은 강둑 근처에 머무르면서 먹이를 기다립니다. 보통, 비교적 느린 강둑 근처의 물살로 인해, 그들은 충분한 먹이를 얻을 수 있습니다.

어휘 advanced 진보한, 발전된   adaptation 적응   adjust to ~에 적응하다   challenging 어렵게 만드는, 힘들게 하는   physical 신체의   sea rundace 황어   spawn 알을 낳다   in the middle of ~의 중순에   due to ~로 인해   current 물의 흐름   flattened 납작해진   behavioral 행동의   flowing water 흐르는 물   swiftly-moving 빠르게 움직이는   feed on ~을 먹고 살다   insect 곤충   zooplankton 동물성 플랑크톤   bank (강 등의) 둑   relatively 비교적, 상대적으로   obtain ~을 얻다   sufficient 충분한

Listening Note-taking

강의 주제	how fish living in rivers develop physical and behavioral adaptations	
소주제	physical adaptation	behavioral adaptation
예시 및 부연 설명	sea rundace spend t ocean / back fresh w / spawning long, flattened body / flat tail move ↑ speed	sea rundace feed on small fish, insects stay near bank, wait current-slow near bank, ↑ food

Sample Response

서론	In the lecture, the professor talks about how fish living in rivers develop physical and behavioral adaptation by giving examples.
본론	The first one is physical adaptation.
	For example, sea rundace spend most of their time in the ocean and come back to fresh water during spawning time.
	So, they have a long and flattened body and a flat tail and these help them to move faster in the strong currents.
	The second one is behavioral adaptation.
	For instance, sea rundace feed on small fish and insects.
	So, they stay near the bank of the river and wait for the prey because the currents are slow near the bank and there is more food.
결론	In this sense, these examples well illustrate the concept of adaptation of fish.

해석 강의에서, 교수는 예시를 제시함으로써 강에서 사는 물고기들이 어떻게 신체적 그리고 행동적 적응들을 발달시키는지에 대해서 이야기합니다.
첫 번째는 신체적 적응입니다.
예를 들어, 황어는 바다에서 대부분의 시간을 보내고 산란기에 민물로 돌아옵니다.
따라서, 그들은 길고 납작한 몸과 납작한 꼬리를 가지고 있는데 이것들이 거센 물살에서 더 빠르게 움직일 수 있게 도와줍니다.
두 번째는 행동적 적응입니다.
예를 들어, 황어는 작은 물고기와 곤충들을 먹습니다.
따라서, 그들은 강둑 근처에 머무르면서 먹이를 기다리는데, 강둑 근처에서는 물살이 약하고 더 많은 먹이가 있기 때문입니다.
이러한 점에서, 이 예시들은 물고기의 적응이라는 개념에 대해 잘 보여줍니다.

Q3

Listening

스크립트

Hello class, today I am going to start by asking you a question. Do you like the rain? Well, I believe, some do, and some don't. As we all know, rain has dramatic effects, and it causes horrible damages in people's lives.

Let's think about what happens in urban areas with heavy rain. Water running off surfaces in a city can pick up high levels of pollutants such as gasoline, trash, sewer, motor oil, and fertilized use on residential lawns. When these directly flow into rivers, the impacts are fatal. So, governments and scientists put endless efforts and budgets to prevent flooding disasters.

One of the effective solutions they came up with is making green infrastructures such as rooftop gardens. In other words, they plant trees and other vegetation on the roof, so these rooftop gardens absorb rainwater and prevent water from running off onto the road and ultimately help reduce the impact of rain runoff. Governments support and encourage building owners to build green roofs, and this approach has become popular across Europe.

Here's another solution they came up with. When it rains heavily, a more sustainable drainage system is required. So, governments make porous pavements. Since some cities cannot afford to create green space, they create permeable pavement which is a more cost-effective approach. We know that pavements and sidewalks are made of concrete, and concrete doesn't absorb rainwater. So, pores are opened in the concrete or asphalt pavements and replaced with permeable material such as grass to allow water to infiltrate into the soil and prevent flooding.

해석

여러분 안녕하세요, 오늘은 질문으로 오늘의 수업을 시작하려고 해요. 여러분들은 비가 오는 것을 좋아하나요? 내 생각에는 어떤 학생은 좋아할 것이고 어떤 학생들은 좋아하지 않겠죠. 우리가 잘 알다시피 비는 극적인 효과를 가져올 수 있고 또 사람들의 삶에 엄청난 피해를 줄 수도 있어요.

도시에 비가 아주 많이 오면 어떤 일이 일어나는지 생각해봅시다. 빗물이 표면을 따라 유하하면서 다량의 가솔린이나 쓰레기 하구 또는 자동차 오일 그리고 가정용 비료 등의 오염물질들이 섞이게 됩니다. 이런 것들이 직접적으로 강으로 다시 흘러 들어가면 결과는 아주 치명적이죠. 그래서 정부와 과학자들은 끝없는 노력과 예산을 투입하여 범람을 막으려고 하는 거죠.

한가지 찾아낸 효과적인 방법은 옥상 정원과 같은 녹색 시설을 만드는 거죠. 이를테면 나무나 다른 식물들을 옥상에 심으면 이러한 옥외 정원들은 빗물을 흡수하게 되고 빗물이 도로로 유입되는 것을 방지하게 됩니다. 그러면 결국에는 빗물 유하의 피해를 막을 수 있는 거죠. 정부는 빌딩 주인들이 이러한 옥외정원을 만들도록 지원하고 권장합니다. 그리고 이 방법은 유럽에서는 아주 대중적이 되었습니다.

또 한가지 방법이 있어요. 비가 아주 많이 오게 되면 좀더 지속 가능한 배수 시스템이 필요합니다. 그래서 정부는 인도에 특수성 포장을 하는 것입니다. 녹색공간을 만들기 힘든 도시들은 경제적으로 좀더 효과적인 투과성 인도를 만듭니다. 인도나 보통 노면은 콘크리트로 되어 있고 콘크리트는 물을 흡수하지 못하죠. 그래서 아스팔트나 콘크리트에 구멍을 내서 잔디 같은 투과성 물질을 심으면 물이 땅 속으로 스며드는 것을 가능하게 하여 범람을 막게 되는 거죠.

어휘 rain runoff 유하(빗물이 흘러내림) sustainable 지속 가능한 infiltrate 스며들다 drainage system 배출 시스템 flooding 범람, 홍수 pollutant 오염 물질 permeable 투과성의 infrastructure 기반 시설 pavement 인도, 노면

↘ Listening Note-taking

강의 주제	help prevent rain runoff in urban areas	
소주제	Rooftop gardens	Porous pavement
예시 및 부연 설명	Plant trees / vegetation on the roof Absorb rainwater Prevent running off onto road Popular in Europe	Cost effective Pore concrete / asphalt /grass Infiltrate into soil / prevent flooding

Sample Response

서론	In the lecture, the professor talks about two solutions to help prevent rain runoff in urban areas.
본론	The first one is creating rooftop gardens.
	To be specific, governments plant trees and other vegetation on the roofs and these gardens absorb rain water.

본론	They prevent water running off onto roads and this approach has become popular in Europe.
	The second one is making porous pavements.
	We put some pores in the concrete or asphalt and plant permeable materials such as grass.
	This helps water infiltrate in the soil and prevent flooding.
결론	In this sense, these aspects well illustrate the concept of preventing rain runoff.

해석 강의에서, 교수는 도시 지역의 빗물 유하를 막는 것을 돕기 위한 두 가지 해결책에 대해 말합니다.
첫 번째는 옥상 정원을 만드는 것입니다.
구체적으로, 정부가 옥상에 나무나 다른 식물들을 심으면 이 정원들이 빗물을 흡수합니다.
그것들은 빗물이 도로로 유하되지 않도록 막아주고 이러한 접근법은 유럽에서 유명해졌습니다.
두 번째는 투과성 인도를 만드는 것입니다.
우리는 콘크리트나 아스팔트에 구멍을 내고 잔디 같은 투과성 물질을 심습니다.
이것은 물이 땅 속으로 스며들게 해서 범람을 막아줍니다.
이러한 점에서, 이 측면들은 빗물 유하를 막는 개념을 잘 보여줍니다.

Q4

Listening

스크립트

Hello class, today, I am going to talk about urban regeneration. Doesn't it sound familiar to you? Let me start off with the definition of environmental generation. It is simply renewing the environmentally damaged areas for better utilization of existing infrastructure. It changes the quality of environment and creates new open space.

One example I would like to talk about is post-industrial areas in some inner cities in Poland. They demolished industrial factory that was built in the 19th century and built shopping malls with the latest architectural styles. It is a successful regeneration of a former old depressed industrial complex. This vitalized the city's economy, of course. By offering new jobs, entertainments, and educational facilities, people started moving into the city. This area became attractive to live, work, or set up a business.

Not only that, urban regeneration also brings environmental benefits to the transformed areas. For example, in a small city in Arizona, there was an old factory that used to manufacture paint. It obviously produced toxic materials and damaged forests and water in surrounding areas. So, the government started to preserve the natural capital by building museums and amusement parks that do not producing toxic materials. With their long-term effort, they successfully recovered environment such as soil and rivers and made an environmentally well-harmonized place.

해석
안녕하세요 여러분. 오늘은 도시 재건에 대해 얘기하려고 합니다. 여러분들에게 익숙한 주제 아닌가요? 우선 환경적 재건에 대한 정의를 내려 볼게요. 이것은 간단하게 말해 환경적으로 훼손된 지역을 재건하여 좀 더 나은 사회기반시설로 이용하기 위함이죠. 이것은 환경의 질을 높이고 새로운 공간을 창출하죠.
  제가 얘기하고 싶은 예는 폴란드의 산업화 이후의 몇몇 도시입니다. 그들은 19세기에 지어진 상업적 공장을 철거하고 최신 유행 건축 스타일로 쇼핑몰을 재건축한 것입니다. 이것은 침체되었던 상업 구역을 재건한 성공적인 예입니다. 이것은 당연히 지역의 경제를 활성화시켰습니다. 새로운 일자리, 오락시설, 교육 시설 등을 창출함으로써, 사람들은 이 도시로 이주하기 시작했죠. 이 지역은 주거와 근무 또는 사업을 하기에도 매력적인 도시가 되었죠.
  그것뿐만이 아니라 도시 재건은 변형된 지역에 환경적 혜택도 줍니다. 예를 들어 애리조나에 오래된 페인트를 생산했던 공장이 있었죠. 이것은 분명히 독성물질들을 배출했었고 주변의 산림과 물을 오염시켰죠. 그래서 정부는 주변에 독성물질을 배출하지 않는 박물관과 놀이공원 건립함으로써 이 자연 자본을 보호하기 시작했습니다. 그들의 오랜 노력으로 토지, 강들과 같은 환경을 복구하고 환경적으로 조화를 이루는 지역으로 만드는데 성공을 했습니다.

어휘 urban 도시   demolish 철거하다   recover 회복하다   regeneration 재건   vitalize 생기를 넣다   well-harmonized 조화를 이루는   utilization 사용   transform 변형시키다

Listening Note-taking

강의 주제	benefits that urban regeneration	
소주제	some cities in Poland	a small city in Arizona
예시 및 부연 설명	demolish old factory → shopping malls vitalized economy new jobs, facilities → ppl move into attractive	old factory Arizona toxic materials / damaged surrounding area gov't building museums, parks recovered env. Well-harmonized place

Sample Response

서론	In the lecture, the professor talks about benefits of urban regeneration by giving examples.
본론	The first example is some cities in Poland.
	To be specific, they demolish an old factory and built shopping malls with the latest styles and this vitalized the economy.
	So, with new jobs and facilities, the city became attractive and people moved into the city.
	The second example is a small city in Arizona.
	To be specific, there was an old factory that produced toxic materials and damaged surrounding areas.
	So, the government built museums and parks, finally recovered the environment and made an environmentally well-harmonized place.
결론	In this sense, these examples well illustrate the concept of regeneration.

해석 강의에서, 교수는 예시를 제시함으로써 도시 재건의 이점에 대해서 이야기합니다.
첫 번째 예시는 폴란드의 몇몇 도시들입니다.
구체적으로, 그들은 오랜 공장을 철거하고 최신 유행 건축 스타일로 쇼핑몰들을 지어서 경제를 활성화시켰습니다.
그래서, 새로운 일자리와 시설들과 함께, 도시는 매력적이게 되어 사람들은 도시로 이주했습니다.
두 번째 예시는 애리조나의 작은 도시입니다.
구체적으로, 그 곳에는 오래된 공장이 있었고 독성 물질을 배출해 주변을 오염시켰습니다.
그래서, 정부는 박물관과 공원을 건립했고, 마침내 환경을 복구하고 환경적으로 조화를 이루는 지역이 되었습니다.
이러한 점에서, 이 예시들은 도시 재건의 개념에 대해 잘 보여줍니다.

Actual Test 1

본문 p. 216

Number 1 (Task 1)

Q 어떤 사람들은 출장을 가지 않는 직업을 좋아하는 반면, 다른 사람들은 잦은 출장이 동반되는 직업을 갖는 것을 좋아합니다. 당신은 어느 것을 선호하며, 그 이유는 무엇입니까? 당신의 설명을 뒷받침할 구체적인 예시들과 세부 사항들을 활용하세요.

Brainstorming

나의 의견	job with frequent travel	
이유	good way to challenge myself	meet people with different backgrounds
부연 설명	experience various aspects of life	broaden social network

Sample Response

서론	I prefer a job with frequent travel. I have two reasons for this.
본론 1	The first reason is that it is a good way to challenge myself. That is because I can experience various aspects of life.
본론 2	The second reason is that it is exciting to meet many people with different backgrounds. By associating with them, I will be able to broaden social network.
결론	For these reasons, I prefer to get a job with frequent travel.

해석 저는 잦은 출장을 가는 직업을 선호합니다.
저는 이것에 대한 두 가지 이유가 있습니다.
첫 번째 이유는 출장을 가는 것이 제 자신에게 도전하는 하나의 좋은 방법이라는 점입니다. 왜냐하면 삶의 다양한 측면들을 경험할 수 있기 때문입니다.
두 번째 이유는 다른 배경들을 가진 많은 사람들을 만나는 것은 흥미롭다는 것입니다.
그들과 소통함으로써, 저는 인맥을 넓힐 수 있을 것입니다.
이러한 이유들로 인해, 저는 잦은 출장을 가는 직업을 얻는 것을 선호합니다.

어휘 frequent 잦은, 빈번한 a good way to V ~하는 좋은 방법 aspect 측면, 양상 associate with ~와 어울리다 be able to V ~할 수 있다 broaden ~을 넓히다

Number 2 (Task 2)

Q 학교 이사회에서는 점심 시간에 오락거리를 제공하기 위해 구내식당에서 학교 재즈 밴드가 연주하도록 할 계획입니다. 당신은 50초 동안 이 계획에 관해 신문에 실린 기사를 읽을 것입니다. 지금부터 읽기 시작하세요.

Reading

해석 학교 식당에서 연주되는 음악
학교 이사회는 다음주부터 매일 점심 시간에 교내 구내식당에 라이브 재즈 밴드가 있을 것이라고 발표했습니다. 위원회는 점심 시간 동안의 에너지 넘치는 재즈 음악들이 분위기를 북돋아 주고 또한 구내식당에 한층 더 편안한 환경을 만들어 줄 것이라고 생각합니다. 이는 학생들이 특히 점심 시간 동안 휴식을 취하고 친구들과의 시간을 즐길 수 있을 것이라는 위원회의 의견입니다. 위원회는 학생들이 재즈 음악을 듣는 동안 각자의 핸드폰을 끄고 서로 대화를 할 수 있기를 바라고 있습니다.

050 영단기 TOEFL START Speaking

어휘 announce that ~임을 발표하다   believe (that) (~라고) 생각하다   lighten up the mood 분위기를 북돋우다   relaxing 편안하게 해주는   atmosphere 분위기, 환경   take a break 휴식을 취하다   especially 특히   turn off ~을 끄다   while ~하는 동안

Listening
스크립트

W: Hi, LeJay, you saw the announcement about the jazz band, right? I think it's cool.
M: Well, I don't think it's a great idea. Not everyone wants to relax during lunch. With the workload the school gives, they need to use every extra minute to study, especially during exam periods.
W: That is true. I can't argue with that.
M: Many students like to study in the cafeteria while having a quick lunch, you know. So, in the cafeteria, there are already a lot of people coming and going so it's not that quiet. And with live music going on, concentrating on my work would be even more difficult.
W: I understand what you are talking about.
M: And not everyone likes jazz music. I think people have different taste in music. Students should be able to enjoy what they like while they are taking a lunch break. They should not be forced to listen to the music they don't like.
W: Yeah, you are right.
M: So, I think the school should reconsider this issue.

해석

여: 안녕, LeJay. 재즈 밴드에 대한 공지 읽어 봤지? 멋진 생각인 것 같아.
남: 글쎄, 나는 좋지 않은 생각 같은데. 모든 사람들이 점심 시간에 쉬는 것을 원하지는 않아. 학교가 내주는 엄청난 양의 과제 때문에, 학생들은 공부를 하기 위해 단 1분이라도 더 시간을 사용해야 해. 특히 시험 기간에는 더 그렇지.
여: 맞는 말이야. 그 점에 대해서는 나도 반박할 수가 없네.
남: 너도 알다시피, 많은 학생들이 간단히 점심을 먹으면서 구내식당에서 공부하고 싶어해. 그래서 구내식당에는 이미 왔다갔다하는 사람들이 많이 있어서 그렇게 조용하지도 않아. 거기다가 라이브 음악까지 연주한다면, 내 과제에 집중하는 것이 훨씬 더 힘들어질 거야.
여: 네가 무슨 말을 하는지 알겠어.
남: 그리고 모든 사람들이 재즈 음악을 좋아하는 것도 아냐. 나는 사람들이 음악에 대해 다른 취향을 가지고 있다고 생각해. 학생들은 점심 시간을 갖는 동안 그들이 좋아하는 것을 즐길 수 있어야 해. 좋아하지도 않는 음악을 억지로 듣게 하지 말아야 해.
여: 응, 네 말이 맞아.
남: 그래서 나는 학교가 이 문제에 대해서 다시 고려해봐야 한다고 생각해.

어휘 Not everyone ~ 모두가 ~한 것은 아니다   relax 쉬다, 휴식하다   workload 작업량, 업무량   use every extra minute 단 1분이라도 더 사용하다   argue with ~에 대해 반박하다   concentrate on ~에 집중하다   taste 취향   take a lunch break 점심 시간을 갖다   be forced to V 억지로 ~하다, ~하도록 강요 받다   reconsider ~을 다시 고려하다

Reading Note-taking

주제	live jazz band / cafeterias
세부 사항	mood ↑ / relaxing enjoy music & talking

Listening Note-taking

주요 화자의 의견	M: O	
두 가지 이유	studying during lunch	X everyone likes jazz
부연 설명	X concentrate	different taste

Sample Response

서론	1. According to the reading passage, the school announces that there will be a live jazz band in the cafeterias during lunch every day. 2. The man in the conversation doesn't think it is a good idea. 3. He has two reasons for this.
본론 1	4. The first reason is that some students want to spend their time studying more during lunch. 5. With loud music on, they cannot concentrate on their work.
본론 2	6. The second reason is that not everyone likes jazz music. 7. To be specific, since people have different taste, students should be able to enjoy what they like.
결론	8. For these reasons, he doesn't like the school's plan.

해석 읽기 지문에 따르면, 학교는 라이브 재즈 밴드가 매일 점심 시간에 학생 식당에 있을 것이라고 공지했습니다.
대화 속 남자는 이것이 좋지 않은 아이디어라고 생각합니다.
그는 이것에 대한 두 가지 이유가 있습니다.
첫 번째 이유는 일부 학생들은 점심 시간에 공부를 더 하는 데 자신의 시간을 쓰기는 원한다는 것입니다.
시끄러운 음악이 있으면, 그 학생들은 공부에 집중할 수 없을 것입니다.
두 번째 이유는 모두가 재즈 음악을 좋아하는 것은 아니라는 점입니다.
구체적으로, 사람들은 다른 취향을 가지고 있으므로, 학생들은 각자가 좋아하는 것을 즐길 수 있어야 합니다.
이러한 이유들로 인해, 남자는 학교의 계획을 좋아하지 않습니다.

Number 3 (Task 3)

Q 지금부터 생물학 교과서의 지문을 읽으세요. 당신은 이 지문을 50초 동안 읽을 수 있습니다.

Reading

해석 자원 분할
자원 분할은 다른 종들이 같은 지점에 있는 같은 장소를 동시에 차지하지 않고 음식이나 서식지처럼 같은 자원을 활용하는 방법을 가리킵니다. 같은 서식지를 공유하고 필요로 하는 것이 비슷한 종들은 흔히 다소 다른 방법으로 자원을 사용하므로 적어도 제한된 자원에 대해서는 직접적인 경쟁 관계가 되지 않습니다. 두 종들 사이에서 자원이 분할되어 왔기 때문에, 그들은 힘들게 경쟁하지 않고 함께 서식합니다. 부족한 자원들을 적절하게 분할함으로써, 비슷한 필요 요건들을 가진 종들은 다른 방법으로, 다른 장소에서, 그리고 다른 시기에 자원을 사용할 수 있습니다.

어휘 resource 자원   partition ~을 분할하다   refer to ~을 가리키다   species (동식물의) 종   habitat 서식지   occupy ~을 차지하다   similar 비슷한, 유사한   frequently 빈번히   so that 그러므로, 그 결과   come into ~하게 되다   competition 경쟁   cohabitate 함께 서식하다   in order 적절히, 알맞게, 순차적으로   requirements 필요 요건

Listening

스크립트
Ok, class. Today, we will be talking about how animals live in the same area by resource partitioning. Let me give you an example of some species that have adapted themselves well to the environment without any competition with each other.

There are two different species of ducks living together in harmony in Dale Lake. As I told you, if there are more than two species in one area, competition takes place. But there could be exceptions. For example, the goldeneye ducks are divers. They spend most of their hours in the lake. They go far from the land and dive deeply into the water. They use their narrow beaks to grab fish. The goldeneye ducks never come to the edge of the lake to find fish.

By contrast, the black ducks don't dive for food. They are dabblers. They are rarely observed diving into the water. Instead, they use their broad beaks to eat plants and grasses at the edge of the lake. Even small insects and animals are sometimes consumed. But they never go deep in the lake to get resources.

As we can see here, even though the two species share the same habitat, they spend most of their day in different areas and use only resources in their own territory, which is a perfect example of resource partitioning.

해석
좋아요, 여러분. 오늘, 우리는 어떻게 동물들이 자원 분할을 통해서 같은 지역에서 사는지에 대해서 얘기해 보겠습니다. 서로 경쟁하지 않고 환경에 스스로 잘 적응해 온 몇몇 종들을 예로 들어 보겠습니다.

Dale 호수에서 조화롭게 함께 사는 두 종류의 다른 오리 종이 있습니다. 여러분에게 말했다시피, 한 지역에 두 가지 이상의 다른 종이 있으면, 경쟁을 하게 됩니다. 그러나 예외가 있을 수도 있습니다. 예를 들어, goldeneye 오리는 잠수부들입니다. 그들은 대부분의 시간을 호수에서 보냅니다. 그들은 육지에서 먼 곳으로 가서 물속 깊이 잠수합니다. 그들은 좁은 부리를 이용하여 물고기를 잡습니다. goldeneye 오리는 물고기를 찾으러 절대 호수의 가장자리로 가지 않습니다.

반대로, black 오리는 먹이를 잡기 위해 잠수하지 않습니다. 그들은 물장구치는 것을 좋아합니다. 그들이 물속으로 잠수하는 것이 관찰되는 일은 거의 드뭅니다. 대신에, 그들은 넓은 부리를 이용하여 호숫가 가장자리의 식물과 잔디를 먹습니다. 심지어 때때로 작은 곤충들이나 동물들을 먹기도 합니다. 그러나 그들은 먹이를 얻기 위해서 절대 호수 깊은 곳으로 들어가지 않습니다.

여기서 볼 수 있다시피, 이 두 종이 같은 서식지를 공유할지라도, 그들은 다른 장소에서 대부분의 시간을 보내면서 그들의 고유 영역 안에 있는 자원들만 사용하는데, 이는 자원 분할의 완벽한 예시입니다.

어휘 adapt oneself to ~에 적응하다 in harmony 조화되어 take place 발생하다, 일어나다 exception 예외 narrow 좁은 beak (새의) 부리 edge 가장자리 dabbler 물장난하는 사람 또는 동물 rarely 드물게 be observed -ing ~하는 것이 관찰되다 instead 그 대신 insect 곤충 consume ~을 소비하다 even though 비록 ~이지만 territory 영역

Reading Note-taking

주제	resource partitioning
세부 사항	species / same habitat, similar needs → use resources different ways cohabitate → X competition

Listening Note-taking

예시	ducks in Dale Lake
세부 사항	two kinds / X competition goldeneye → divers / dive to get food black → dabblers / wide beaks / eat plants & grasses

Sample Response

서론	1. According to the reading passage, resource partitioning refers to a way in which different species use the same resource. 2. In the lecture, the professor talks about resource partitioning by giving examples.
본론	3. The examples are ducks in Dale Lake. 4. To be specific, there are two different kinds of ducks, but there's no competition between them.

본론	5. The goldeneye ducks are divers. They are living at the lake, but they go far from the land and dive to get food.
	6. On the other hand, the black ducks are dabblers.
	7. So, they don't dive and use wide beaks to eat plants and grasses at the edge of the lake.
결론	8. In this sense, these examples well illustrate the concept of resource partitioning.

해석 읽기 지문에 따르면, 자원 분할은 다른 종들이 같은 자원을 사용하는 방법을 가리킵니다.
강의에서, 교수는 예시를 제시해 자원 분할에 관해 말합니다.
그 예시들은 Dale호수의 오리들입니다.
구체적으로, 두 가지 다른 종류의 오리들이 있지만, 그들 사이에는 경쟁이 존재하지 않습니다.
goldeneye오리는 잠수부들입니다. 그들은 호숫가에 살지만 육지에서 멀리 떨어진 곳으로 가서 물속으로 잠수해 먹이를 잡습니다.
반면에, black오리는 물장구치는 것을 좋아하는 오리입니다.
따라서, 그들은 잠수를 하지 않으며, 넓은 부리로 호숫가에 있는 식물과 잔디를 먹습니다.
이런 점에서, 이 예시들은 자원 분할이라는 개념을 잘 보여줍니다.

Number 4 (Task 4)

Q 강의의 요점들과 예시들을 이용하여, 어떻게 곤충들이 의사 소통하기 위해서 페로몬을 사용하는지 설명하세요.

Listening

스크립트

Today, we are going to discuss how insects communicate, mainly through pheromones. Some of you may have heard this term. Let me give you the definition. It is very simple actually. Pheromones are complex mixtures of chemicals produced by an organism to communicate with another member of the same species. Specifically, bees use them for attracting other bees and finding directions.

First, bees release pheromones to attract other bees. Young queens have their own pheromones in addition to the smell they produce. This acts as a mating attractant for the drones, or male bees. As mentioned earlier, pheromones are produced as liquid and transmitted by direct contact in the form of as liquid or vapor. So, when the queen is ready to mate, she sends out a pheromone. The drones wait until they receive the pheromone from the queen. So, these chemicals are very important hormones for bees.

Also, they use these chemicals to find a way to return home. As we all know, bees travel thousands of miles to get nectar. Have you ever wondered how they find their way home? Well, when they are away from home, workers in the hive emit pheromones. And these chemicals alert other bees to the location of the hive. That way, the bees can find their home again regardless of how far they have traveled. They never get lost because of this mechanism. Isn't it amazing?

해석
오늘, 우리는 어떻게 곤충들이 의사 소통하는지에 대해서 이야기할 텐데, 주로 페로몬을 통한 방법에 대해 논의할 것입니다. 여러분들 중 몇몇은 이 용어에 대해 들어 본 적이 있을 것입니다. 제가 그 정의를 알려 드리겠습니다. 사실 굉장히 간단합니다. 페로몬은 같은 종의 다른 일원과 의사 소통하기 위해 한 생물체에 의해 생성되는 화학물질들의 복잡한 혼합물입니다. 특히 벌들이 다른 벌들을 유혹하고 방향을 찾기 위해서 페로몬을 사용하죠.

첫째로, 벌들은 다른 벌들을 유혹할 때 페로몬을 내뿜습니다. 어린 여왕벌들은 그들이 생성하는 향기 외에 그들만의 페로몬이 있습니다. 이것은 수벌들을 대상으로 하는 짝짓기 유인 물질의 역할을 합니다. 앞서 언급했다시피, 페로몬은 액체로 생성되고, 액체나 수증기의 형태로 직접적인 접촉에 의해 전해집니다. 따라서, 여왕벌이 짝짓기 준비가 됐을 때, 페로몬을 내뿜습니다. 수벌들은 여왕벌로부터 페로몬을 받을 때까지 기다립니다. 따라서, 이 화학 물질들은 벌들에게 굉장히 중요한 호르몬입니다.

또한, 그들은 이 화학 물질들을 벌집으로 돌아가는 길을 찾기 위해 사용합니다. 우리 모두가 알다시피, 벌들은 꿀을 얻기 위해 수천 마일의 여정을 떠납니다. 그들이 어떻게 벌집으로 돌아가는 방법을 찾는지 궁금해 해 본 적 있나요? 음, 그들이 벌집으로부터 멀리 떨어져 있을 때, 벌집에 있는 일벌들이 페로몬을 방출합니다. 그리고 이 화학 물질들은 다른 벌들에게 벌집의 위치를 알려주죠. 그렇게 함으로써, 벌들은 얼마나 멀리까지 갔는지 상관 없이 다시 자신들의 벌집을 찾을 수 있습니다. 그들은 이 방식으로 인해 절대 길을 잃지 않습니다. 굉장하지 않나요?

어휘 term 용어 definition 정의, 의미 complex 복잡한 mixture 혼합(물) chemical 화학 물질 organism 생물체 in addition to ~ 외에도, ~에 더하여 attractant 유인 물질 drone 수벌 liquid 액체 transmit ~을 전달하다, 전송하다 contact 접촉 in the form of ~의 형태로 vapor 수증기 mate 짝짓기하다 emit ~을 내뿜다, 배출하다 regardless of ~에 상관없이 get lost 길을 잃다 mechanism 방식, 방법, 구조

Listening Note-taking

강의 주제	how insects use pheromones	
소주제	attract / mating	to find home
예시 및 부연 설명	queen / sends out chemicals male bees wait / pheromone	travel far / nectar emit pheromones / location of the hive

Sample Response

서론	In the lecture, the professor talks about how insects use pheromones to communicate by giving examples.
본론	First of all, bees release pheromones to attract other bees when mating.
	For example, when the queen is ready to mate, she sends out these chemicals.
	Then, the male bees wait until they receive the pheromone from the queen.
	Also, bees use these chemicals to find their home.
	Bees usually travel far to get nectar.
	So, when they are far away from home, workers in the hive emit pheromones to let others know the location of the hive.
결론	In this sense, these examples well illustrate the concept of insects' communication.

해석 강의에서, 교수는 예시를 제시해 어떻게 곤충들이 의사 소통하기 위해서 페로몬을 사용하는지에 대해서 이야기합니다.
우선, 벌들은 짝짓기를 할 때 다른 벌들을 유혹하기 위해서 페로몬을 방출합니다.
예를 들어, 여왕벌이 짝짓기를 할 준비가 되면때, 이 화학 물질을 내보냅니다.
그러면 수벌들이 여왕벌의 페로몬을 받을 때까지 기다립니다.
또한, 벌들은 벌집을 찾기 위해서 이 화학 물질을 사용합니다.
벌들은 보통 꿀을 얻기 위해 멀리 갑니다.
따라서, 벌집으로부터 멀리 떨어져 있을 때, 벌집에 있는 일벌들은 다른 벌들이 벌집의 위치를 알 수 있게 페로몬을 방출합니다.
이러한 점에서, 이러한 예시들은 곤충들의 의사 소통에 대한 개념을 잘 설명합니다.

Actual Test 2

본문 p. 222

Number 1 (Task 1)

Q 당신은 다음 진술에 동의하십니까, 동의하지 않으십니까?
기업들은 직장 내에서 직원들의 개인적인 이메일이나 문자 사용을 금지해야 한다.

Brainstorming

나의 의견	agree	
이유	stress-relieving	Easy access
부연 설명	Get stressed out Email/texting / refresh	Productivity/ Save time, money

Sample Response

서론	I disagree with the statement that companies should prohibit employees from using emails or texting for personal use at work. I have two reasons for this.
본론 1	The first reason is that using electronic devices is absolutely stress-relieving. That's because employees get stressed out from work and they need to refresh themselves by using emails and texting.
본론 2	The second reason is that we have easy access to the Internet anywhere anytime. To be specific, using emails and texting improves productivity and this saves a lot of time and money.
결론	For these reasons, employees should be able to use emails for personal use at work.

해석 저는 회사들이 직원들이 직장에서 개인적인 용도로 이메일이나 문자를 사용하는 것을 금지해야 한다는 주장에 동의하지 않습니다.
저는 이것에 대해 두 가지 이유가 있습니다.
첫 번째 이유는 전자 기기를 사용하는 것이 절대적으로 스트레스를 해소하기 때문입니다.
왜냐하면 직원들은 직장에서 스트레스를 받고 이메일과 문자를 기분전환을 해야 하기 때문입니다.
두 번째 이유는 우리가 언제 어디서나 쉽게 인터넷에 접속할 수 있기 때문입니다.
구체적으로 말하자면, 이메일과 문자를 사용하면 생산성이 향상되고, 이것은 많은 시간과 돈을 절약합니다.
이러한 이유로, 직원들은 직장에서 개인적인 용도로 이메일을 사용할 수 있어야 합니다.

Number 2 (Task 2)

Reading

해석 신입생 교내 주거 정책
이번 학기부터 그린우드 대학의 신입생들에게 첫 일년 동안 교내 주거단지내에 거주 및 학습할 자격이 주어집니다. 새롭게 주문제작 및 개보수를 마친 기숙사는 이들의 편리한 교내 생활을 보장할 것입니다. 교육을 통해 독립적이고 세계적 문화관을 가지며 창조적인 학생들이 되는데 있어 이 기숙사는 도움이 될 것입니다. 이것은 상급생, 국제학부생들 그리고 교환 학생들과 연구생들이 함께 거주하는 기숙사입니다. 신입생들은 그들의 성공적인 대학 활동을 위해 설립된 대학내 커뮤니티의 도움을 받게 됩니다. 대학 주거부는 같은 전공이나 직업적 관심사를 공유하는 학생들끼리 분류하여 옆방에 거주할 수 있도록 배치할 것입니다.

어휘 eligible ~할 자격이 있는　instilling 심어주다, 주입시키다　customized 주문 제작된　upperclassmen 상급생　renovated 보수된　supportive 지원하는

Listening

스크립트

M: Wow sounds good!! What do you think, Jane?
W: Well, I am not really happy about it. I think they should use Freshmen-only dorms.
M: What do you mean? They are new, and they need some help from upperclassmen. By integrating all students, freshmen can get more information on campus life and how to study.
W: But if they stay with other freshmen, it would be easier to make friends.
M: That's a good point! But they don't really need to hang out exclusively with other freshmen. Since they are staying with international and exchange students, they can make a wide range of friends. It will be fun to talk to them, and it will be much better than hanging out only with freshmen.
W: Ok you are right, but they are sometimes annoying, I mean having parties and making noise and all ….You know what I mean.
M: Well, I am sure the school has strict regulations for that. They should hire monitors for every building or on each floor to keep them quiet, especially during exam weeks. And they said the buildings have been renovated, so I am sure they installed thick walls for noise control. I think we shouldn't really have to worry about that.
W: I hope so …

해석

남: 와우, 좋은데!! 어떻게 생각해, 제인?
여: 음, 난 그것에 대해 정말 기쁘지 않아. 나는 그들이 신입생 전용 기숙사를 이용해야 한다고 생각해.
남: 무슨 말이야? 그들은 새롭고, 상급생들의 도움이 필요 하잖아. 모든 학생을 통합함으로써 신입생들은 캠퍼스 생활과 공부 방법에 대해 더 많은 정보를 얻을 수 있을 거야.
여: 하지만 그들이 다른 신입생들과 함께 있다면, 친구를 사귀는 것이 더 쉬울 거야.
남: 좋은 지적이야! 하지만 그들이 다른 신입생들끼리만 어울릴 필요는 없잖아. 그들은 국제 학생들과 함께 머물면서 교환학생들을 사귀고 있기 때문에, 그들은 폭넓은 친구를 사귈 수 있어. 그들과 대화하는 것도 재미있을 것이고, 신입생들과만 어울리는 것보다 훨씬 좋을 거야.
여: 그래, 네 말이 맞아, 하지만 그들이 가끔 방해가 되기도 해. 내 말은, 파티를 열고 시끄럽게 굴어. 제 말이 무슨 말인지 알지?
남: 음, 나는 학교가 그것에 대해 엄격한 규정을 가지고 있다고 확신해. 그들은 모든 건물이나 각 층에 감독관들을 고용해서 특히 시험 주간 동안 그들을 조용하게 해야해. 그리고 그들도 건물들이 보수되었다고 말했고 그래서 나는 그들이 소음 관리를 위해 두꺼운 벽을 설치했다고 확신해. 나는 우리가 그것에 대해 정말 걱정할 필요가 없다고 생각해.
여: 그랬으면 좋겠는데...

어휘 freshmen-only 신입생 전용　annoying 귀찮은, 방해되는　exclusively 오로지　monitor 감독관　achieve 성취하다　academic performance 학업성적

Reading Note-taking

주제	Freshmen on-campus housing
세부 사항	Freshmen live and learn on campus Independent, globally cultured, creative

Listening Note-taking

주요 화자의 의견	M: O	
두 가지 이유	Get more info	Not annoying / hire monitor

	Stay with other stu Make a wide range of	Keep them quiet thick walls / noise control

Sample Response

서론	1. According to the reading passage, the school announces that freshmen are eligible to spend their first year in dormitories. 2. The man in the conversation thinks it is a good idea. 3. He has two reasons for this.
본론	4. The first one is that they get more information on campus life and how to study by staying with other students. 5. And they can make a wide range of friends and it will be fun. 6. The second reason is that it will not be annoying because the school hires monitors to keep them quiet. 7. He thinks the school installed thick walls for noise control.
결론	8. For these reasons, he likes the school's plan.

해석 읽기 지문에 따르면, 학교는 신입생들이 기숙사에서 첫 해를 보낼 자격이 있다고 발표합니다.
대화 속의 남자는 그것이 좋은 생각이라고 생각합니다
그는 이것에 대한 두 가지 이유가 있습니다.
첫 번째는 다른 학생들과 함께 지내면서 캠퍼스 생활과 공부하는 방법에 대한 정보를 더 많이 얻는다는 것입니다.
그리고 그들은 다양한 친구들을 사귈 수 있고 그것은 재미있습니다.
두 번째 이유는 학교가 그들을 조용하게 하기 위해 모니터를 고용하기 때문에 방해되지 않을 것이기 때문이다.
그는 학교가 소음 관리를 위해 두꺼운 벽을 설치했다고 생각합니다.
이러한 이유로 그는 학교의 계획을 좋아합니다.

Number 3 (Task 3)

Q 지금부터 빈도 착시현상에 관한 지문을 읽으세요. 당신은 이 지문을 45초 동안 읽을 수 있습니다.

Reading

해석 빈도 착시현상
최시 착시현상이라고도 알려진 이 착시현상은 사람이 방금 알아차렸거나, 경험했거나, 혹은 막 새로 들은 것을 끊임없이 마주칠 때 일어나는 인지적 편견이다. 언어학자 아놀드 Zwicky는 먼저 '빈도 착시' 라는 용어를 썼고, 처음으로 알아차리게 된 후 어떤 일이 아주 많이 일어난다고 믿는 것으로 정의 했다. 그것은 뇌가 우리에게 하는 속임수인데, 빈도 착시는 인간이 깨닫는 것보다 더 자주 일어난다. 그것은 인간의 마음이 새로운 정보의 중요성이나 관찰의 중요성을 인식하고 다시 마주쳤을 때 그 주제에 대한 인식을 높일 수 있는 능력을 가지고 있기 때문이다.

어휘 frequency 빈도   notice 알아차리다   illusion 착시   recognize 인식하다   cognitive 인지   observation 관찰   bias 편견   awareness 인지   encountered 마주친

Listening

스크립트
Ok class, let me ask you a question. Have you ever noticed that you became aware of something new, and it seems like it is following you around and always popping up in front of you even though you never noticed it before? Let me tell you about my experience to explain this concept. My daughter asked

me to help her with her art project. It was a writing assignment about an artist I had never heard of before. It was a contemporary painter who is famous in South America. Of course, I have never heard of this artist since I am not really into art. Anyway, my daughter and I googled him and tried to look for his work on the Internet for her project. After a couple days, while I was watching TV, all of a sudden, I saw this artist and his painting we were writing about on TV. After that, I noticed his painting hanging up on the wall in the drama I used to watch, and I swear I have never noticed the painting there before I helped my daughter with her project. Not even that, we went out for dinner one day, and there was his painting again at the entrance of the restaurant. I asked the manager there whether they just bought the painting. But the manager said it has been there since they opened the restaurant. I felt like suddenly this artist and his painting were just following me around. So, what exactly is happening here? Did this artist and the painting suddenly come to dominate my consciousness? Or is my consciousness playing tricks on me?

해석

자 여러분, 질문 하나 할게요. 여러분들은 새로운 것을 알게 되었다는 것을 알아차린 다음 그것이 자신을 따라다니며 자신이 전에는 전혀 알아차리지 못했음에도 불구하고 항상 자신 앞에 불쑥 나타나는 것 같이 느낀 적이 있나요? 이 개념을 설명하기 위한 나의 경험에 대해 말해 줄게요. 제 딸은 나에게 그녀의 예술 프로젝트를 도와 달라고 부탁했어요. 그것은 전에 들어본 적이 없는 예술가에 대한 글쓰기 숙제였죠. 그것은 남아메리카에서 유명한 현대 화가였어요. 물론, 나는 이 예술가에 대해 들어본 적이 없었죠. 왜냐하면 나는 미술에 관심이 없기 때문이죠. 어쨌든, 내 딸과 나는 그를 구글로 검색하고 그녀의 프로젝트를 위해 그의 작품을 인터넷에서 찾아보려고 노력했어요. 며칠 후, 내가 TV를 보고 있을 때, 갑자기, 나는 TV에서 우리가 주제로 삼고 있던 이 예술가와 그의 그림을 보았어요. 그 후, 나는 내가 보던 드라마에서 벽에 걸려 있는 그의 그림을 보았고, 맹세컨대 나는 내 딸의 프로젝트를 돕기 전에는 그곳에 있는 그림을 본 적이 없었어요. 뿐만 아니라, 어느 날 우리는 저녁을 먹으러 나갔는데, 식당 입구에 그의 그림이 또 있었어요. 나는 그곳의 지배인에게 그들이 최근에 그림을 샀는지 물었어요. 그러나 매니저는 그들이 식당을 개업한 이후부터 그 곳에 있었다고 말했어요. 갑자기 이 예술가와 그의 그림이 나를 따라다닌다는 생각이 들었어요. 그렇다면, 여기서 정확히 무슨 일이 일어나고 있는 것일까요? 이 예술가와 그림이 갑자기 내 의식을 지배하게 되었을까요? 아니면 내 의식이 나에게 속임수를 쓰고 있는 것일까요?

어휘 pop up 튀어나오다   google 찾아보다   assignment 숙제   consciousness 의식   contemporary 현대   trick 속임수

Reading Note-taking

주제	Frequency illusion
세부 사항	cognitive bias occurs when the thing a person has just noticed, experienced, pops up constantly

Listening Note-taking

예시	an artist / daughter's homework
세부 사항	X heard / look for his work saw on TV, on the wall in drama dinner/painting in restaurant following her

Sample Response

서론	1. According to the reading passage, the frequency illusion is a cognitive bias which occurs when the thing a person has just noticed suddenly pops up constantly 2. In the lecture, the professor talks about frequency illusion by giving an example. 3. The example is an artist which was her daughter's homework.

본론	4.	To be specific, she never heard of this artist so, she looked for his work on the Internet to help her daughter.
	5.	A couple days later, she saw this artist on TV and noticed the painting in her favorite drama she used to watch.
	6.	And when she went out for dinner, there was his painting again at the entrance of the restaurant.
	7.	So, she felt like the painting was following her around.
결론	8.	In this sense, this example well illustrates the concept of frequency illusion.

해석 읽기 지문에 따르면, 빈도 착시란 사람이 방금 알아차린 것을 끊임없이 마주칠 때 일어나는 인지적 편견입니다.
강의에서 교수는 예를 들어 주파수 착시에 대해 이야기합니다.
그 예는 딸의 숙제였던 어느 한 예술가입니다.
구체적으로 말하면 그녀는 이 예술가에 대해 들어본 적이 없어서 그녀의 딸을 돕기 위해 인터넷에서 그의 작품을 찾아보았습니다.
며칠 후, 그녀는 TV에서 이 예술가를 보았고 그녀가 즐겨 보던 드라마에서 그 그림을 발견하였습니다.
그리고 그녀가 저녁을 먹으러 나갔을 때, 식당 입구에 그의 그림이 다시 있는 것을 보았습니다.
그래서 그녀는 그 그림이 자신을 따라다니는 것 같은 기분이 들었습니다.
이런 의미에서 이 예는 빈도 착시의 개념을 잘 보여줍니다.

Number 4 (Task 4)

Q 요점과 예시들을 이용하여, 드래곤 피쉬가 사냥을 할 때 어떻게 기술을 사용하는지 설명하세요.

Listening

스크립트
Good morning guys. Today we are going to discuss adaptations in deep water. Have you heard of the Dragon Fish? It is also known as the Monkey Fish, but it doesn't look like a monkey though. It is a freshwater fish that is native to South America. They are powerful swimmers, but they can get fairly aggressive at times, especially when they are hunting. They also have special traits.

First of all, Dragon Fish can hide enormous needle-like teeth from prey because they are transparent and hard to see. Most light passes through their teeth, so they are almost completely concealed. So, they are more likely a stealthier hunter. These teeth help dragon fish to surprise their prey when they hunt. The teeth themselves are thin but very strong. Thus, they are called the mini-monster of the ocean.

Another trick they use is unlike most other deep-water creatures; the dragonfish produces a red-light beam under each eye. This serves as night vision goggles for hunting prey. This ability to produce red light gives the fish a huge advantage in the deep sea. This red-light beam does not travel very far underwater, but it lets the dragonfish see its prey, without alerting any predators. They sneak up on their prey, especially shrimps that glow in the red light. Just like I said, these little lights make it so much easier for them to hunt prey during darkness.

해석
좋은 아침이에요, 여러분. 오늘 우리는 심해에서의 적응에 대해 토론하려고 해요. 드래곤 피쉬 라고 들어 보셨나요? 그것은 원숭이 물고기로도 알려져 있지만, 원숭이처럼 보이지 않아요. 남아메리카가 원산지인 민물고기 에요. 그들은 강력한 수영선수들이지만, 때때로, 특히 사냥할 때는 상당히 공격적일 수 있어요. 그들은 또한 특별한 특성을 가지고 있기도 해요.

우선 드래곤 피쉬는 투명하고 잘 보이지 않기 때문에 먹이로부터 거대한 바늘 같은 이빨을 숨길 수 있어요. 대부분의 빛은 이빨을 통과하기 때문에 거의 완전히 감춰져 있죠. 그래서 그들은 더 은밀한 사냥꾼일 가능성이 높아요. 이 이빨들은 드래곤 피쉬가 사냥할 때 먹이를 놀라게 하는데 도움을 줍니다. 치아 자체는 얇지만 매우 튼튼 하구요. 그래서 그들은 바다의 작은 괴물이라고 불립니다.

그들이 사용하는 또 다른 수법은 대부분의 다른 심해 생물들과는 다릅니다; 드래곤 피쉬는 각 눈 아래에 붉은 빛 광선을 만들어 내요. 이것은 사냥용 야시경의 역할을 하죠. 이 붉은 빛을 내는 능력은 깊은 바다에서 물고기에게 큰 이점을 줍니다. 이 붉은 빛은 물속에서는 그리 멀리 나가지는 않지만, 어떤 포식자들에게도 경고하지 않고 드래곤 피쉬가 먹이를 볼 수 있게 해준다. 그들은 먹이를 향해 몰래 다가서는데, 특히 붉은 불빛에 반짝거리는 새우들에게 그렇죠. 내가 말했듯이, 이 작은 불빛들은 그들이 어둠 속에서 먹이를 사냥하는 것을 훨씬 더 쉽게 해 줍니다.

어휘 adaptation 적응   mini-monster 작은 괴물   aggressive 공격적인   creature 생물   trait 특성   night vision goggle 야시경
needle-like 바늘과 같은   alerting 알림   concealed 감춰진

Listening Note-taking

강의 주제	Adaptations in deep water / Dragonfish	
소주제	hide needle-like teeth	red-light beam
예시 및 부연 설명	Light pass/ concealed Help to surprise prey/mini-monster	Night vision goggle X travel far/ sneak up w/o alerting

Sample Response

서론	In the lecture, the professor talks about how Dragonfish use their skills when they hunt.
본론	The first one is hiding needle-like teeth.
	The light passes through their teeth and they are completely concealed.
	This help them to surprise their prey and they are called mini-monsters.
	The second one is a producing red-light beam in the water.
	To be specific, it is just like a night vision goggles.
	The light doesn't travel far but they can sneak up on their prey without alerting any predators.
결론	In this sense, these aspects well illustrate the concept of dragonfish and their adaptation.

해석 강의에서 교수는 드래곤 피쉬가 사냥할 때 어떻게 기술을 사용하는지에 대해 이야기합니다.
첫번째는 바늘 같은 이빨을 숨기는 것입니다
빛은 그들의 이빨을 통과하여 완전히 감춰집니다
이것은 그들이 먹이를 놀라게 하는데 도움을 주고 그들은 미니 몬스터라고 불립니다.
두 번째는 물 속에서 생성되는 적광선입니다.
구체적으로 말하자면, 그것은 야시경과 같습니다.
빛은 멀리 이동하지 않지만 그들은 어떤 포식자에게도 알리지 않고 먹이를 향해 몰래 다가갈 수 있습니다.
이런 의미에서 이러한 측면들은 용어의 드래곤 피쉬와 그들의 적응 방법을 잘 보여줍니다.

Actual Test 3

본문 p. 228

Number 1 (Task 1)

Q 당신은 대학생들이 그들의 교수님들 또는 학업 성적이 낮은 동료 학생들을 도와주어야 한다고 생각하나요? 구체적인 세부사항과 예를 사용하여 설명을 뒷받침해보세요.

Brainstorming

나의 의견	Fellow students	
이유	challenge	Meet people with different background
부연 설명	Various aspect of life	Broaden social netw / widen perspective

Sample Response

서론	I think college students should help fellow students with low academic performance. I have two reasons for this.
본론 1	The first reason is that it is a good way to challenge themselves.
	That's because they can experience various aspect of life by tutoring other students.
본론 2	The second reason is that it would be exciting to meet many people with different backgrounds and interests.
	By associating with them, they will be able to broaden their social network and widen perspectives.
결론	For these reasons, students should help fellow students.

해석 나는 대학생들이 학업 성적이 낮은 동료 학생들을 도와야 한다고 생각합니다.
나는 이것에 대해 두 가지 이유를 가지고 있습니다.
첫 번째 이유는 이것은 스스로 도전하는 좋은 방법이기 때문이다.
그것은 그들이 다른 학생들에게 과외를 함으로써 삶의 다양한 측면을 경험할 수 있기 때문입니다.
두 번째 이유는 다른 배경과 관심사를 가진 많은 사람들을 만나는 것이 흥미로울 것이기 때문입니다.
그들과 교재함으로써, 그들은 그들의 사회적 네트워크를 넓히고 시야을 넓힐 수 있을 것입니다.
이러한 이유로 학생들은 동료 학생들을 도와야 합니다.

Number 2 (Task 2)

Q 학교에서는 모든 학부생에게 상담을 신청하도록 요구합니다. 45초동안 공지를 읽으세요

Reading

해석
캘리게이트 대학은 새 학년의 첫 학기에 진로 상담을 요구한다. 모든 학부생들은 학기 시작 전에 이 프로그램에 등록해야 합니다. 전문적인 조언자와의 검토를 바탕으로, 우리는 학생들이 그들의 전공과 적성을 활용할 수 있도록 돕기 위해 구체적인 진로 지도를 제공합니다. 우리는 학생들이 가장 적합한 진로를 찾을 수 있도록 도와주고, 더 나아가 앞으로의 취업 과정에 대한 준비를 할 수 있도록 도울 것입니다. 또한, 취업 박람회, 인턴십 워크숍, 이력서 검토 등을 통해 학생들이 경력을 쌓을 수 있도록 합니다. 학생들은 CU 경험의 모든 단계에서 그들이 성공하도록 도와줄 지원을 받을 것이다. 등록 과정은 학생 인적 자원 개발 팀에 게시됩니다.

어휘 undergraduate 학부생　aptitude 소질, 적성　guidance 지도, 안내　career-ready 취업 준비된　utilize 사용하다

Listening

스크립트

W: What? Another requirement?

M: I am really happy that the school is doing something, you know. It is really an important matter for every one of us. It's about getting a job later. What could be more important?

W: Yeah I know that, but we have to make an appointment in advance. I have to put aside my time for it. That's annoying because we are already busy with studying, homework, and tons of other things we have to do.

M: But we get a chance to talk to professional advisors about majors and aptitudes, just like the notice says.

W: I know they are professionals, but how many of us do you think will get a job related to our majors and aptitudes? Sometimes we get a job that's completely unrelated to our majors. I study science, but I might change my career to business. No one knows what's going to happen. What's the point of wasting my time for this career counseling?

M: I kind of agree, but don't you think we would get more detailed information on job fairs and job openings by talking to them?

W: Yeah that is the part I like about the career counseling, but if you put in a little effort, you can find everything online. Job fairs, job openings, and other information on workshops and internships are all on the school website with full explanations. Even without counseling, we can obtain information easily.

M: Well then, you are not signing up for the program?

W: Of course not, I should talk to the student council. I think the school should withdraw this requirement.

해석

여: 뭐? 또 다른 요구 사항?
남: 난 학교가 뭔가를 하고 있어서 정말 행복한데. 그것은 우리 모두에게 정말 중요한 문제야. 그건 나중에 일자리를 구하는 거야. 무엇이 더 중요할까?
여: 그래, 나도 알아. 하지만 미리 예약을 해야 해. 나는 그것을 위해 내 시간을 비워 두어야 하고. 그것은 짜증난다는 거지. 왜냐하면 우리는 이미 공부, 숙제, 그리고 우리가 해야 할 많은 다른 일들로 바쁘기 때문에.
남: 하지만 우리는 전문가들과 전공과 적성에 대해 이야기할 기회를 얻잖아.
여: 그들이 전문가라는 건 알지만, 우리 중 얼마나 많은 사람들이 전공과 적성에 관련된 직업을 가질 거라고 생각하니? 가끔 우리는 전공과 전혀 무관한 직업을 갖잖아. 나는 과학을 공부하지만 내 직업을 사업으로 바꿀지도 몰라. 무슨 일이 일어날지 아무도 모르는 거잖아. 이 진로 상담에 내 시간을 낭비할 이유를 모르겠어.
남: 나도 동의해. 하지만 우리가 취업 박람회와 채용 공고에 대해 그들과 이야기함으로써 더 자세한 정보를 얻을 수 있을 거라고 생각하지 않니?
여: 그래, 그게 내가 직업 상담에 대해 좋아하는 부분이야. 하지만 조금만 노력하면 모든 것을 온라인에서 찾을 수 있어. 취업박람회, 채용공고, 워크숍과 인턴십에 관한 다른 정보들은 모두 학교 웹사이트에 상세히 설명되어 있다구. 상담이 없어도 쉽게 정보를 얻을 수 있는걸.
남: 그럼, 너 그 프로그램에 등록하지 않을 거니?
여: 물론 아니지, 학생회에 얘기 해야겠어. 나는 학교가 이 요구사항을 철회해야 한다고 생각해.

Reading Note-taking

주제	Career counseling required
세부 사항	Undergraduate should sign up for career counseling program Specific career guidance Help find career path

Listening Note-taking

주요 화자의 의견	W: X	
두 가지 이유	Make a app	Find info online
부연 설명	Busy with studying Get a job x related major	Info on school website w/o counseling obtain info

Sample Response

서론	1. According to the reading passage, the school require students to sign up for a career counseling program. 2. The woman in the conversation thinks it is a not good idea. 3. She has two reasons for this.
본론	4. The first one is that students have to make an appointment for that.
	5. To be specific, they are busy with studying and they don't need counseling because they get a job that's unrelated to their majors.
	6. The second reason is that students can find information online.
	7. That's because information is on school website and without counseling, they can obtain information on workshop and internship.
결론	8. For these reasons, she doesn't like the school's plan.

해석 읽기 지문에 따르면 학교에서는 진로상담 프로그램에 등록하도록 하고 있습니다.
대화 속의 여자는 그것이 좋지 않은 생각이라고 생각합니다.
그녀는 이것에 대한 두 가지 이유가 있습니다.
첫 번째는 학생들이 그 일을 위해 약속을 해야 한다는 것입니다.
구체적으로 말하면 학업 때문에 바쁘고 전공과 무관한 직업을 갖게 되기 때문에 상담이 필요치 않습니다.
두 번째 이유는 학생들이 온라인으로 정보를 찾을 수 있기 때문입니다.
정보는 학교 웹사이트에 있고 상담 없이 그들은 워크숍과 인턴쉽에 대한 정보를 얻을 수 있기 때문입니다.
이런 이유들로 인해 그녀는 학교의 계획을 좋아하지 않습니다.

Number 3 (Task 3)

Q 이제 상록 마케팅에 관한 지문을 읽으세요. 당신은 이 지문을 45초 동안 읽을 수 있습니다.

Reading

해석 상록 마케팅

상록마케팅은 끊임없이 변화하는 트렌드나 알고리즘, 산업 업데이트에 관계없이 오래 지속되는 마케팅 기법을 말한다. 이 개념은 녹색 잎을 심은 후 일년 내내 푸른 잎을 가진 식물인 상록수 식물에서 유래되었다; 많은 주요 기업과 소상공인들은 전체 예산의 약 10% 이상을 마케팅 서비스에 지출한다. 훌륭한 마케팅 전략을 선택하는 것이 이윤을 극대화하기 위한 성공의 열쇠라는 것은 분명한일이다. 따라서, 두말할 필요도 없이, 그들은 지속적인 업데이트 없이도 끊임없는 이익을 가져다 줄 수 있는 늘 신선을 유지하는 콘텐츠를 이용한 상록 마케팅 캠페인에 관심이 있다.

어휘 evergreen 상록수, 늘 푸른   maximize 극대화하다   budget 예산   profit 이윤   strategy 전략

Listening

스크립트

Ok class, for business owners, whether small or big, marketing is a constant struggle. Among all the things they have to do, marketing is probably the most important because it determines their profits. Like you have read in the textbook, evergreen marketing requires evergreen contents that last long. Since these days people heavily depend on online markets to purchase what they need, evergreen content is essential for company websites.

Let me give you an example. Let's say there is a company that sells office supplies. They focus on how people can stay organized at work and work more efficiently. On their website or an advertisement, they should avoid technical terms or vague explanation of products. Instead, they should use contents that stay fresh. So, they could expose some keywords or sections that don't sound old. When people pull up that page, it might say "colorful folders help people work well." Then they set up a link to their online market, obviously to sell colorful folders, to encourage viewers or customers to buy these products. If the website helps people get something they want, it is effective; for this office supply company, it would be helping people be more efficient at work. With this simple, easy and cost-effective marketing skill, the company can increase profits.

해석

자 여러분, 작든 크든 간에 사업주들에게 마케팅은 끊임없는 투쟁입니다. 그들이 해야 할 모든 일들 중에서, 마케팅은 아마도 그들의 이익을 결정하기 때문에 가장 중요할 것입니다. 여러분이 교과서에서 읽은 것처럼, 상록수 마케팅은 오래 지속되는 늘 신선한 콘텐츠를 요구한다. 요즘 사람들은 그들이 필요한 것을 구입하기 위해 온라인 시장에 많이 의존하기 때문에, 신선한 콘텐츠는 회사 웹사이트에 필수적이죠.

예를 하나 들어보죠. 사무용품을 파는 회사가 있다고 해 볼게요. 그들은 어떻게 사람들이 직장에서 조직적으로 지내며 더 효율적으로 일할 수 있는지에 초점을 맞추죠. 그들의 웹사이트나 광고에서, 그들은 제품에 대한 기술적인 용어나 모호한 설명을 피해야 하죠. 대신에, 그들은 신선함을 유지하는 콘텐츠를 사용해야 합니다. 그래서 그들은 오래된 것처럼 들리지 않는 키워드나 섹션을 노출시키겠죠. 사람들이 그 페이지를 열어볼 때, 아마도 "색깔 있는 폴더는 사람들이 일을 잘하도록 돕는다"라고 써 있을 거에요. 그리고 나서 그들은 시청자나 고객들에게 이 제품들을 구매하도록 장려하기 위해, 분명히 다양한 폴더들을 팔기 위해 그들의 온라인 시장으로 링크를 걸겠죠. 만약 그 웹사이트가 사람들이 원하는 것을 구입할 수 있도록 돕는다면, 그것은 효과적이죠; 이 사무기기 회사에게는, 이것은 사람들이 직장에서 더 효율적으로 일할 수 있도록 돕는 것이 되죠. 이 간단하고 쉽고, 비용 효율적인 마케팅 기술로 회사는 수익을 높일 수 있습니다.

어휘 efficiently 효율적으로   set up a link 링크를 걸다   avoid 피하다   cost-effective 비용 면에서 효율적인   expose 노출하다

Reading Note-taking

주제	Evergreen marketing
세부 사항	a marketing technique that lasts long

Listening Note-taking

예시	An office supply company
세부 사항	use contents – stay fresh expose keywords- x sound old set up a link to their online market encourage buy products w/ easy, cost-effective ↑ profit

Sample Response

서론	1. According to the reading passage, evergreen marketing refers to a marketing technique that lasts long. 2. In the lecture, the professor talks about evergreen marketing by giving an example. 3. The example is an office supply company.
본론	4. To be specific, this company uses contents that stay fresh for marketing. 5. They could expose keywords that never sound old on website. 6. Then they set up a link to their online market to encourage people to buy their products. 7. With this easy and cost-effective marketing skill, they can increase profits.
결론	8. In this sense, this example well illustrates the concept of evergreen marketing.

해석 읽기 지문에 따르면 상록마케팅은 오래 지속되는 마케팅 기법을 말합니다
강의에서 교수는 예를 들어 상록수 마케팅에 대해 이야기합니다.
그 예가 사무실 용품 회사입니다.
구체적으로 이 회사는 신선한 콘텐츠를 마케팅에 활용합니다.
그들은 결코 오래된 것처럼 들리지 않는 키워드를 웹사이트에 노출시킵니다.
그리고 나서 그들은 사람들이 그들의 제품을 사도록 장려하기 위해 그들의 온라인 시장으로 연결되는 링크를 설치했습니다.
이 간편하고 비용적인 면에서 효과적인 마케팅 기술로, 그들은 이익을 증대시킬 수 있습니다.
이런 의미에서 이 사례는 상록수 마케팅의 개념을 잘 보여줍니다.

Number 4 (Task 4)

Q 생물학 강의를 들어보세요. 교수님은 포식 활동에 대해 강의합니다.

Listening

스크립트

OK, today we are going to talk about predation. As we all know, most organisms interact biologically to survive. Sometimes predators actively kill and eat prey while some sit and wait for their prey. Today we are focusing on inactive predation.

The first example I will talk about is an antlion. Antlions get their name from the diet of their larvae. These small larvae look like beetles, but they are much smarter. They dig funnel-shaped pits to catch ants and other arthropods. The antlion waits for their prey at the trap center. When an ant at the surface gets too near the edge, it slips into the hole and slides down to the waiting jaws of the Antlion larva. When the prey drops and reaches the bottom of the trap, they throw sand and bite them, so the prey cannot escape up the wall.

For white storks, as another example, they are long-legged birds inhabiting freshwater as well as the ocean. They are known for being a fierce hunter and a patient predator. Instead of searching for prey, they add items such as seeds, insects, flowers, and leaves into the water to catch fish. Then they sit motionless on the edge of or standing in shallow water and wait until prey within their range. At the right moment, they strike promptly and snatch their prey in one swift move. Since they have a sharp and strong beak, the prey cannot escape from it.

해석
자, 오늘 우리는 포식자에 대해 이야기 할 거예요. 우리 모두가 알다시피, 대부분의 유기체들은 생존하기 위해 생물학적으로 상호작용을 합니다. 때로

는 맹수들이 적극적으로 먹이를 죽이고 먹는 반면 일부는 앉아서 먹이를 기다리기도 하죠. 오늘날 우리는 소극적인 포식활동에 초점을 맞추고 있다.

내가 말할 첫번째 예는 개미귀신이다. 이름은 애벌레의 먹이에서 이름을 얻은 거예요. 이 작은 유충들은 딱정벌레처럼 보이지만 훨씬 더 영리합니다. 그들은 개미와 다른 절지동물을 잡기 위해 깔때기 모양의 구덩이를 팝니다. 개미귀신들은 깔때기 모양 구멍을 파고 중앙에서 먹이를 기다립니다. 표면에 있는 개미가 가장자리에 너무 가까이 다가가면 구멍 속으로 미끄러져 들어가 대기하고 있던 개미귀신의 턱으로 미끄러져 내려갑니다. 먹이가 떨어져 덫의 바닥에 닿으면 모래를 던져 물어뜯어 먹이가 벽 위로 빠져나가지 못하게 하죠.

또 다른 예로는 흰 황새인데 그들은 바다뿐만 아니라 담수에도 서식하는 다리가 긴 새입니다. 그들은 사나운 사냥꾼이자 참을성 있는 포식자로 알려져 있어요. 먹이를 찾는 대신 씨앗, 곤충, 꽃, 나뭇잎 등의 아이템을 물에 넣어 물고기를 잡아요. 그리고 나서 그들은 가장자리에서 움직이지 않고 앉아 있거나 얕은 물 속에 서서 먹이감이 사정거리 안에 들어올 때까지 기다리죠. 적절한 순간에, 그들은 재빨리 공격하여 한 번에 먹이를 낚아채는 것이다. 그들은 날카롭고 강한 부리를 가지고 있기 때문에 그들을 피할 수는 없습니다.

어휘 predation 포식 행위, 먹이사냥　inhabiting 서식하는　inactive 소극적인　stork 황새　antlion 개미귀신　fierce 사나운　larvae 애벌레　motionless 움직이지 않는　funnel-shaped 깔대기 모양의　snatch 낚아채다　arthropods 절지동물

Listening Note-taking

강의 주제	inactive predation	
소주제	Antlions	Storks
예시 및 부연 설명	Dig funnel-shaped pits Wait at the center Ants slip into the hole/ throw sand/ bite	Add items, seeds, insects, flowers Sit motionless on the edge Snatch prey / x escape

Sample Response

서론	In the lecture, the professor talks about interesting techniques some animals use for capturing prey by giving examples.
본론	The first example is antlions. To be specific, they dig funnel-shaped pits and wait at the trap center. When ants slip into the hole, the antlions throw sand and bite them. The second example is storks. These birds add items such as seeds into the water and sit motionless on the edge, Then they snatch their prey quickly, so the prey cannot escape.
결론	In this sense, these examples well illustrate the concept of inactive predation.

해석 이 강의에서 교수는 몇몇 동물들이 예를 들어 먹이를 잡는데 사용하는 흥미로운 기술에 대해 이야기합니다.
첫 번째 예는 개미귀신입니다.
구체적으로 말하면 이들은 깔때기 모양의 구덩이를 파서 트랩 센터에서 기다립니다.
개미들이 구멍에 빠져들면 개미귀신들은 모래를 던져 물어뜯습니다.
두 번째 예는 황새입니다.
이 새들은 씨앗과 같은 물건들을 물에 넣고 가장자리에 움직이지 않고 앉아 있습니다.
그리고는 먹이를 재빨리 낚아채서, 먹이가 도망칠 수 없게 합니다..
이러한 의미에서 이러한 예들은 소극적 포식 활동에 대한 개념을 잘 보여줍니다.

Memo

Memo

Memo

Memo

Memo

영단기 토플이 추천하는
유형별 단기 고득점 방법

1. 출제 트렌드를 놓치고 싶지 않은 토플러?!

- ✓ NEW TOEFL 완벽 반영! 신규 강좌 매월 업데이트 중
- ✓ 토플 고득점 선배의 꿀팁 비밀자료 무제한 열람
- ✓ 전 세계 10개국 이상의 교환학생 성공기 제공

2. 당장 내일이 시험이라 **시간이 없는 토플러?!**

- ✓ 영단기 선생님이 직접하는 약점보완형 첨삭
- ✓ 24시간 내에 Speaking/Writing 첨삭 완료

3. 약점을 보완하고 싶은 토플러?!

 TOEFL 실전모의고사

- ✓ 공식 토플 주관사가 엄선한 100% 토플 기출문제 수록
- ✓ 2019년 개정 뉴토플 문항 완벽 반영
- ✓ 실제 시험과 동일한 기준으로 ETS가 제공하는 성적표 확인 가능

영단기 토플 eng.conects.com

이제 지식도 15초 스트리밍 하자!

커넥츠 15초 Q&A

이 세상 모든 질문,
그 답변을 **15초 영상으로 확인**하세요!

앱스토어와
플레이스토어 에서
"커넥츠"앱을 검색 후
다운로드!

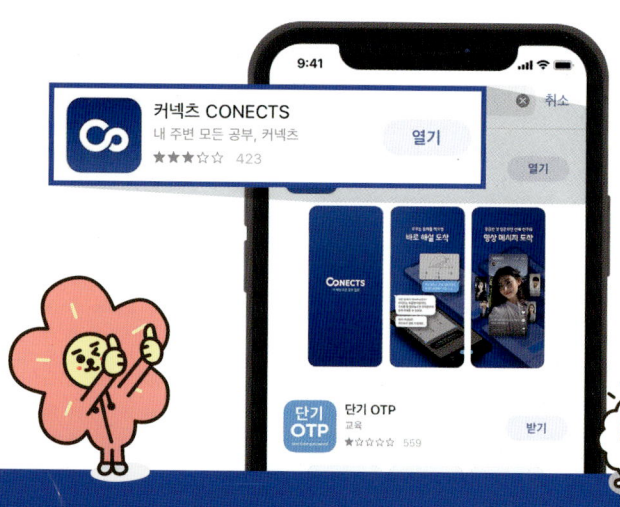

CONECTS